동아시아 불교미술 연구의 새로운 모색

-불교미술 속의 여성과 내세-

동아시아 불교미술 연구의 새로운 모색

-불교미술 속의 여성과 내세-

강희정 지음

학연문화사

동아시아 불교미술 연구의 새로운 모색
－불교미술 속의 여성과 버내－

2011년 1월 20일 초판 1쇄 펴냄
2011년 6월 20일 초판 2쇄 펴냄

글쓴이 · 강희정
펴낸이 · 권혁재

펴낸곳 · 학연문화사 | 등록 · 1988년 2월 26일 제 2－501호
주소 · 서울특별시 금천구 가산동 371－28 우림라이온스밸리 B동 712호
전화 · 02－2026－0541～4 | 팩스 · 02－2026－0547
이메일 · hak7891@chol.com | 홈페이지 · www.hakyoun.co.kr

책값은 뒤표지에 있습니다.
잘못된 책은 바꾸어 드립니다.

ISBN 978-89-5508-233-3 93910

책을 펴내며

미술사란 무엇인가? 미술사는 어떻게 하는 학문인가? 이에 관한 질문은 스스로에게 수도 없이 했다. 아니, 그보다는 어떻게 공부하는 것이 미술사라는 학문이 추구하는 진실에 가까워질 수 있는 방법인가에 대한 질문이라고 하는 편이 옳을 것이다. 아마도 학문의 길에 들어선 누구나 각각의 분야에서 이러한 고민을 했고 각자의 연구 속에서 고민을 풀 방법들을 다양하게 찾았을 것이다. 오늘날 우리는 무수한 고민의 성과물 속에서 살고 있다. 많은 학문 분야에서 앞서 간 선구자들의 고민이 아니었다면 현대 문명은 지적으로나, 기술적으로나 이렇게 풍성하지 않았을지 모른다.

미술사를 미술의 역사라고 하던지, 미술 속의 역사라고 하던지, 미술을 통해 본 역사라고 하던지 미술사에서는 양식과 도상의 두 측면이 연구의 중심이 되었다. 근대적 학문으로 미술사가 성립된 이래, 미술의 양식과 그 내용에 관한 연구방법론 중 어느 쪽이 먼저인가, 혹은 어느 쪽이 더 중요한가를 둘러싼 논쟁이 계속되었던 것은 잘 알려졌다. 양식사의 입장이나 도상학의 입장 어느 한 쪽을 중시한 연구, 또는 양자를 모두 아우르는 연구를 통해 미술사 연구가 풍부하고 깊이 있게 이뤄졌다. 이로써 기존에 미처 인식하지 못했던 과거 역사와 문화의 여러 측면들을 더 잘 이해할 수 있게 되었다. 우리나라에 소개된 지 얼마 되지 않았음에도 불구하고 미술사 연구법의 양대 산맥이라 할 만한 이 두 측면에서의 탄탄한 연구를 기반으로 동양미술사와 한국미술사는 양적, 질적 성장을 거듭했다. 필자의 연구는 이러한 선학들의 업적에 힘입어 이를 바탕으로 진전시킨 것이다. 다만 다른 방향, 다른 관점에서 다시 한 번 들여다 본 것에 불과하다. 그러므로 든든한 선행 연구들이 아니었다면 할 수 없었을 연구들이다.

주변 학문의 연구 성과에 힘입어 미술사 이론들은 또 다른 방향으로 발전했다. 의식과 기능에 대한 연구라든가, 시각문화 연구가 그것이다. 본서는 도상과 양식은 물론, 근래 대두된 방법론상의 이론들을 감안하여 필자 나름대로 미술사 연구의 외연을 넓혀보고자 시도한 글들이다. 제1부는 이와 관련하여 중국 불교조각사를 연구사적으로 검토하고 한국 불교미술에서 의식과 관련된 용도와 신앙을 접목시켜 연구할 필요성을 제기한 것이다. 본서의 제2부는 불교신앙의 가장 중요한 부분 중의 하나인 내세가 중국과 우리나라의 미술에 어떻게 표현되었고, 우리는 이를 어떻게 의미 있게 해석할 수 있는지를 고찰한 논고들이다. 내세에 대한 이해와 종교적 해석은 어느 종교에서나 중요하게 다뤄졌다. 미술에 표현된 내세에 대한 관념은 불교 교리와도 밀접하게 관련이 있으며 각 나라마다 다르게 받아들여지고 표현되었다는 점에서 충분히 개별적으로 연구할 가치가 있다. 또 다른 한편으로 다른 학문 분야에서와 달리 여성이나 젠더와 관련한 동양미술사에서의 연구가 많지 않은 점을 감안하여 도대체 불교미술에서 여성을 주제로 한다면 어떤 연구를 할 수 있을지 생각해 보았다. 제3부는 동양 미술에서 여성이 어떤 식으로 묘사되었고, 이를 어떻게 해석할 수 있는지를 살펴본 글이다. 역사적으로 여성이 주체적으로 살았던 시대에는 불교미술의 조성과 신앙에도 더욱 적극적으로 관여할 수 있었고, 그와 같은 상황이 미술에도 반영되었다고 보았다. 마지막에 실은 글은 세 권의 연구서에 대한 서평이다. 각각의 책은 중국과 일본, 미국의 주목할 만한 학자들의 저술이며, 중국조각사 연구에서 의미 있는 저작들이다. 책을 읽으면서 좋은 공부가 되기도 했지만 한편으로 몇 가지 필자와 다른 견해에 대해 의견을 개진한 글이다. 각 저자들의 뛰어난 연구 역량에도 불구하고 필자의 단견과 의문을 제시했다는 것은 중국 불교미술에 관한 다양한 견해가 나올 수 있을 정도로 연구의 폭이 넓어졌다는 면에서 긍정적으로 평가되기를 바란다.

　미술사의 여러 이론들은 대개 서양미술사에서 발달한 것이다. 이론은 다른 학문 분야에서 개척된 틀과 미술사적 방법론이 결합된 경우들이 많았는데, 서구의 미술사 연구에서는 이를 적용한 선구적 연구들이 있었다. 불교미술과 관련된 연구법과 이론의 틀을 정립해 보려는 여러 시도 중에서 미술사와 시각문화학회의 활동을 들 수 있다. 미술사와 시각문화학회에서는 기존의 학문적 성과를 검토하고 새로운 영역으로의 확장을 시도하는 학회를 개최하기도 했다. 필자가 이러한 이론을 불교미술사에 적용해 보려고 시도한 것은 학회에 참여한 것이 중요한 계기가 되기도 했음을 밝혀둔다. 해외 유학의 경험이 없는 필자로서 학회에 참여함으로써 서구의 참신한 이론에 대해 공부할 수 있는 기회를 갖게 된 것은 전적으로 이주형 선생님의 배려이다. 인도의 불교유적과 구법승 프로젝트를 통해 불교미술의 東傳이라는 큰 주제를 항상 고민하게 해주신 점에 대해서도 이 자리를 빌어 다시 감사의 말씀을 드린다. 감히 불교미술 연구에 여러 이론들을 제대로 적용했다고 말하는 것은 아니다. 다만 항상 문제의식을 가지고, 기회 닿는 대로 틈틈이 적용해 보려고 여러 방면에서 노력했다는 것만은 사실이다. 열린 태도로 공부할 수 있도록 언제나 용기를 북돋워주신 안휘준 선생님, 늘 깊이 있는 연구를 하도록 독려해주신 김리나 선생님께도 깊은 감사를 드린다. 필자의 번잡한 사고를 정리하고 글로 풀어낼 수 있게 도와주신 남동신 선생님, 머나먼 학문의 길에 힘이 되어주신 장진성 선생님, 임영애 선생님, 주경미 선생님께도 감사 말씀을 전하지 않을 수 없다. 또한 무엇보다 연구에 전념할 수 있는 귀한 기회를 주신 서강대학교 동아연구소 신윤환 소장님과 든든한 버팀목이 되어준 연구소 선생님들께도 말로 다할 수 없는 감사를 드린다.

원고를 꼼꼼하게 읽고 사진과 참고문헌 목록 작성을 도와준 송진협에게 큰 신세를 졌다. 그가 아니었으면 훨씬 어려운 작업이 되었을 것이다. 이민선은 번거로운 마지막 원고의 수정 및 교정을 도맡아 주었다. 끝으로 세계적인 불황기에도 불구하고 흔쾌히 본서를 출간해주신 학연문화사 권혁재 사장님과 게으름 피우는 필자를 끝까지 참아주신 윤석우 실장님께도 감사드린다. 윤 실장님과 학연의 편집진은 까다로운 필자보다 훨씬 까다롭게 교열을 봐주셨다. 학문의 성장 과정에서 그랬듯이 본서의 출간에도 헤아릴 수 없이 많은 분들의 직·간접적인 도움을 받았다. 말로 다할 수 없지만 이 자리를 빌어 감사의 말씀을 전한다. 스스로 부족함을 알고 학문에 정진하는 길만이 보답이 될 것으로 믿는다.

姜熺靜

차례

제2부 불교미술과 내세에 대한 관념

제3부 불교미술 속의 여성 이미지

제4부 서평

제1부
한국과 중국의 불교미술론 검토

중국 불교미술 연구의 쟁점과 과제

I. 중국 불교조각 연구의 기원

중국의 불교조각을 학문의 대상으로 연구하게 된 것은 중국에서 자생적으로 시작된 것은 아니었다. 서화와는 달리 불교미술을 수집하거나 감상하는 전통이 없었던 중국에서 연구의 대상으로 불교조각에 관심을 두게 된 것은 서구학자들과 일찍이 서양 문명의 감화를 받았던 일본학자들에 의해 시작되었다.[1] 서구학자와 일본학자들의 시각은 달랐지만 뒤늦게 수집이 시작된 '골동품'으로서의 불교조각에 대한 감정(connoisseurship)의 필요성과 그 전제로서의 정확한 연대 비정이 요구되었으리라는 것은 추측할 수 있다. 또 일본학자들은 무엇보다 자신들의 불교조각의 원류를 찾고, 이로써 스스로의 미술사를 대내외에 널리 과시하고자 하는 것이 중요한 동기가 되었다.[2] 일본에서 1893년 오카쿠라 덴신이 중국 여행 당시, 용문석굴을 방문했다는 것을 중시하

---

1) 동양미술사의 형성과정에 대해서는 후지와라 사다오, 「동양미술사의 형성과정에서 역사관·문화적 가치관-분석방법을 둘러싼 일본과 구미의 경합에 대해서」, 『美術史論壇』 20(2005) 참조. 불교조각만은 아니지만 중국 전역의 유적 조사가 이뤄졌는데 도키와 다이조(常盤大定)와 세키노 다다시(關野貞)를 중심으로 한 조사는 『支那文化史蹟』(『中國文化史蹟』으로 재간행)의 형태로 간행되었다. 또한 조각사 연구의 기본서 역할을 하게 된 오무라 세이가이(大村西崖)의 『支那美術史 彫塑篇』이 『繪畫篇』(1911)에 이어 1915년 간행되었다.

2) 이는 근대에 이뤄진 일본미술사의 성립과 떼려야 뗄 수 없는 관계를 맺고 있다. 이와 관련한 연구는 매우 많지만 대표적인 논고로 다카기 히로시, 「일본미술사와 조선미술사의 성립」, 『국사의 신화를 넘어서』(휴머니스트, 2004)를 참고할 수 있다.

는 것은 중국 불교조각 연구의 역사를 검토하는 데 있어서 시사하는 바가 크다.[3] 일본에서의 연구가 일본 불교조각과의 관련 속에서 이해되고 해석되는 반면, 미국 유학파들을 중심으로 하는 중화민국의 연구자들은 미국에서의 연구 경향과 궤를 같이 하는 듯 하다. 중국 조각의 제작지이자 석굴사원의 보고(寶庫)인 중국에서는 고고학적인 방법론을 원용한 불교조각 연구가 주류를 이루고 있다. 20세기 후반 이후 계속된 중국 대륙에서의 발굴이 중국조각사 연구의 지평을 얼마나 넓혔는지는 재론할 필요가 없을 것이다.[4] 여기서 먼저 지적해두고 싶은 것은 중국 조각 연구가 각 나라마다 상당히 다른 방향으로 진행되었다는 점과 각 연구 경향의 독자성을 인정하지 않으면 안 된다는 점이다. 각기 다르게 진행되어온 불교조각 연구 가운데는 논란이 되었거나, 쟁점으로 부각된 문제들이 있다. 본고에서는 중국의 불교조각사에서 쟁점과 문제점들을 가능한 한 시대별로 살펴보고, 앞으로 논의될 만한 과제를 검토함으로써 불교조각 연구의 발전적 전망을 가늠해보고자 한다.

II. 불교조각 연구에 있어서 몇 가지 쟁점

1. 불교의 전래와 초기 불교미술의 양상

중국에 불교가 전래된 것은 후한대인 기원후 1세기경이라고 한다. 이와 관련된 여러 가지 기록 가운데 『후한서(後漢書)』에 나오는 '명제구법설(明帝求法說)'이 일반적으로 알려졌다. 명제가 '금인(金人)'의 꿈을 꾸고 부도(Buddha의 음사)를 모셔오게 하여 인도에서 부도상과 42장경을 가져다가 낙양 백마사에 안치했다는 것이다.[5] 그런데 불

---

3) 오카쿠라 덴신의 행적 또한 미술사의 성립을 다루는 연구에 있어서 필수적인 문제 중의 하나였다. 일본에서의 중국조각사 연구사는 다음의 글에 잘 정리되어 있다. 오카다 켄, 「중국불교조각사 연구의 회고와 전망-일본 · 한국에 있어 중국 불교조각사 연구의 의미」, 『美術史論壇』 10(2000), pp. 139-177.
4) 대표적으로 성도 만불사지의 발굴을 필두로 곡양 수덕사지, 산동성 청주 용흥사지, 제성현 일대 등 불교 조각이 발굴된 곳은 상당히 많다. 또한 발굴된 양과 질적인 측면 또한 세인들의 이목을 끌기에 충분한 것이었다.

교가 전해진 후 약 200년 동안 예배상으로서의 불상을 만들었던 흔적은 남아 있지 않다. 대신 석가모니를 인간과는 다른 특별한 존재로 받아들이고 숭앙했을 가능성은 있다. 당시 중국에서 특별하다고 생각했던 것은 선인, 혹은 신선과 같은 존재들이었다. 이들의 믿음은 훨씬 후대에 도교로 정리되었지만 아직까지는 날개가 달린 우인(羽人)이나 서왕모(西王母) 등에 대한 개별적인 동경과 신앙이 있었을 뿐이다. 불교가 전해진 후 얼마간 중국에서의 석가모니에 대한 이해가 신선사상의 연장선상에 있었음은 일찍 지적된 바 있다.

선계의 존재와 섞인 초기 불교미술의 이러한 양상은 요전수, 혼병, 마호애묘의 불상, 불수경 등에 잘 나타난다.6) 이들 미술품에서 불상은 예배 대상이 아니라 신선이나 우인과 함께 있는 존재로 묘사되었다. 불상의 특징을 그대로 가지고 있으나 선계 도상과 같은 크기의 군상으로 섞여서 같이 만들어졌기 때문에 불과 신선은 동등한 존재로 인식되었음을 알 수 있다. 절강성과 강소성 일대의 분묘에서 발견되는 혼병도 이와 같은 예 중의 하나이다. 항아리 모양의 도자기인 혼병에는 이국적인 얼굴에 중국사람의 옷과는 다른 인도식 통견의 옷을 입은 불상의 모습이 보인다. 이는 3세기경의 중국에서 널리 통용되었던 형상이었으나 이들 불상은 독립된 조각으로 특정한 장소에 안치된 예배상이 아니었다.

강소성 연운항 공망산의 마애조상 중에 불상을 비롯하여 열반(涅槃)의 장면과 석가모니의 전생 중 마하사트바 태자의 사신사호(捨身飼虎) 장면이 있다는 지적이 있다.7) 공망산의 조각이 마멸로 인하여 형체가 불분명하고 전후맥락이 모호하여 이러한 비정을 망설이게 함에도 불구하고 상당한 설득력을 얻고 있다.8) 열반과 사신사호 등의 장

---

5) 엄밀히 말하면 가져왔다기보다 인도에서 오고 있었던 가섭마등을 만났다고 하지만 어느 쪽이든 설화적인 성격이 강한 것으로 사실로 확인되지는 않았다.

6) 정확한 용도는 알려지지 않았으나 원시 청자의 한 종류로 간주되는 혼병은 신들의 정자처럼 생겼다고 해서 神亭壺, 五聯罐 등으로 불리기도 한다. 혼병에 대한 연구로는 小南一郎, 「神亭壺と東吳の文化」, 『東方學報』 65(1993), pp. 223-312 참조.

7) 閻文儒, 「孔望山佛教造像의題材」, 『文物』, 1981-7, pp. 16-19.

8) 공망산의 마애조각을 포함하여 이들 조각을 불교조각이 아닌 불교적 요소를 지닌 미술이라고 한 우홍의 지적은 기억할 만하다. Wu Hung, "Buddhist Elements in Early Chinese Art(2nd and 3rd Centuries A.D.)," *Artibus Asiae* 47-3/4 (1986), pp. 263-352.

면이라는 주장은 엄밀히 말해서 인도나 훨씬 후대 중국조각의 같은 장면과 현격하게 차이가 있지만 명확하지 않은 조각에 대한 설명을 거의 그대로 따라가고 있는 실정이다. 기본적으로는 신선계의 존재들과 섞여 있는 불교조각이면서 명백히 불교적 내러티브를 보여주는 조각을 어떻게 해석할 수 있을지 모르겠다. 공망산의 조성연대를 후한대인 2세기 말경으로 올려보는 것 역시 전체 불교조각의 역사를 감안한다면 쉽게 동의하기 어려운 점이 있다. 요전수나 혼병이 발견되는 고분들의 축조연대가 250년 전후로 추정되는데 비하면 불전이나 본생담과 관련되는 조각이 그보다 먼저 만들어질 수 있는지 의문을 갖게 된다.

한편으로 불교미술의 전래 경로에 대하여 해양 루트를 주목하기도 한다. 특히 오(吳)의 영역이던 강소성, 절강성의 혼병이나 향로에 있는 불상과 호북성의 토우에 백호가 있는 것 등이 주요 근거이다.[9] 강소성이나 절강성은 불교조각이 발견된 다른 지역과 상당한 거리가 있고, 혼병과 향로 등을 제외하면 그 이후의 불교조각이 전해지지 않는다. 즉, 지속적인 불교미술의 역사를 보여주는 미술이 그다지 알려지지 않았다. 적극적인 신앙행위를 주도하는 불교 승단과 같은 신앙공동체가 있었다는 증거가 발견되기 전에는 불교 전래의 남방루트를 중시하기는 아직 이르다.

이른 시기의 불상과 관련하여 논란이 되었던 것은 역시 하버드-새클러 미술관 소장의 불좌상이다. 후조 건무4년(338)명 불좌상과의 비교를 통해 전통적으로 4세기, 혹은 5세기 초의 불상으로 간주되었던 하버드-새클러의 불좌상이 훨씬 이른 2세기에 조성되었을 것이라고 주장한 것은 마릴린 리였다.[10] 그의 저서에 대한 서평에서 하버드-새클러 불좌상의 연대는 그의 역저에서 가장 논란이 되었던 문제 중의 하나가 되리라는 점이 이미 예견되었다.[11] 이와 같은 문제들은 기록에 나타나는 중국의 불교초전기의

---

9) 阮榮春, 「初期 佛像傳來의 南方 루트에 대한 硏究-중국 南方 출토의 불교유물을 통하여」, 『미술사연구』 10(1996), pp. 3-19. 그러나 호북성 출토의 백호가 있는 호인의 경우에 이를 불교의 전래와 관계 지을 수 있는지 의문이다. 일반인의 이마에 백호 같은 표현이 있다고 해도 이는 인도계 인물이 호북성에 들어와 있었다는 것을 보여줄 뿐이다.

10) 그는 쿠샨 불상과의 양식적 유사성과 137년 제작으로 알려진 이라크 Hatra에서 출토된 Ubal상과의 비교를 통해 새클러의 불상 조성연대를 올릴 수 있다고 보았다. Marylin Martin Rhie, *Early Buddhist Art of China and Central Asia* (Leiden: E. J. Brill, 1999), vol. 1(2 vols.), p. 89. 불상의 상세한 분석과 비교는 같은 책, pp. 73-95 참조.

양상을 뒷받침해주는 사원 유적이나 예배상이 없기 때문에 기록과 유물 간의 괴리에 기인하는 것이기도 하다. 초왕 영의 봉불이나 착융(笮融)의 불사이야기와 이국 승려들이 중국에서 전교한 기록은 많은 문헌에서 찾아볼 수 있지만 이와 관련되는 비슷한 시기의 불교미술은 확실하지 않기 때문에 문헌과 유물의 간극을 메우려는 의도가 깔려 있다. 조성연대가 확인되는 것은 사실상 고분출토품이거나 고분에 새겨진 상들이며, 그 외에는 연대판정을 하기 어렵다. 고고학적 조사가 활발한 중국에서 초기 불교조각의 정확한 이해에 보탬이 될 만한 새로운 자료가 출현되기를 기대해 본다.

2. 불교조각의 전개와 발전

3세기를 지나면서 중국에서는 불교조각의 시대가 본격적으로 개막된다. 선계의 도상과 불상이 공존하는 미술품을 만들었던 후한부터 삼국시대를 거쳐 독립된 불교조각이 등장하기 시작한다. 현재 남아 있는 단독 조각이 적고, 크기도 작기 때문에 4세기까지의 불교조각은 아직 예배상의 도입부에 해당한다고 할 수 있다. 그런데 5세기에 이르면 대규모 석굴 사원이 조성되고, 벽화가 그려지며, 탑에 안치될 부조상이 제작되는 등 불교미술의 저변이 확대된다. 이에 따라 불교조각의 종류도 다양해지고, 폭넓은 변용이 이뤄졌다. 석굴사원은 그 자체로서 사원의 역할을 수행했던 공간이기 때문에 단독 예배상보다 조각의 의미를 다양한 각도에서 조망하는 것을 가능하게 해준다. 대규모 석굴사원의 조영은 특히 북방 민족들의 각축으로 일관된 5호16국 시대에 이들 국가들이 경쟁적으로 불교를 수용하고, 불교를 통한 세력 확장을 꾀했던 시대 상황과 관계가 있다. 5호16국 시대의 혼란은 명실 공히 북중국의 패자가 된 북위에 의해 정리되었다. 중국불교조각의 전개에서는 대규모의 불사를 주도할 수 있었던 황실의 비호가 큰 힘을 발휘했는데 국가불교라고 알려진 북위 역시 마찬가지였다. 태무제에 의한 폐불령도 있었지만 북위의 황실과 귀족은 불교조각의 흐름을 좌우하는 중요한 후원자 역

---

11) Thomas Lawton, "Book Review: Marylin Martin Rhie, Early Buddhist Art of China and Central Asia, Volume One, Later Han, Three Kingdoms and Western China in China and Bactria to Shan-shan in Central Asia," *Artibus Asiae* 59-1/2 (1999), p. 148.

할을 했다.

문성제가 사문통(沙門統) 담요(曇曜)의 주창으로 평성 서쪽의 무주새에 조영한 운강석굴도 같은 맥락에서 해석된다. 운강석굴의 여러 굴에 대한 조영시기와 이들 굴과의 관계 역시 논란이 되었던 문제였다.[12] 특히 460년부터 465년까지 대형 불상을 각각 5구 안치한 석굴을 만들었는데 각각의 불상은 북위의 선대 황제 5명을 불상으로 표현한 것이라고 한다. 담요5굴로 불리는 이들 5굴의 비정도 중국조각사에서 가장 복잡하고 흥미로운 쟁점 중의 하나이다.[13] 이는 도무제로부터 문성제에 이르는 다섯 명의 황제와 석가, 아미타, 미륵, 노사나, 정광불에 이르는 5명의 불타를 각각 5굴과 연결 짓는 고난도의 함수였던 것이다. 편의상 번호를 매겼지만 어느 굴에도 누구를 위한다는 명문은 남아 있지 않다. 따라서 16굴부터 20굴을 번호 그대로 둔다고 해도 각 굴을 어느 황제의 굴이라고 비정할지, 또 각기 어느 불타의 화신이라고 볼 수 있는지는 쉽게 해결될 수 있는 문제가 아니었다. 그 가운데 대체로 학자들의 견해가 일치하는 것은 가장 규모가 큰 제19굴을 태조(太祖) 도무제(道武帝)의 굴로, 교각좌를 한 보살상이 본존인 제17굴을 경목제(景穆帝)의 굴로 보는 것이다.[14] 반면 논란이 많았던 것은 제18굴이다. 18굴의 본존 불신에는 무수한 화불이 표현되어 있어 이를 둘러싸고 노사나라는 설과 우주주(宇宙主)로서의 석가라는 설이 양립되었다.[15] 이와 같은 복잡한 비정문제는 규

---

12) Alexander C. Soper, "Imperial Cave Chapels of the Northen Dynasties: Donors, Beneficiaries, Dates," *Artibus Asiae* 28-4 (1966), pp. 241-270; 宿白,「雲岡石窟分期試論」,『考古學報』, 1978-1; 吉村怜,「雲岡石窟編年論-宿白, 長廣學說批判」,『國華』1140(1990) 등으로 이어졌으며 이에 대한 반론과 재반론이 근래까지 계속되었다.

13) 운강석굴의 여러 문제 가운데 가장 복잡하고 흥미로운 논쟁이 이어졌다. 근래의 글로는 小森陽子,「雲岡石窟曇曜五窟論-第十八窟本尊定光佛説の提起」,『佛教藝術』263(2003) 을 들 수 있다.

14) 경목제는 황제가 되지 못한 채 사망하게 되었기 때문에 아직 불타가 되지 않은 미륵으로 보고 교각상을 이에 비정한 것이다. 塚本善隆,「雲岡石窟の佛教」,『印度學佛教學研究』2-2(1954). 반면 교각보살상을 전륜성왕으로 보고 당시의 황제인 문성제를 조각한 것이라고 보는 견해도 있다. 古正美,『從天王傳統到佛王傳統』(臺北: 商周出版, 2003), p. 144.

15) 노사나설은 松本榮一에 의해 시작되어 吉村怜에 의해 정교해졌다. 松本榮一,「華嚴教主盧遮那佛圖」,『敦煌畫の研究: 圖像篇』(東京: 東方文化學院東京研究所, 1937), pp. 291-315; 吉村怜,「盧舍那法界人中像の研究」,『美術研究』203(1959), pp. 125-139 참조. 석가설은 Angela Falco Howard, *The Imagery of the Cosmological Buddha* (Leiden: E. J. Brill, 1986)에서 시작되어 宮治昭에 의해 발전된 양상을 보였다. 宮治昭,「宇宙主としての釈迦仏-インドから中央アジア・中國へ」,『曼荼羅と輪廻: その思想と美術』,

모가 다른 각 굴의 배치상태로 인하여 더욱 결론을 내리기 어렵다.[16]

북위 불교조각의 비약적인 발전은 각지를 점령한 후, 그 주민들을 당시 북위의 수도였던 평성, 즉 대동으로 대거 이주시켰기 때문에 가능했다고 보고 있다.[17] 산동, 하서회랑 일대의 조각을 만들었던 장인들의 집단적 이주로 인해 이들 지역의 조각 수법과 양식이 북위로 전해졌다는 것이다.[18] 북위에서 불교조각이 빠른 속도로 발전할 수 있었던 데는 북중국 일대의 통일에 의한 각 지역 장인들의 이동이 밑바탕이 되었다. 예컨대 운강석굴의 조형에도 영향을 준 양주양식은 서역미술의 영향을 중국화하는 과정 중에 나타난 중국 불교조각 초기의 조각양식이다. 인체를 과감하게 드러내며, 옷은 얇게 신체에 밀착되었고, 얼굴은 밝고 자신감에 찬 듯한 모습을 보여주는 것이 양주양식의 특징이다. 그러나 장인들의 이동이 영향을 주었으리라는 점은 분명하지만 현재 남아 있는 조각들의 연대가 이주 연대보다 훨씬 후대이기 때문에 장인들의 이주에 무게를 두는 해석은 여전히 생각해볼 여지가 있다.

5세기의 하서회랑 일대의 석굴사원의 조영연대에 있어서도 이견이 있다. 운강석굴과의 비교를 통하여 기존 학자들의 주장과 달리 담요5굴이 조영된 이후 조각되었다는 견해가 발표되었다. 특히 북량기의 굴로 간주되었던 하서 석굴들의 대부분이 운강이 조영된 후, 460년대 이후에 그 영향 아래 만들어졌다고 본 것이다.[19] 이는 하서회랑의 굴에만 관련된 것이 아니라 현재 남아 있는 막고굴 초기굴의 연대와도 관련이 있다. 막고굴 제268·272·275굴은 북량기에 조영된 것으로 흔히 여겨지지만 이에 대한 반론도 만만치 않다.[20] 막고굴을 포함하여 하서 지역의 석굴사원과 그 조각은 맥적산, 병

立川武蔵 編(東京: 佼成出版社, 1993) 참조. 근래에는 노사나가 460년대에 조성되기는 불교학적으로 어려웠을 것이라는 지적이 있었다. 石松日奈子, 『北魏佛教造像史の研究』(東京: Brücke, 2005), p. 97.

16) 이 점은 石松日奈子에 의해 잘 지적되었다. 石松日奈子, 위의 책, p. 99.

17) 『魏書』「釋老志」에 의하면 양주에서는 3만 호가 대거 이주했다고 한다.

18) 실지로 운강 개착을 주도한 담요가 북량 이주민이라고 보고 있다. 장인들의 이주를 중시한 이른 시기의 언급은 水野清一·長廣敏雄, 『雲岡石窟』13(京都: 京都大學人文科學研究所, 1954)를 들 수 있다. 이후 일본에서 출판된 불교조각 관계 서적에는 장인들의 이주가 중요하게 다뤄졌다.

19) 특히 운강 16·17굴의 영향을 받았다는 주장이다. 八木春生, 『雲岡石窟文樣論』(京都: 法藏館, 2000), pp. 39-64.

20) 이들 굴의 연대에 대한 돈황연구원의 공식적인 견해는 북량기 조영이다. 樊錦詩·馬世長·關友惠, 「敦煌莫高窟北朝石窟的分期」, 『中國石窟: 敦煌莫高窟』1, 敦煌文物研究所 編(北京: 文物出版社, 1980), pp.

령사 석굴의 조각과도 관계가 있으며 중국에서의 석굴사원의 기원과 연결되기 때문에 운강석굴 조각과의 정밀한 비교를 통한 연대 비정이 필요하다.

북위는 493년에 낙양으로 천도를 한다. 천도하자마자 용문석굴을 조영하고, 평성에서의 종교적 열망을 다시 낙양에서 재현하려고 노력했다. 그러나 북위의 국운은 이미 상당히 기울어 있어서 500년경 용문에 조영하던 세 개의 굴 가운데 빈양중동밖에 완성하지 못했다. 용문 고양동과 빈양중동의 조각들은 운강의 조각양식을 계승한 면도 있으나 보다 딱딱한 조형감각을 보여준다. 이들 조각에 보이는 북위양식의 계승도 쟁점이 된 바 있다.[21]

도상에 관한 논쟁도 빼놓을 수 없다. 서역의 키질석굴과 막고굴 제428굴의 벽화, 그리고 중국 조각 중에 법계가 표현된 상을 노사나로 비정했던 것은 도상을 둘러싼 여러 쟁점 중의 하나였다. 불신에 불국세계를 표현한 이 조각은 법계인중상(法界人中像), 혹은 노사나법계상(盧舍那法界像)으로도 알려진 것으로 그 도상이 석가모니상인지 노사나상인지를 둘러싼 논쟁이 있었다. 오랜 세월에 거쳐 이어진 논란은 실제로 논쟁이 이뤄진 것은 아니고, 각자 자신들의 견해를 발표한 정도이다.[22] 서역과 중국을 제외하면 유례가 없는 이 특이한 도상의 성립과 전개에 관련된 논란은 확실하게 결론지어지지 못한 상황이다.[23]

195-206. 반면 (전)북경대학의 쑤바이 교수는 이에 반대하는 견해를 냈다. 宿白, 앞의 논문; 同, 「莫高窟 現存早期洞窟의 年代問題」, 『中國文化硏究所學報』 20(1989); 同, 「涼州石窟遺蹟和 "涼州模式"」, 『考古學 報』, 1986-4 참조. 대부분의 서구학자들은 하서 지구 석굴의 조영을 북량으로 따르고 있다. Angela Falco Howard, "Liang Patronage of Buddhist Art in the Gansu Corridor during the Fourth Century and the Transformation of a Central Asian Style," in *Between Han and Tang: Religious Art and Archeology in a Transformative Period*, ed. Wu Hung (Beijing: Cultural Relics Publishing House, 2000), pp. 235-275. 여기에는 근래 지속된 북량석탑에 관한 연구가 보조적 역할을 했다.

21) 石松日奈子, 「龍門古陽洞初期造像에 있어서 中國化의 問題」, 『佛教藝術』 184(1989)(同, 앞의 책, pp. 257-268 재수록).

22) 가장 먼저 법계인중상에 주목한 것은 松本榮一, 앞의 논문, pp. 291-315이고, 이를 지지하는 입장에서 확대시킨 것이 吉村怜이다. 吉村怜, 앞의 논문, pp. 125-139 참조. 이들은 화엄의 주불인 노사나라는 입장을 보여주었다. 반면 역사적인 석가모니불을 나타낸 것이라고 본 것은 Angela Falco Howard의 앞의 책이다. 그러나 안젤라 하워드의 견해가 상당히 설득력 있음에도 불구하고 노사나라는 주장 역시 여전히 사그라들지 않았다. 李玉珉, 「法界人中像」, 『古宮文物月刊』 121(1993), pp. 28-41.

23) 가장 최근의 연구로 양자의 입장을 각각 비판하여 석가모니로 성립되어 노사나로 전화되었다고 보는

3. 호(胡)와 한(漢), 혹은 중화화(中華化)의 문제

이 시기의 조각을 둘러싼 논쟁 중의 하나는 불상의 복식에 관한 것이다. 운강석굴 제2기의 제6굴 조각부터 나타나는 쌍령하수식(雙領下垂式), 혹은 포의박대식(褒衣博帶式) 복식의 불상이 이전까지의 양주식 편단우견이나 간다라식 통견을 입은 불상 형태를 대체한 것에 대한 해석에서 비롯되었다.[24] 이를 486년에 내린 효문제의 '호복금지령(胡服禁止令)'에 의한 것이라고 보는 견해가 먼저 대두되었다. 그런데 이처럼 한족의 복식과 유사한 옷을 입은 불상을 만드는 것이 복제 개혁으로 대표되는 한화정책에 의한 것이 아니라 남조 문화의 영향에 의한 것이라는 주장이 나왔다. 뿌리 깊은 남조 한족 문화의 우월성에 기반을 둔 이 견해는 많은 문화의 기원을 한족 문화에서 찾으려는 남조기원론의 하나이다.[25] 이 논쟁에서 문제가 되는 것은 현전하는 남조의 불상이 적다는 점이다. 이의 돌파구로 제시된 것이 사천성 성도에서 발굴된 불상들이었다.[26] 더욱이 무현(茂縣)에서 발굴된 남제(南齊) 영명원년(永明元年)(483)의 명문이 있는 무량수상의 존재는 이 논쟁을 더욱 흥미롭게 만들었다. '호복금지령' 보다 3년 빠른 연기가 있는 불상으로 인하여 남조에서 먼저 중국식 복식을 입은 불상이 조성되어 북조에서도 만들었으리라는 추정이 가능해졌던 것이다.[27] 상의 존재가 그 영향을 증명하지는

절충적인 견해가 발표된 바 있다. 하정민, 「中國 法界像에 관한 研究」, 『美術史學研究』 238·239(2003), pp. 5-34.

24) 小杉一雄, 「南北佛像樣式試論」, 『美術史研究』 1(1962); 松原三郎, 「中國佛像樣式の南北-再考」, 『美術研究』 296(1975).

25) 비단 쌍령하수식 복식을 주제로 다룬 것은 아니지만 이와 비슷한 시각을 다음의 글에서도 볼 수 있다. 롼룽춘(阮榮春), 앞의 논문. 그의 시각은 철저하게 남방 위주이고, "불교 조각은 남방에서 먼저 일어났고 그 이후에 북방에서 성행했다는 것을 보여준다"고 썼다.

26) 성도를 비롯하여 사천성 일대에서 남북조시대의 불상들이 다수 출토되어 불교미술 연구의 폭을 넓혀 주었다. 가장 이른 시기의 발굴품으로 萬佛寺址의 조각을 들 수 있고 이어서 西安路 등에서도 계속 발굴이 이어졌다. 劉志遠·劉廷壁 編, 『成都萬佛寺石刻藝術』(北京: 中國古典藝術出版社, 1958); 李巳生, 「成都萬佛寺梁代造像藝術特色的形成」, 『敦煌研究』, 1992-3; 成都市文物考古研究所, 「成都市西安路南朝石刻造像發掘簡報」, 『佛教藝術』 252(2000) 참조.

27) 吉村怜, 「成都萬佛寺址出土佛像と健康佛教-梁中大通元年銘のインド式佛像について」, 『佛教藝術』 240(1998). 이와 함께 성도로의 교통로와 토욕혼의 존재가 중시되기도 했다. 山名伸生, 「土谷渾と成都の佛像」, 『佛教藝術』 218(1995).

못한다. 결국 이와 같은 논란은 호족이 한족의 문화에 경도되었다는 전제하에 이뤄진 것이고, 근래 강한 반론에 부딪혔다.[28]

어깨는 좁고 몸은 마른 편이며 신체를 완벽하게 감추었던 6세기 전반의 조각들은 6세기 중엽을 지나면서 점차 풍성한 양감을 가진 신체를 드러내는 방향으로 변화한다. 이는 중국 동부 지방을 중심으로 일찍 두드러지는 양식적 특징이기 때문에 동남아시아나 인도로부터 새로운 미술의 영향이 바닷길을 통해 중국에 유입되었으리라는 추정을 낳았다. 6세기 전반에서 중엽에 이르는 사이 불상 양식의 변화는 하북, 산동 지방에서의 발굴을 통해 더욱 확실하게 알려졌다. 하북 곡양(曲陽) 수덕사지(修德寺址)의 백옥상과 산동 제성의 금동불 등이 대표적이다.[29] 특히 북주보다 황실에서 적극적으로 불교를 후원했던 북제 지역에서 불상 조각이 발달했다. 북제는 숭불국가로 볼 수 있는데, 향당산(響堂山) 석굴을 둘러싼 논란도 흥미롭다.[30] 향당산 석굴에 고환(高歡)의 묘실이 있다는 주장도 고환만이 아니라 그 아들 문선제(文宣帝) 고양(高洋)이 매장되었다는 추정으로 이어졌으며, 특히 북향당산의 세 굴 가운데 어디에 누가 묻혔는가를 두고 문헌과 석굴 조영을 아우르는 논란이 계속되었다.[31] 북제조각의 진보적 성격에는 한편으로 해로를 통한 인도 및 동남아시아 조각의 영향이 큰 힘을 발휘했다는 주장이 대두되었다.[32] 단지 동남아시아의 현존 불교조각 가운데 연대 판정이 확실한 예가 많지 않다는 것이 이러한 추정의 난점으로 남는다.

---

28) 石松日奈子, 앞의 책 참조. 이시마쓰 박사는 남조 조각의 유례가 적은 상황에서 남조 기원설을 논의하는 것은 漢民族中心主義의 일환이라고 주장했다.

29) 곡양 修德寺址 출토 조각상에 대한 연구가 근래 다시 시도되었다. 馮賀軍, 『曲陽白石造像研究』(北京: 紫禁城出版社, 2005) 참조.

30) 常盤大定・關野貞, 『中國文化史蹟 解說編』 5(京都: 法藏館, 1975), pp. 101, 127-133.

31) 북향당산 북동에 고환의 묘실이 있다는 주장은 李文生, 「響堂山石窟造像的特徵」, 『中原文物』, 1984-1. 이와 유사하게 북동이라는 점은 맞지만 이문생이 말하는 감실이 아니라는 주장은 曾布川寬, 「響堂山石窟考」, 『東方學報』 62(1990), pp. 165-207. 한편 중굴을 고환의 굴이라고 추정한 것은 Alexander Soper, 앞의 논문, pp. 262-263. 『續高僧傳』을 따라 북동이 문선제의 능이었다고 본 것은 岡田建, 「北齊樣式の成立とその特質」, 『佛教藝術』 159(1985), pp. 31-48.

32) 이는 애초에 소퍼의 유명한 다음 논문에 의해 지적되었던 것이다. Alexander C. Soper, "South Chinese Influence on the Buddhist Art of the Six Dynasties Period," *The Bulletin of the Museum of Far Eastern Antiquities* 32 (1960). 이러한 취지를 계승한 글로 정예경, 『중국 북제・북주 불상 연구』(혜안, 1998)을 들 수 있다.

지역별로 다른 양식적 특징을 가진 남북조시대의 불상이 '수·당'에 의한 정치적 통일을 맞아 미술에 있어서도 통일된 양식을 보이게 되었다. 불교 미술을 통하여 호한 간의 갈등과 대립이 조화를 이루어 대제국 당의 미술로 발전될 수 있는 중화화의 토대는 이미 남북조시대에 배태되어 있었다. 당 미술의 강력한 자장(磁場)은 불교조각에도 적용된다. 국제도시였던 장안에서 발달한 조각 기술과 미적 감각은 중국 전역은 물론 통일신라와 일본에까지 영향을 주었다. 국제양식으로 불리는 역동적이고 조화로운 미의식을 시각화한 조각은 사실상 당에 유입되었던 외래요소의 완벽한 결합에 기반한 것이다. 국제양식은 인도, 이란, 서역, 동남아시아 등지의 문화와 종교가 당에 들어와 중국 본연의 전통과 융화되어 미술로 드러난 것이다.[33] 용문, 돈황, 천룡산 석굴의 조각은 물론 무측천이 건립한 광택사 칠보대에 있던 부조들을 비롯하여 당대 조각의 대부분이 국제양식으로 설명될 수 있다. 그러나 한편으로는 당대 국제양식의 실체를 엄밀히 살펴야 할 필요가 있다. 국제화의 촉매가 되었던 것은 인도로부터의 불교미술의 유입이고, 그 과정에서 현장의 역할에 주목하고 있다. 그러나 현장의 귀당이 초당 조각의 성립에서 가장 중요한 변화의 요인으로 파악되고는 있지만 한 개인의 영향력에 지나치게 의존하는 것은 아닌지 숙고할 필요가 있다. 아울러 당에 미친 굽타 미술의 영향력이 강조되고 있으나 이에 대해서도 정밀한 고찰이 필요하다.

　　성당의 조각을 '사실적'이라거나 '이상적'이라는 형용사로 설명하는 것도 생각해 보아야 한다. 용어에 대한 면밀한 검토가 진행되지 않은 채로 서술되고 있는 점은 정밀한 조각사 서술을 위하여 재고할 만하다. 당 조각에서 '사실적'이라는 말은 통상 얇은 옷을 입고 인체를 드러낸 경우에 주로 쓰인다. 그러나 이는 인체를 기준으로 한 것이고, 7-8세기 당의 현실적인 관념을 반영하고 시각화했다는 의미로 쓴 것은 아니다. 대개 서구학자들의 용어와 사고를 반영한 형용사들이기 때문에 차제에 미술사 서술에 필요한 용어에 대한 재검토가 필요한 시점이다. 이와 관련하여 '수골청상(秀骨清像)', '조의출수(曹衣出水)'와 같이 회화에서 인물을 묘사한 어구로 쓰였던 용어들을 그대로

---

33) 金理那, 「印度佛像의 中國傳來考-菩提樹下 金剛座眞容像을 中心으로」, 『韓㳓劤博士停年退任史學論叢』, 韓㳓劤博士停年紀念史學論叢刊行準備委員會 編(지식산업사, 1981), pp. 737-752(同, 『韓國古代佛教彫刻史研究』, 一潮閣, 1989, pp. 270-290 재수록).

조각에서 사용해도 무방한 것인지도 검토해야 할 시점이 되었다.[34)

불교의 교리와 그 해석에 따라 다양한 불교 조각상의 내용상 변모도 다각도로 진행 되었다. 조각의 내용이나 의미와 관련되는 변화들 가운데 두드러지는 것은 밀교상(密 教像)의 등장이다. 주술을 중시하는 초기밀교는 불교 전래와 함께 일찍부터 중국에 들 어왔지만 조각에는 그다지 영향을 미치지 못했다. 조각적 형상화에 밀교의 영향이 나 타나는 것은 얼굴과 팔이 여러 개 달린 다면다비(多面多臂) 관음의 조상부터이다. 보통 십일면관음으로 알려진 밀교 관음상의 조각에 뒤이어 본격적인 의미에서의 밀교 조각 들이 만들어졌다. 당대의 밀교조각은 서안 경룡지와 안국사지에서 출토된 조각들로 일부 실체가 밝혀졌다. 전형적인 후기 밀교조각이 많지 않은 이유에 대해서는 후기밀 교가 도입되어 조각으로 충분히 결실을 맺을 새도 없이 폐불령이 내렸기 때문으로 해 석되는 실정이다. 그런데 중원에서 떨어진 변방지역에 적지 않은 경당이 남아 있어 밀 교상 연구에 실마리가 될 것으로 생각되나 아직 연구가 일천하다.[35)

밀교미술의 경계를 어디에 둘 것이며, 선종미술의 흥기를 어떻게 볼 것인지 하는 문 제들은 모두 중국에서 종파미술의 범주를 설정하고, 그 전개 과정을 미술사적으로 의 미 있게 설명할 수 있을지에 관한 과제와 관계된다. 특히 밀교미술의 경우에는 중국의 사원에 남아 있는 경우가 적었고, 대부분 새로 발굴되거나 발견되는 예들을 대상으로 하다 보니, 미술사 연구에서 기반이 약하다. 비단 밀교미술에 국한된 것은 아니고, 중 국조각사 전체에서 송 이후 조각에 대한 연구는 그 비중이 낮았던 것이 사실이다. 따라 서 적지 않은 경우에 밀교미술에 대한 연구가 일찍부터 발달해 있었고, 중요한 밀교 종 파가 오늘날도 명맥을 잃지 않고 있는 일본에서의 연구를 참고로 한다. 그러나 일본에 전해진 것이 중국의 밀교였다는 점은 분명하지만 일본에 남아 있는 일부 밀교미술을 중국 밀교미술의 기준으로 삼을 수 있는지 의문이다. 이미 다른 지역으로 이식되어 그

---

34) 郭若虛의『圖畵見聞誌』에서 曹仲達의 그림에 대한 묘사로 '吳帶當風 曹衣出水'라는 말이 쓰였고, 張懷 瓘은『畵斷』에서 陸探微의 그림에 대하여 '秀骨淸像'이라고 평하였다.

35) 경당은 대개 '불정존승다라니'를 새긴 것으로 조각이 있는 것도 있고, 없는 것도 있다. 경당에 관한 연 구 중에 주목되는 것은 Angela Falco Howard, "The Dhāraṇī Pillar of Kunmming, Yunnan: A Legacy of Esoteric Buddhism and Burial Rites of the Bai People in the Kingdom of Dali(937-1253)," *Artibus Asiae* 57-1/2 (1997), pp. 33-72.

곳에서 독자적인 발전을 한 종파미술과 그 연구를 기반으로 종파가 이식되기 이전의 미술을 검토하고 설명하는 것은 한계가 따른다. 도상을 판단하는 문제 역시 일본에서 이해한 방식으로 중국에서도 이해했는지는 확실하게 말하기 어렵다. 더욱이 일본의 밀교조각보다는 만다라와 같은 그림을 도상의 근거로 판단하는 연구에 대해서는 다양한 각도에서의 검토가 필요한 시점이다. 반면 티베트나 네팔 밀교미술의 연구는 그다지 반영되지 않는 것이 현실이다. 중국에서의 선행 연구가 없다는 약점을 극복하고 균형 잡힌 연구를 하기 위하여 비단 일본만이 아니라 인도와 네팔, 티베트 등의 밀교미술 및 그 연구와의 비교가 절실하다. 또 돈황 막고굴이나 유림굴, 사천 대족석굴과 안악 등에 남아 있는 밀교 조각과의 비교를 통하여 폐불로 단절된 중앙에서의 밀교가 지방과 어떻게 관련을 맺고 있었는지를 확인하는 것도 의미 있는 작업이 될 것이다.

III. 중국 불교조각 연구의 과제

중국에 전래된 불교는 약 1,000년 만에 더욱 중국화의 길로 들어선다. 당말의 폐불령은 막강한 구심력으로 일궈낸 양식상의 통일을 한 번에 무너뜨릴 만큼 강력했다. 길지 않은 시간이었지만 불교사원은 위축되었고, 승려는 환속했으며, 불상은 파손되거나 땅에 파묻혔다. 당이 멸망하고, 오대가 시작되면서 불교에 귀의한 나라들이 세워짐에 따라 이들 지역을 중심으로 다시 불교사원을 재건하고 불상을 조성하게 되었다. 이때 모델이 될 수 있는 당의 불상들이 별로 없었기 때문에 송대 이후의 조각들은 상당히 다른 방향으로 발전하게 된다.[36] 발전의 방향은 이전과 같은 이국적인 요소들이 섞인 것이 아니라 필연적으로 중국인들의 취향에 따르는 것이었다. 인체를 드러내지 않는 두꺼운 옷과 입체적인 옷주름이 인체의 굴곡과 동세 표현을 대신하게 된다. 중국인의 모습을 반영한 얼굴 생김새, 두꺼운 복식에 가득한 회화적인 장식, 서사적인 분위기를 주는 충실한 배경 묘사가 송대 이후 불교조각의 특징이다.

---

36) 崔聖銀, 「唐末五代 佛敎彫刻의 傾向」, 『美術史學』 6(1992) 참고.

오대, 북송 조각의 풍성한 묘미를 보여주는 것은 사천성 대족석굴의 조각들이다. 대족의 조각들은 밀교적 성격이 강하며 지방색 또한 강하다. 경전의 내용을 조각으로 옮겨 놓은 것은 물론 이 시기 들어 새로 대두된 인도 밀교미술의 전래를 짐작하게 해주는 조각도 있어 주목된다. 남송의 수도였던 항주의 연하동, 비래봉의 조각은 남송의 귀족적인 취향을 보여주는 조각들이다. 송은 북방의 거란족과 여진족이 세운 요 및 금과 대치하고 있었기 때문에 국경 지방에는 호국을 위한 사원을 세우고 사원에는 거대한 불상을 안치했다.[37] 반면 수도 인근에서는 정토왕생을 기원하는 아미타신앙의 유행에 따라 아미타상을 조각했다. 선종이 중시된 당말 이후 불교계의 변화에 따라 송이나 요, 금에서 모두 나한상을 만드는 것이 유행했다. 나한은 한두 예만 만드는 것이 아니고, 16나한이나 500나한 등 여러 구를 같은 세트로 만들기 때문에 남아 있는 조각이 많다. 요에서 세 가지 색 유약을 발라 구워 만든 삼채나한상과 산서성 영암사(靈岩寺)의 나한상이 대표적인 예이다.

송대에도 여전히 인도로 순례를 간 승려들이 있었고, 이들에 의해 인도 불교미술과의 교류가 가능했다고 생각되지만, 실제로 이 점에 대한 연구는 거의 진행되지 않았다. 북송과 인도와의 교류는 등한시되지만 송 황실에서는 공식적으로 순례승을 파견한 바 있다. 1022년과 1033년에 진종대(眞宗代)와 인종대(仁宗代)에 황제의 명을 받고 보드가야의 마하보디 사당, 즉 대각사를 방문한 승려들의 비문과 석판이 현지에 전해진다.[38] 순례를 목적으로 간 그들은 마하보디 사당 앞 보리수에 황제가 하사한 금란가사를 바

---

37) 요대의 조각에 대한 연구는 1980년대 이후 급격하게 늘어났다. 그에 선행하는 연구로는 일본학자들의 답사기 정도가 있고, Osvald Sirén의 1942년 논고가 있었다. 또한 시렌의 연구를 재검토한 Angela Howard 의 연구도 좋은 참고가 된다. Osvald Sirén, "Chinese Sculptures of the Sung, Liao, Chin Dynasty," *Bulletin of The Museum of Far Eastern Antiquities, Stockholm* 14 (1942), pp. 45-64; Angela Falco Howard, "Buddhist Sculptures of the Liao Dynasty -A Reassessment of Osvald Sirén's Study," *Bulletin of The Museum of Far Eastern Antiquities* 56 (1984), pp. 1-95. 국내의 연구로는 崔聖銀, 「唐末 五代와 遼代의 圓筒形 高冠菩薩像에 대한 一考察-高麗初期 高冠形 菩薩像과 관련하여」, 『강좌미술사』 9(1997); 鄭恩雨, 「遼代 佛像彫刻의 硏究(1)」, 『미술사연구』 13(1999); 同, 「遼代 佛像彫刻의 硏究(2)」, 『미술사연구』 14(2000).

38) 석판은 각각 1022년과 1033년의 연대가 있고 可蘊, 義淸 등 승려의 이름도 나온다. 11세기 전반에 중국 승려들이 인도에 와서 남긴 것으로 추정되는 한자 명문의 석판은 현재 6가지가 알려져 있다. 이에 관한 개관은 姜憘靜, 「보드가야의 불교유적과 구법승」, 『미술사와 시각문화』 4(2005), p. 112.

치고 돌아온다. 현장 때와 다름없이 그들 역시 경전과 불상을 가지고 왔을 것이다. 마치 인도와의 교류는 법현과 현장에서 모든 것이 이뤄진 것처럼 연구되고 있어서, 적어도 북송까지 구법승의 행렬이 이어진 것은 조각사에서 사상된 실정이다. 사천의 경우는 이와 달라서 네팔을 통한 직접적인 인적 교류가 빈번했던 것으로 추정된다. 사천의 불교조각이 중국 다른 지역에서 찾아보기 어려운 도상을 포함하고 있는 것은 팔라 미술을 배제하면 해석하기 어렵다.

선종미술의 범주와 영역을 설정할 수 있는지도 흥미로운 문제이다. 전술한대로 조각이나 회화 양쪽으로 나한상이 당말 이후 급격하게 늘어났다. 오대, 북송은 물론 요의 삼채나한상 역시 유명하다. 단독상은 물론 항주 비래봉처럼 포대화상 등 다른 조각과 함께 나한상이 조각된 예가 있다.[39] 나한상이 전에 없이 갑작스런 유행을 보인 것에 대한 연구와 사상적 배경, 불교 교리의 변화도 충분히 고찰할 가치가 있다.[40] 이는 당말 이후 급속도로 세력을 확장한 선종에의 경도에 따라 나한을 적극적으로 표현하려는 경향과 맞물려 있을 가능성이 있다. 이는 종파와 관련된 미술 연구라고 할 수도 있지만 시야를 넓혀보면 종교미술의 기능에 대한 근본적인 질문과도 관계가 있다. 근래 들어 의식이나 기능의 관점에서 불교미술을 조망하려는 시도들이 잇따르는 것은 고무적인 일이다.[41]

당대 이후 조각의 연구는 대족이나 돈황과 같이 특정한 지역의 조상을 중심으로 진행되었다. 이 시기에는 구심력이 강했던 당의 문화가 힘을 잃고 광활한 영토에서의 지역성이 더욱 두드러졌던 것이 사실이다.[42] 그러나 세분화된 지역별 연구로 인해 전체상이 잘 보이지 않는 것은 앞으로 적극적인 연구에 의해 극복되어야 할 문제이다. 지역성과 유사하지만 또 다른 문제는 원대 이후 황실의 불교미술과 지방의 미술이 달라졌

---

39) 비래봉에 포대와 나한이 조각된 것은 미륵과 나한의 관계로 설명하는 견해가 있다. 비래봉의 조각에 관한 연구로 鄭恩雨, 「杭州 飛來峰의 佛教彫刻」, 『미술사연구』 8(1994), pp. 199-230.

40) 崔聖銀, 「杭州 煙霞洞 石窟 十六羅漢像에 관한 硏究」, 『美術史學研究』 190·191(1991).

41) 가령 T. Griffith Foulk, "Religious Functions of Buddhist Art in China," in *Cultural Intersections in Later Chinese Buddhism*, ed. Marsha Weidner (Honolulu: University of Hawai'i Press, 2001), pp. 13-29를 들 수 있다.

42) 오대 이후 불교조각에 대한 연구는 崔聖銀, 앞의 논문(1992) 참조.

다는 것이다. 원에 의하여 티베트의 불교문화가 유입되고, 원 황실에서는 티베트의 장인 아니가(阿尼哥)를 불러서 조각을 하게 했다. 아니가의 제자인 한족 유원(劉元)은 아니가로부터 교육받은 대로 조각을 했을 것이다.[43] 그들의 진작으로 남아 있는 예는 없지만 그들의 조각이 황실을 중심으로 이뤄진 불교조각의 조성에 기준이 되었으리라는 것은 분명하다. 티베트의 불교 미술의 영향이 명, 청대 황실 불상조각에서 중요한 비중을 차지한다는 것은 잘 알려져 있다.[44] 명・청의 황실에서 이뤄진 조상활동에 대해서는 조금씩 연구가 진행되어 왔다. 반면 산서성 일대에 남아 있는 명대 불교조각들은 송조각의 그림자를 보는 것처럼 라마교 계통의 조각과는 거리가 있으며 그에 관한 연구도 많지 않은 실정이다.[45] 황실을 제외한 지방에서는 여전히 전통적인 중국식 조각을 선호하고 만들고 있었던 것이다. 이와 같이 각기 다른 두 조각 전통은 불교조각이 조성되는 한 계속되었다. 이것을 남북조시대의 조각처럼 호와 한의 적절한 긴장이라고 보기는 어렵다. 갈등에 의한 것도 아니고, 황실이 이민족이었을 때만 나타난 현상도 아니기 때문이다. 황실과 민간에서의 불교에 대한 이해와 관심의 차이, 그로 인한 불가피한 불교조각의 시각적 괴리가 앞으로 어떤 식으로 연구될지 기대되는 부분이다.

중국 불교조각 1,500년의 세계는 끊임없는 외래미술의 영향과 중국의 내재적인 미의식이 씨줄과 날줄로 계속 엮여서 만들어낸 세계이다. 그만큼 다양한 주제와 내용을 풍부한 표현력으로 이끌어낸 시각미술이라고 할 수 있다. 불교가 외래 종교로 중국에 유입된 것이기 때문에 외부로부터의 영향은 피할 수 없는 것이었다. 중국 불교조각의

---

43) 田邊三郎助,「元および明・靑の彫刻」,『世界美術大全集 東洋篇』7, 海老根聰郎・西岡康宏 責任編集(東京: 小學館, 1999), pp. 56-57.

44) 불화의 범주에 들어가기는 하지만 1780년 청 건륭제의 70회 생일을 맞아 그를 방문한 티베트의 판첸 라마를 위하여 그의 거주사원인 Tashilhunpo를 본뜬 사원을 짓고 그 안에 탕카로 장식한 것에 대한 다음의 연구는 불교조각연구에도 시사하는 바가 있어 참고할 만하다. Terese Tse Bartholomew, "Thangkas for the Qianlong Emperor's Seventieth Birthday," in *Cultural Intersections in Later Chinese Buddhism*, ed. Marsha Weidner (Honolulu: University of Hawai'i Press, 2001), pp. 170-188. 이 외에도 Marsha Weidner, ed., *Latter Days of the Law: Images of Chinese Buddhism 850-1850* (Lawrence, KS: Spencer Museum of Art, 1994)가 있다.

45) 예컨대 쌍림사의 조각들을 들 수 있다. 쌍림사의 조각은 여러 번의 개・보수를 거쳤고, 청대의 조각도 있으나 명대부터 조성되었던 것들이 잘 남아 있다. 쌍림사의 조각에 대해서는 李純 編,『雙林寺』(石家庄: 河北美術出版社, 2002)를 참조하기 바란다.

세계는 때로는 우연적으로, 때로는 필연적으로 외래 요소와 중국 전통이 강약을 달리하며 조화를 이룸으로써 중국화의 길을 펼쳐온 것이다. 중국이라는 '국가'의 입장에서 본다면 이것은 지역성과 통일성의 문제이고, 반면 민족적 관점에서 본다면 이민족과 한족 문화의 상호작용의 문제로 풀어볼 수도 있다. 중국 조각사 연구는 양적, 질적으로 비약적인 발전을 이룩했다. 이제 양식이나 도상의 문제에 치중하지 말고 불교미술의 기능이나 공간과의 문제 등을 포함하여 거시적 안목에서 중국조각의 도도한 흐름을 꿰뚫어 보기 위한 다양한 노력을 기울일 때이다.

한국 불교미술 연구의 새로운 모색
-이미지: 도상과 기능의 소통을 위하여

I. 서언

한스 벨팅(Hans Belting)과 우홍(Wu Hung)은 각기 전혀 다른 시대의, 전혀 다른 지역의 미술을 연구한 학자들이다. 이들 연구자의 전혀 다른 지적·사상적 맥락만큼 그들이 연구했던 대상도 판이하다. 그럼에도 불구하고 이들의 견해는 미술 작품을 바로 현재를 위한 '예술작품' 으로서가 아니라 원래 제작되고 유통되었던 당시 사회의 산물이라는 점에 주목하고 시각적 표현의 의미와 기능을 규명하려 했다는 데 공통점이 있다. 전통적인 미술사가 작품 자체에 주로 관심을 기울였던 것과 달리 이들은 미술작품의 사회적 기능이나 역할을 중시한 것이다. 이는 미술작품을 현재 관람자에게 보이는 작품 자체에 대한 분석적 측면과 작품들의 변화 양상, 혹은 양식의 역사를 읽어내던 방법에서 작품이 창작되었던 당시의 맥락과 작품의 필요성을 고찰하는 것으로 연구 관점이 바뀌었음을 의미한다. 그런 점에서 이들의 연구법은 오늘날 미술작품을 보는 관객의 시선에서, 그것들이 그 당시에 영향을 주었을 수용자의 관점으로 시야를 확장한 셈이라 할 수 있다.

파노프스키가 지적한 대로 종교미술은 크게 예배를 위한 도상과 이야기(narrative)를 시각화한 것, 명상을 위한 것의 세 가지로 나눌 수 있다.[1] 그의 분류는 종교미술의 제작 목적이나 용도와 관계된 것이지만, 이와 같은 분류가 모든 분야에 획일적으로 적용

될 수도 없고, 또 어느 한 가지 용도만을 위해 종교미술이 조성됐다고 보기도 어렵다. 이 점이 바로 벨팅의 연구에서 주목되는 부분이다. 기독교와 불교가 전혀 다른 종교이고, 각 종교의 의식과 예배 방법이 다르기 때문에 벨팅의 연구방식과 관점을 우리 불교미술 연구에 그대로 적용할 수는 없다. 그러나 불교 의식에 쓰였던 불화인 괘불에 대한 연구를 비롯하여 근래 의식과 신앙에 초점을 맞춘 불교미술 연구가 증가하고 있는 것은 고무적인 일이다. 불교미술 연구자들이 늘어남에 따라 새로운 시각을 적용하려는 참신한 시도들이 이어지는 것 또한 한국 불교미술 연구의 지평을 넓혀 줄 것이라 생각한다.

기존의 미술사 연구에서는 예배용 불상과 불화에 중점을 둔 연구가 주류를 이루었다. 이러한 연구는 예배용이라는 것을 전제로 하면서 동시에 예술작품으로서의 불교미술이라는 관점에서 벗어나지 않았다. 1990년대 이후, 한국 불교미술 연구는 그 양적인 팽창만큼이나 질적으로도 비약적인 발전을 이룩했다. 그 중에는 새로운 영역이나 기존에 연구 대상이 되지 못했던 작품으로 연구의 대상과 폭이 확대된 것도 포함된다. 예컨대 조선 후기와 말기 조각과 불화를 연구한다든지, 화사(畵師)나 화승(畵僧)을 중심으로 그들 간의 사승(師承)관계나 계보를 밝히는 연구는 기존의 연구에서는 좀처럼 다루기 어려웠던 것들이다.[2] 이것은 한국 불교미술에 대한 꾸준한 조사와 자료 발굴을 통해 지속적으로 그 영역이 확대된 결과이다. 화승과 화사 위주의 연구는 상대적으로 전통적인 미술사 연구에서 주목되지 못했던 창작의 주체에 관심을 기울이게 된 새로운 연구 경향이라고 할 수 있다. 이처럼 불교미술의 연구영역이 확장됨에 따라 불교

---

1) Erwin Panofsky, "Imago Pietatis," in *Festschrift für M. J. Friedländer zum 60. Geburtstag*, Max J. Friedlaänder et al.(Leipzig: E.A. Seemann, 1927), pp. 261-308; Henk van Os, "Book Review: H. Belting, Das Bild und sein Publikum im Mittelalter: Form und Funktion früher Bildtafeln der Passion (Berlin, 1981)," *Simiolus* 14-3/4 (1984), pp. 225-227에서 재인용. 이와 관련된 자세한 논의는 신준형, 「한스 벨팅의 종교미술 연구-도상에서 기능으로」, 『미술사와 시각문화』 6(2007) 참조.

2) 화승 연구는 1990년대부터 새로운 자료 발굴과 함께 지속되었으며, 근래 들어 화승들의 다양한 계보와 지역별 유파에 관한 고찰로 확대되는 경향을 보인다. 화승 관계 초기 연구로는 安貴淑, 「조선후기 佛畵僧의 系譜와 義謙比丘에 관한 연구(상)」, 『미술사연구』 8(1994); 安貴淑, 「조선후기 佛畵僧의 系譜와 義謙比丘에 관한 연구(하)」, 『미술사연구』 9(1995) 참조. 근래 화승의 유파와 지역성에 대한 특집으로 『講座 美術史』 26 〈미술사의 작가와 유파〉에 실린 논고들이 있다.

조각 연구 방법론에 대한 활발한 논의가 계속되었고 기존의 연구를 총괄한 문제 제기와 방향 제시가 이루어지기도 했다.[3]

II. 불교미술 연구에서 기능의 관점

1. 전통적인 미술사 연구와 서구 학자들의 시각

전통적인 불교미술 연구에서는 '상(像)'의 도상과 형식이 기본적으로 중시되었으며, 지역과 시대에 따라 변화되는 양식을 분석하는 연구가 주류를 이룬다. 드물기는 하지만 도상이나 양식의 문제가 아니라 기본적으로 '상'에 대하여 형성된 사람들의 인식과 기억에 주목한 연구도 시도된 바 있다.[4] 기존의 불교미술에 관한 연구를 검토하고 향후 연구 방향을 제시하는 논고도 여러 차례 발표되었다. 그 중에는 우리나라의 불교미술 연구에 있어서 중국과 일본 불교미술과의 비교 연구가 필수적이며 이를 통해 우리 불교미술의 독자성을 규명하고 그 위상을 정립하는 일이 중요한 과제로 지적되기도 하였다.[5] 이와 같은 불교미술 연구가 종교사회사적 배경, 형식 분류, 도상학적 탐구로 시종하고 있다는 문제 제기와 함께 올바른 용어의 사용과 새로운 방법론의 필요성을 제시하고 이를 수용하도록 하는 적극적 태도가 요구된다는 지적도 있었다.[6]

그런데 다른 시각에서 생각해보면 우리나라의 불교미술 연구에서 중점을 둔 도상

---

3) 2003년 10월에 "한국미술사, 어떻게 할 것인가"라는 제목으로 개최되었던 학술대회와 그 성과물인 『미술사학연구』 241호를 참고할 수 있다. 한국미술사 연구법에 대한 종합적인 검토는 문명대, 「한국미술사 연구의 과제와 방법론」, 『미술사학연구』 241(2004), pp. 5-18, 불교조각 연구에 있어서는 김리나, 「한국 불교조각 연구 어떻게 할 것인가」, 『미술사학연구』 241(2004), pp. 77-104 참조.

4) 이주형, 「한국 고대 불교미술의 '像'에 대한 意識과 경험」, 『미술사와 시각문화』 1(2002), pp. 8-39. 이 글이 다룬 상에 대한 인식과 경험의 문제는 이제까지 한국 미술사학계에서 주목하지 않았던 부분이다.

5) 김리나, 앞의 논문, pp. 94-99 참조.

6) 정우택, 「佛敎美術 서술의 用語 문제」, 『美術史學』 17(2003), p. 111. 한편으로 그는 양식을 미술품에 대한 이해로, 물리적인 모든 것을 포함하는 객관적 사실을 일컫는 용어이며 조형미술의 예술적 표현이나 형식적 통일을 포괄하는 개념이라고 규정하였다.

연구 역시 넓게 보면 종교의 사회적 맥락을 규명하는 방법 중의 하나라고 할 수 있다. 서양미술사에서 시작된 도상 연구는 원래 동방정교회의 성화상을 지칭하는 이콘 연구에서 시작되었다.[7] 도상은 그것이 나타내고자 하는 대상과 유사한 이미지로서 대상과 동일시되는 것으로 이해된다.[8] 그렇기 때문에 도상이 지니는 이데올로기적 힘은 도상 자체가 하나의 기호로 작용한다는 점에서 나온다.[9] 그런데 이때 이야기하는 기호는 특정한 시대, 특정한 사회의 구성원들 간의 암묵적인 합의에 기초하여 형성된 것이므로, 이와 같은 의미에서 도상을 고찰하는 것은 사회적 맥락을 규명하는 일의 일환으로 간주할 수 있다. 도상 분석을 통하여 상의 성스러움을 분석하고, 의미와 기능을 파악하는 일은 상의 종교적 역할을 이해하는 방법으로 언제나 유효하다.[10] 1930년대 우리나라에서 본격적인 불교미술 연구가 시작된 이래, 끊임없는 자료 조사와 지난한 연구로 괄목할 성장을 이룬 현 시점에서 한국 불교미술을 바라보는 시각을 변화, 혹은 확장할 필요도 있다고 생각된다.[11] 서양의 미술사학자들의 시각과 방법론을 원용하는 것도 우리 미술사 연구에 새로운 활력을 불어넣을 수 있을 것이다.

미술작품을 통하여 현재의 우리는 작가는 물론 제작 당시의 사회, 문화, 역사를 만날 수 있다. 그런 의미에서 특정한 미술 이미지는 그것이 만들어진 과거와 그것을 보는 현재의 관람자를 소통시켜주는 매개가 될 수 있다. 지금까지 한국의 불교미술을 둘러싼 논점들은 양식사적 검토 외에 상의 발원자 내지 후원자의 문제, 제작 배경이나 상을

---

7) 고종희, 「그리스도교 이콘의 기원과 변천: 콘스탄티노플 이콘 중심으로」, 『美術史學』 15(2001), p. 127. 도상으로 번역되는 icon이라는 용어 자체가 그리스어 eikon에 어원을 두었으며 이는 동방정교회의 성상을 의미하는 것이라 한다.
8) 정헌이, 「그리드를 넘어서: 모더니즘 이후의 '아이콘(icon)'」, 『美術史學』 15(2001), pp. 173-177. 그는 미첼과 플라톤의 언급을 빌어 도상에는 이미지가 그 자신이 본뜬 대상과의 닮음, 혹은 유사성을 획득하는 과정을 의미하는 '의식의 메커니즘'이 있다고 설명한다. 그렇다면 바로 이 의식의 메커니즘 중 상당 부분은 사회성을 얻어가는 과정, 혹은 이미지의 사회화 과정으로 이해할 수 있을 것이다.
9) 진휘연, 「「그리드를 넘어서: 모더니즘 이후의 아이콘」에 대한 질의」, 『美術史學』 15(2001), pp. 206-207. 이 질의는 현대미술에 대한 것이지만 종교미술에서도 적용 가능한 언설이다.
10) 조인수, 「도교 신선화의 도상적 기능」, 『美術史學』 15(2001), p. 58.
11) 1930년대라고 한 것은 아무래도 고유섭 선생의 글에 기준을 둔 것이다. 본격적인 우리나라 학자에 의한 연구를 의미한 것이며, 일본인들에 의한 불교미술 연구는 이보다 이른 시기부터 시작된 것으로 알려져 있다.

배태한 사회·역사적 분위기, 혹은 유통 경로에 관한 것들이었다. 이러한 연구의 쟁점 들은 철저하게 작품 자체에 집중한 것이며, 이미지가 창조되었던 당시의 모습을 대상 으로 한 것이라고 할 수 있다. 현재까지 진행되었던 미술사 연구의 관점을 상의 창작 당시로부터 상이 만들어진 이후로 돌려, 상과 이를 보고 예배하거나 의식을 치르고, 혹 은 종교적 체험을 하게 되었을 사람과의 관계에 초점을 맞추는 것은 한스 벨팅이나 우 홍이 중시했던 사회적인 틀과 관련되는 연구가 될 것이다. 벨팅은 기본적으로 종교미 술을 '예술 작품'이라는 측면보다 신성한 시각매체로서 종교적인 기능을 했다는 점을 중시했는데 그가 주목했던 종교적인 기능이라는 것 역시 사회적인 관습의 또 다른 측 면으로 볼 수 있다. 벨팅의 관점은 미술작품의 시각적 가치와 그 제작 배경의 연구에 중점을 두었던 한국 불교미술 연구에서 '신앙대중들에게 미술이 어떤 역할을 했는가' 라는 작품의 수용자와 수용 과정, 그 의미 등에 관한 연구로 시야를 확장시키는 역할을 할 것이다.

2. 불교 의식(儀式)에 대한 관심과 한국 불교미술 연구

불교미술을 있는 그대로, 눈에 보이는 현상과 상을 둘러싼 '사실'들에 주안점을 두 어 연구하던 전통적인 관점을 불교미술이 창조되었던 원래의 맥락과 그 수용이라는 측면에서 살피려고 할 때, 우리는 당시 거행되었던 의례나 종교적 체험을 제일 먼저 생 각하지 않을 수 없다(도 1-1). 불교미술의 기능과 역할에 주목하여 근래 이루어지는 연 구는 불교 미술 연구를 보다 풍부하게 해준다는 점에서 고무적이다. 2000년대 이후 한 국 불교미술은 조선시대를 위주로 한 연구가 전례 없이 활발해졌다. 억불숭유라는 단 어로 모든 것이 설명되던 조선시대의 불교미술은 한국 불교미술 연구에 있어서 단지 쇠락한 미술로 간주되었고, 열등한 미의식을 보여주는 것으로 인식되었으나, 최근의 연구로 인해 이러한 인식은 상당 부분 불식되었다.[12] 조선시대의 불화와 불상 연구 중

---

12) 조선시대의 불교미술이 등한시되었던 것만큼 한국 불교미술사에서 그 연구의 폭과 깊이도 제한된 것이 었다고 볼 수 있다. 1990년대 이후 조선시대의 불교미술을 대상으로 한 박사논문들이 연이어 나왔고, 이 는 조선시대 불교미술 연구의 활성화를 가능하게 한 기폭제 역할을 했다고 본다. 근래의 박사학위논문

도 1-1. 〈불교의식 장면〉

에서 종교적 체험이라는 부분을 염두에 두고 신앙의례에 관한 관심을 표명한 연구들이 늘어나고 있는데 이는 불교미술의 역할에 관심을 둔 연구라고 할 수 있다. 불교의례의 종교적 의의가 예배 대상에 대한 실재감(實在感)을 고양시키고, 종교 집단과 사회 사이의 유대감의 확인이며, 종교 집단이 가지는 공통된 종교적 감정의 상징화에 있다고 할 때, 불교미술은 바로 예배 대상이 종교집단과 상호 소통하는 존재라는 인식을 주었을 것이라는 점은 자명하다.[13]

불교미술의 기능적 측면에 관심을 둔 근래의 연구 중에는 불교의식과 관련된 괘불(掛佛)에 대한 연구가 주목된다.[14] 괘불 연구는 조선 후기에 다양한 야외 의식이 거행되면서 괘불이라는 특수한 형식의 그림이 발달했고, 대중들이 군집하는 야외 의식의

은 다음과 같다. 이영숙, 「朝鮮時代 掛佛幀 硏究」, 동국대학교 박사학위논문(2003); 김종민, 「朝鮮時代 寫經硏究」, 대구가톨릭대학교 박사학위논문(2003); 金昶均, 「朝鮮朝 仁祖-肅宗代 佛畵 硏究」, 동국대학교 박사학위논문(2005); 최선일, 「朝鮮 後期 彫刻僧의 活動과 佛像硏究」, 홍익대학교 박사학위논문(2006); 송은석, 「17세기 朝鮮王朝의 彫刻僧과 佛像」, 서울대학교 박사학위논문(2007).

13) 불교 의례의 종교적 의의는 홍윤식, 『영산재』(대원사, 1991), pp. 13-14를 따른다.

14) 최근 국립중앙박물관을 필두로 여러 사찰 등지에서 괘불을 전시하는 것도 이러한 관심의 연장선상에서 이해될 수 있다. 괘불에 관한 근자의 연구로는 정명희의 「朝鮮 後期 掛佛幀의 硏究」, 『미술사학연구』 242·243(2004)과 同, 「儀式集과 掛佛의 圖像의 변용」, 『불교미술사학』 2(2004), 이용윤의 「朝鮮後期 三藏菩薩圖와 水陸齋儀式集」, 『美術資料』 72·73(2005)이 주목된다. 미술사 논문은 아니지만 감로탱과 의식에 관한 고찰로 연제영의 「儀禮的 觀點에서 甘露幀畵와 水陸畵의 내용비교」, 『불교학연구』 16(2007), 그 밖에 본격적으로 의식과 관련하여 불화의 성격을 논의한 것은 아니지만 부분적으로 의식에 대한 관심을 보인 논고로 이승희의 「1628년 七長寺 〈五佛會掛佛圖〉 硏究」, 『美術史論壇』 23(2006)을 꼽을 수 있다.

특성상 어디서나 잘 보이는 대형의 행사용 불화가 필요했다는 점에 착안하여 시작된 논의이다(도 1-2).[15] 조선 후기에 이루어진 불교 의식은 의식이 거행되는 각 도량(道場)의 교주로 간주한 불·보살의 이름을 불러[擧佛] 의식이 거행되는 바로 그 공간에 그들이 강림하기를 청하는 소청(疏請)의 행위

도 1-2. 〈일제시대 괘불을 이운하는 모습〉

를 통해 이미지의 현현에 대한 환상을 야기한다.[16] 현재까지 의식과 관련된 괘불 연구는 주로 의식이 도상의 변화와 필요에 따른 도상 간의 결합을 야기한다는 점에 집중되어 있다. 예컨대 1700년에 봉안된 부안 내소사(來蘇寺) 괘불이 석가모니를 주존으로 하는 영산회(靈山會)를 목적으로 제작되었으면서 다보불과 아미타불을 동시에 청하는 법화거불(法華擧佛)의 도상을 보여준다는 지적은 의식이 도상의 결합을 가져온 예 중 하나로 볼 수 있다.[17] 이는 기존 불교회화의 도상 연구는 경전 중심으로 해명되었으나 도상 간의 결합을 모두 경전으로 설명할 수 없다고 본 연구이다. 괘불이 의식용이라는 것을 전제로 하면, 그 도상은 경전보다 당시 간행되었던 의식집(儀式集)을 통해 더욱 명확해질 수 있다.[18] 조선 후기에 거행된 다양한 의식들은 괘불에만 영향을 준 것이 아니다. 후불탱(後佛幀)을 비롯하여 불전(佛殿)에 봉안된 탱화(幀畵)도 의식과 관련지어 생각해볼 필요가 있다. 의식은 야외에서만 행해진 것이 아니기 때문에 법당 내에서 이

---

15) 기본적으로 괘불이 야외에서 법회를 할 때 모시기 위한 신앙대상으로 제작되었다는 것은 널리 알려져 있다. 윤열수, 『괘불』(대원사, 1990), p. 10; 정명희, 「朝鮮 後期 掛佛幀의 硏究」, 『미술사학연구』 242 · 243(2004.9), p. 160.

16) 불·보살의 위목을 드는 것이 거불, 의식을 하게 된 취지를 알리는 것을 삼보소, 불·보살의 강림을 청하는 의식을 대청불이라 하고 이러한 절차를 안차비라 한다고 한다. 홍윤식, 앞의 책, p. 35 참조.

17) 정명희, 앞의 논문, pp. 168-171.

18) 위의 논문, p. 160.

도 1-3. 〈감로탱〉, 1649, 삼베 위에 채색, 220.0×235.0cm, 국립중앙박물관.

루어진 의식은 마땅히 법당에 봉안된 불상과 불화에도 적지 않은 영향을 주었다고 보는 것이 타당하다. 가령 수륙재(水陸齋) 의식집의 간행이 삼장보살도(三藏菩薩圖)의 형식 변화에 영향을 주었다고 본 견해는 의식이 불화의 형식에 미친 영향을 중시한 것이다.[19] 조선 후기의 의식집에 실린 삼장의궤(三藏儀軌)로 미루어 삼장보살에 대한 신앙이 수륙재 의식 중 중단의례(中壇儀禮)를 위한 것이라고 본 것도 이와 비슷한 맥락에서 이루어진 것이다.[20] 이러한 연구는 조선 후기 불교의 식이 신앙 활동을 이끌어가는 중심축이었으며 불교미술은 당시 종교 문화와 성격을 반영하는 것임을 보여주는 연구이다.[21]

　의식과 이미지의 역할을 주로 도상의 측면에서 살펴보던 기존 연구에 더하여 근래 흥미로운 연구가 발표되었다. 조선 전기의 불교설화도를 다룬 논문에서 불화를 도해 성격이 가미된 예배용 작품과 의식, 교화용의 도해 성격이 강한 작품으로 나누어 고찰한 것이다.[22] 〈지장시왕도(地藏十王圖)〉와 〈감로탱(甘露幀)〉에서 화면 가운데 그려진 재단 주위에 재를 거행하는 작법(作法) 승려들과 재를 지내는 공양자들을 그린 것은 의식이 행해지는 현실세계를 반영한 공간이라고 파악한 점이 시선을 끈다(도 1-3). 이는 의식공간의 시각화라는 측면을 염두에 둔 것으로 보인다. 아울러 화면 속의 여러

---

19) 이용윤, 앞의 논문, pp. 91-122. 이 연구에서는 조선 후기 삼장보살도의 성행이 무주고혼을 천도하기 위해 행해진 잦은 수륙재로 인한 것으로 추정했다. 또한 삼장보살도의 형식이 중단의 봉청 대상의 변화와 관련 있는 것으로 보았으며 그 변화 역시 『범음산보집』이라는 수륙재 의식집에 근거한 것으로 파악하였다.

20) 金廷恩, 「朝鮮時代 三藏菩薩圖 硏究」, 동국대학교 석사학위논문(2002) 참조.

21) 조선시대의 불교의례를 예배 존상과 관련 지어 연구한 가장 이른 시기의 것은 홍윤식, 『韓國 佛畵의 硏究』(원광대학교 출판부, 1980)를 들 수 있다.

22) 박은경, 「조선 전기 불화의 서사적 표현, 佛敎說話圖」, 『美術史論壇』 21(2005), p. 152.

장면들이 『수륙의궤집(水陸儀軌集)』, 『우란분경(盂蘭盆經)』 등에서 유래한 것들이 다양하게 중층적으로 겹쳐져 있다는 지적도 충분히 의미 있다고 생각한다.[23] 불화를 규정하는 텍스트가 그림의 도상과 세부 표현 등을 세밀하게 규정하고 있지 않기 때문에 어느 한 가지 텍스트에만 기반하여 제작되었다고 보기는 어려울 것으로 보이기 때문이다. 아울러 일본 지온인(知恩院) 소장의 〈지장보살본원경변상도(地藏菩薩本願經變相圖)〉에 씌어진 설명 문구에 대해, 연구자는 보는 사람들에게 신앙심을 고취시키고, 교화시키는 시각적 효과를 동시에 이루는 설화 그림의 목적을 이룬 것이라고 설명했다. 이는 통상 도상 확인에만 이용되었던 방제(旁題)와 명문(銘文)을 그림의 용도라는 전체적인 맥락으로 끌어들인 것으로 주목할 만하다.

조선시대 불교조각에 관한 연구도 마찬가지이다. 최근의 연구에서는 불전(佛殿) 내부에서의 예불과 의식이 불단(佛壇)과 불상에 영향을 주었을 것으로 추정되었다.[24] 이러한 연구는 무엇보다 불전 내부의 공간을 주존에 대한 예불이 이루어지는 주벽(主壁) 중심의 공간과 도량을 수호하는 신중(神衆)을 모신 공간, 영가(靈駕) 천도와 명복을 비는 공간의 세 영역으로 분리시켜 고찰한 불전 건축에 관한 연구로 인해 가능했다(도 1-4).[25] 의례가 불전 건축과 장엄에도 적지 않은 영향을 주었다는 관점을 적용한 해석이 된다.[26] 현재 남아 있는 불전 대부분이 17세기 이후 재건되었는데, 불전의 변화는 불전 내부에서 행한 의식과 관련된다. 의례에 맞도록 불전의 창호 배치에 신경을 썼을 것으

---

23) 위와 같음.
24) 송은석, 앞의 논문, pp. 8-17.
25) 김봉렬, 「朝鮮時代 寺刹 建築의 殿閣構成과 配置形式 研究」, 서울대학교 박사학위논문(1989); 이강근, 「17세기 佛殿의 莊嚴에 관한 연구」, 동국대학교 박사학위논문(1994); 김홍주, 「18세기 사찰 佛殿의 건축적 특성」, 연세대학교 박사학위논문(2000); 홍윤식, 「韓國佛教儀式의 三壇分壇法」, 『文化財』 3(1975) 참조. 또 불교 의식이 이루어진 공간을 중국에서는 상단과 하단으로 각기 독립된 공간으로 나누었으나, 조선은 동일한 곳에서 상·중·하 삼단으로 나뉘었다고 한다. 연제영, 앞의 논문, pp. 269-273, 278-281 참조. 중국에서의 상·하 이단 구성에 대해서는 홍기용, 「中國 元·明代 水陸法會圖에 관한 考察」, 『美術史學研究』 219(1998), pp. 41-85. 이 글에서는 특히 상, 하단으로 나누어 진행되었던 중국 수륙법회의 의식 절차를 약술하고, 수륙전의 벽화 배치를 고찰했다. 이를 보면 확실히 조선시대의 탱화 배치와 차이를 알 수 있다. 조선시대 불전 공간의 분리와 분리된 각 공간에서 주로 거행되는 의식과 관련 미술에 대해서는 이용윤, 앞의 논문, pp. 92-102에 세밀하게 정리가 잘 되어 있다.
26) 김봉렬은 앞의 논문에서 불단의 위치가 의식과 관계된다고 보고, 조선시대에는 불전에서 설법을 위주로 해서 불단의 위치가 바뀌었다고 보았다. 김봉렬, 앞의 논문, pp. 105-151.

도 1-4. 〈불전 내부〉, 경남 양산 신흥사.

로 추정된 것과 불전 내부에 깔리는 바닥재의 재료 자체도 의식 거행 여부에 따라 바뀌었을 것으로 파악한 것이다.[27] 즉, 외부에서의 예불이 주요했던 시대에는 불전 내부 바닥에 전돌을 깔았고, 내부에서의 의식이 자주 거행됨에 따라 불전 내부에 주거 공간과 같은 마루를 깔았다는 것이다.[28] 본존불 바로 뒤에 설치한 칸막이벽인 후불벽(後佛壁)의 경우에도 불전의 내부 기능이 변화함에 따라 그 위치와 구성이 달라졌을 것으로 추정되었다.[29] 일본 건축사학계에서 후불벽을 내영벽(來迎壁)이라고 부르는 것은 의식과 직접적인 관계는 없지만 중앙에 안치된 불상이 내영했다는 의미인 것으로 생각된다.[30] 즉, 본존불이 인간의 속계에 내려왔음을 주지시키고, 불상을 배관(拜觀)하는 예배자의 신뢰도와 친밀감을 높이기 위한 의도에서 비롯되었다는 것이다.

조선 후기 들어서면 좁고 한정된 공간에서 잦은 의식을 치르게 됨에 따라 불단의 비

---

27) 이강근, 「朝鮮後期 佛教寺院建築의 傳統과 新潮流–佛殿 內部空間의 莊嚴을 中心으로」, 『美術史學研究』 202(1994), pp. 128-129.

28) 불전 바닥재의 문제는 비단 의식에만 따른 것은 아닐지도 모른다. 건축에 있어서는 재료의 수급이라는 측면도 중요했을 것이기 때문이다. 나무가 손쉽게 구할 수 있는 재료였기 때문은 아닌지 모르겠다. 중국의 불전들은 대부분 전돌을 이용하고 있는데, 그들이 불전 내부에서 의식을 거행하지 않았을 리는 없기 때문이다. 이강근, 위의 논문, pp. 131-133. 이 추정은 합리적으로 생각되지만, 일제강점기에 촬영한 사찰 내부에 전돌이 깔린 예들은 어떻게 해석할 수 있을지 궁금하다.

29) 이강근, 위의 논문, pp. 134-136. 후불벽을 뒤로 물림에 따라 정면의 공간은 넓어지고, 벽 뒷면의 공간이 좁아짐에 따라 繞匝을 하기 어려워졌으리라고 보았다. 이는 공간의 구성이 변화함에 따라 신앙행위 역시 달라질 수 있었음을 시사한다. 물론 이 글에서는 17세기의 불전이 조선 전기의 전통을 어느 정도 계승한 것으로 추정했기 때문에 17세기에 간행된 의식집과 불전이 갖는 구체적인 관련성에 대한 부분을 다룬 글은 아님을 밝혀둔다.

30) 일본 건축의 용어와 건축사에 대해서는 人見春雄 外編, 『文化財の見方』(東京: 山川出版社, 1984) 참조.

중이 커지고 그 위치는 뒤로 밀리게 되었다고 한다.[31] 불단 장엄이 화려해진 것이나 불상이 이전보다 높은 곳에 봉안된 것은 좁은 불전에서 예배상을 바라보는 신도들의 눈높이와 불상의 위엄을 강조하기 위한 방법으로 간주되기도 하였다.[32] 불상을 안치한 불탁(佛卓)을 불교 의식의 발달과 영건(營建) 주체자의 변화에 따라 불상의 대좌라는 단순한 기능에서 공양과 의식을 집행하는 '진설단(陳設壇)'이라는 구조물로 변화

도 1-5. 〈불탁 측면〉, 전남 강진 무위사.

하였다는 지적은 눈여겨볼 만하다. 불상과 불화를 중심으로 진행되어온 불교미술 연구에서 중심이 되지 못했던 불탁을 주목한 것은 의례와 관련된 불교미술에 대하여 시각문화적인 관점으로 접근한 결과이다(도 1-5).[33] 의식과 결부된 불전과 장엄에 대한 다양한 각도에서의 연구가 진행된 것은 불교미술의 기능에 관심을 두었다는 점에서 연구영역의 확장이 이뤄질 것으로 기대된다. 그러나 불전의 건축 구조와 내부 장엄의 변화를 야기하는 직접적인 원인이 되었을 구체적인 의식 과정에 대한 연구는 아직까지 미진해 보인다. 아마도 이 부분에 대한 연구가 병행되는 편이 논의의 설득력을 높여주지 않을까 생각된다.

조선 후기에 늘어난 명부전이나 시왕전과 같은 특정한 건물에 봉안된 불화와 의식에 대한 검토도 시도되었다.[34] 송림사 명부전에 삼장보살상이 봉안된 것은 망자를 위

---

31) 중앙에 있던 불단은 의식을 위한 공간을 마련하기 위해 뒤로 밀렸고, 이를 위해 불전 내의 기둥들도 뒤로 밀리게 되었다고 한다. 배병선, 「다포계 맞배집에 관한 연구」, 서울대학교 박사학위논문(1993), p. 125.

32) 불단 장엄에 대해서는 허상호, 「朝鮮時代 佛卓莊嚴 硏究」, 동국대학교 석사학위논문(2002); 同, 「朝鮮後期 佛卓 硏究」, 『美術史學硏究』 244(2004) 참조.

33) 허상호, 위의 논문(2004), p. 122.

34) 특히 조선 불교에 죽음을 위무하는 기능이 있었고 그 시각적 표현이 명부전에 집약되었다고 본 것은 김승희, 「영혼의 시선」, 『영혼의 여정』, 국립중앙박물관 편(국립중앙박물관, 2003), p. 155. 명부전 및 감로

한 의식을 거행하기 위한 공통의 목적으로 인해 가능했으리라고 추측한 것이 그것이다.[35] 명부전이라는 곳이 주로 특정한 영가(靈駕)를 천도(遷度)하기 위한 천도재나 예수재(豫修齋)를 지내는 공간이고, 수륙재와 관련하여 신앙된 삼장보살도는 천지에 떠도는 고혼(孤魂)을 천도하기 위한 의식을 위한 상으로 천도의 대상은 차이가 있지만 양자는 영가천도라는 공통된 목적을 위한 것이다. 이와 같이 조선 후기 들어 사찰에 건립된 건물 중에는 산신각과 같은 토속신앙을 반영한 전각이나 시왕전(十王殿)처럼 특정한 목적을 위한 전각이 더욱 증가되는 경향을 보이는 것에 대한 연구도 내부에 봉안된 불화나 조각과 함께 연계시키는 시도가 필요하다. 이는 특히 불화의 기능이라는 측면의 연구라는 점에서 의미 있다고 하겠다.

조선시대는 의식집과 문헌 기록이 많아서 불교미술의 기능과 역할에 대한 연구를 뒷받침해줄 만한 텍스트가 적지 않다. 신앙이나 의식과 관련된 조선의 조각 연구 중에서는 조선 전기 아미타상에 대한 고찰이 눈에 띈다.[36] 통도사 박물관 소장 아미타삼존불에서 볼 수 있듯이 조선 전기의 아미타상 조성을 염불결사(念佛結社)와의 관련 속에서 규명하려 한 이 글은 상의 조성기(造成記)나 화기(畵記)를 분석하여 수백 명의 사람들이 모여 불교미술을 조성했음을 밝힌 것이다. 고려 후기부터 두드러지는 염불향사(念佛香社)라는 신앙결사의 유행이 사원의 보수와 불교미술 조성을 위한 경제적인 지원으로 이어졌음을 지적했다는 점에서 의미가 있다.[37] 또한 여기서는 아미타불상의 조성과 그 신앙의 이면에 불교상제(佛教喪祭)가 있으며 염불의례는 1502년의 『예념미타도량참법(禮念彌陀道場懺法)』과 1529년의 『염불작법(念佛作法)』 간행과 관련되었을 것으로 보았다.[38] 이들 염불의궤에 해당하는 작법들이 아미타상의 조성배경이 되었음을 지적하는 정도이지만 구체적으로 의례집이 상의 조성에 미친 영향이라든가, 신앙

도에 대한 기능 측면에서의 지속적인 접근은 좋은 참고가 된다. 다만 죽음에 대한 위무는 조선시대에만 고유한 것은 아니므로 명부전 이전의 관련 미술에 대해 앞으로의 연구가 기대된다.

35) 金廷禧, 「松林寺 冥府殿 三藏菩薩像과 十王像 硏究」, 『강좌 미술사』 27(2006), pp. 70-74. 명부전에 삼장보살도가 안치된 것은 송림사 명부전의 예가 유일한 것이라고 한다.

36) 李芬熙, 「조선 전반기 阿彌陀佛像의 연구」, 『강좌 미술사』 27(2006), pp. 191-224.

37) 위의 논문, pp. 194-198.

38) 위의 논문, p. 198.

결사와 불교미술의 직접적인 관계에 대해서도 점차 문제의식을 확장할 필요가 있다고 생각된다.

한편으로 조선시대처럼 의식집이나 의례에 대한 규정이 많이 남아 있지 않은 시대의 불교조각을 신앙의 측면에서 설명을 시도한 글도 있는데 조각의 원래 봉안 위치를 살펴봄으로써 그 기능을 추정한 것이다.[39] 석등과 일렬로 배치된 법주사의 공양형 석상을 미륵불에게 향을 공양하는 형태로 추정하여 미륵신앙과 연관을 지은 연구이다. 이는 불교조각의 원래 맥락을 고찰함으로써 그 사회적, 종교적 역할을 파악하는 단초가 될 수 있다. 근래 한국 불교조각 연구는 기존에 연구되지 않았던 대상이나 연구가 충분하지 않았던 시대의 조각에 집중되는 경향이 있다. 왜구에 의해 약탈당해 일본에 전래되는 고려의 불·보살상의 이동 경로를 추적한 연구라든지, 통일신라시대의 신장상이나 천부(天部)를 고찰한다던지, 조선시대 연구가 늘어나는 것도 이에 해당한다고 볼 수 있다.[40] 그런데 대부분의 경우, 구체적으로 의식과 연결할 만한 문헌 전거가 부

---

39) 허형욱, 「崑崙奴 도상에 관한 연구」, 『불교미술사학』 4(2006), pp. 95-98. 배치에 따른 이러한 연구는 긍정적인 것으로 생각된다. 다만 창건 초부터 미륵이 있었으리라는 추정과 그에 따른 법주사 공양상과 미륵신앙의 관련 문제는 좀 더 논의가 필요하다고 본다. 산화공덕을 강조하고 향과 꽃을 공양하는 것을 중시하는 것은 미륵신앙에만 해당되는 것이 아니며 초기 경전부터 빠짐없이 나오기 때문에 굳이 미륵과 관련된다고 볼 수 있는지 모르겠다. 아울러 향로를 받드는 것을 혜통향마와 결부시킨 것도 가능한 설명 중의 하나라고 생각한다. 하지만 불과 관련된 것은 일찍부터 경전에 나오는 호마법과 결부시킬 수도 있을 것이다. 희견보살이 아니라는 지적에 동의하며, 곤륜노의 도상에 기원을 두었을 가능성을 제시한 것은 설득력 있게 보인다.

40) 조선시대 조각 연구의 본문 앞에서 거론한 박사논문들을 들 수 있고, 기타 범천, 제석천, 사천왕, 팔부중 등의 신장상 연구로는 다음을 꼽을 수 있다. 허형욱, 「統一新羅 梵天·帝釋天像 研究」, 『美術史學研究』 246·247(2005), pp. 5-46; 강삼혜, 「羅末麗初 僧塔 塔身 神將像 研究」, 『美術史學研究』 252(2006), pp. 81-116; 韓載沅, 「統一新羅 石塔浮彫 八部衆 圖像과 配置 研究」, 『미술사연구』 20(2006), pp. 197-236; 임영애, 「순천 송광사 사천왕상의 방위 문제와 조성시기」, 『송광사 사천왕상 발굴자료의 종합적 연구』, 강순애 외(아시아문화사, 2006), pp. 127-143 등을 들 수 있다. 위의 논문들은 성실한 연구를 기반으로 한 의미 있는 논문들이지만, 본문에서 다루고 있는 주제와 거리가 있어서 윗글 중에 거론하지 않았다. 필자 역시 주의를 기울여 읽었으나 위의 논문들은 의식이나 기능과 관련한 불교미술 연구와 관련짓기가 좀 어려웠다. 한편으로 고려 불·보살상의 유출 경위와 그 경로를 추적하고, 이동을 야기한 주체로서 왜구에 주목한 다음 연구도 의미 있는 것으로 앞으로의 후속 연구가 기대된다. 정은우, 「高麗後期 普明寺 金銅菩薩坐像과 倭寇와의 관계」, 『美術史學』 19(2005), pp. 99-126. 본고는 불교미술의 의식과 기능을 주제로 한 것이라 본문 중에 상세히 다루지 않지만, 왜구와의 갈등과 침탈이라는 사회적 배경에 착안하여 불교미술의 유출 경로를 다루고 있다는 점에서 주목된다.

족하고, 기존의 연구가 부족했던 것이 많아서 신앙의 측면이나 불교미술의 기능과 연결시키기는 어려운 점이 많았을 것이다. 또 고려 이전의 불교미술에 대한 직접적인 텍스트로『삼국유사』를 가장 중요하게 생각하지만『삼국유사』는 엄밀한 의미에서 불교미술이 조성되었던 당대(當代) 문헌이 아니고 일연 당시의 의식을 반영한 것이라는 점을 감안해야 한다. 신앙이나 기능적인 면에서 모두 고려시대의 인식이 개재되어 있었음은 당연한 일이다.

의식집이나 의궤 등을 불교미술 연구의 중심에 두고 연구할 경우, 도상이나 신앙의 변화, 사상의 전개 부분에 대한 고찰은 가능하지만 여전히 경전적 이해 또한 중요한 것임은 분명하다. 또 의식이나 이념만으로 설명할 수 없는 미술작품 자체의 변화에 대한 규명에서 의식집이 어떤 의미 있는 역할을 할 수 있는지 의문이 들기도 한다. 미술로서의 불상이나 불화의 양식적 전개도 무시할 수 없는 것은 분명하다. 한편으로 괘불처럼 의식과 관련된 불교미술을 연구하는 것은 의식이라는 것 자체가 공공의 의례이기 때문에 '공적(公的)'인 신앙 행위에 대해서 살펴보는 것은 가능하지만 개인의 '사적(私的)'인 신앙내역을 보여주는 것은 어렵다는 점도 유념해야 한다. 종교는 철학이 아니기 때문에 개인의 신비한, 혹은 신성한 체험도 종교를 종교이게 하는 본질적인 고유영역인 것을 기억할 필요가 있다. 불교의 내밀한 자내증(自內證)의 세계에 주목한 연구가 일찍부터 나온 것에서 볼 수 있듯이 깨달음의 은밀한 즐거움이라는 측면도, 신성(神聖)의 체험도 분명 종교미술에서 간과할 수 없는 것이다.[41] 그러므로 종교적인 환상이나 명상과 관련한 불교미술 연구도 시도할 필요가 있다. 이 점은 벨팅이나 박산달이 예시한 르네상스 기독교 미술에서도 지적되었는데, 불교 의식과 연관된 불교미술 연구에서도 주시되어야 할 부분이라고 생각한다.[42]

---

41) 金理那,「中國의 降魔觸地印佛坐像」,『韓國佛教美術史論』, 黃壽永 編(民族社, 1987), pp. 104-106(同,『韓國古代 佛教彫刻史研究』, 一潮閣, 1990, pp. 330-332 재수록).

42) Michael Baxandall, *Painting and Experience in Fifteenth Century Italy*, 2nd ed. (Oxford: Oxford University Press, 1988), p. 46. 박산달의 연구는 화가가 그림을 그릴 때, 시대의 눈으로 바라본다는 것을 언급하기 위한 것이었지만, 그가 제시한 *Garden of Prayer* (1454)는 개인의 명상을 위한 종교화의 기능을 암시해 준다.

III. 이미지의 종교적 기능

1. 신앙의례와 이미지: 시각적 재현의 다양한 이해

종교미술로서 이미지가 의미를 지니는 것은 그 이미지를 원래 맥락에서 이해하고 숭배하는 사람들의 시각을 통해 가능하다. 오늘날의 우리는 상이 제작되었던 당시의 맥락에서 벗어나 있으며 깊은 신앙심을 가진 당시의 불교도도 아니다. 양식이나 도상을 위주로 한 연구는 불상이나 불화의 전체상을 이해하기에는 부족하며 이미지의 원래 역할과 기능에 주목할 필요가 있다. 이와 같은 시도가 현란한 담론에 그치지 않으려면 당시 사람들의 시각으로 되돌아가는 것도 의미 있을 것이다. 이는 종교적 공간과 그 안에 봉안된 이미지들이 개인을 위한 것이 아니라 종교 집단과 사회를 위한 것이기 때문에 충분히 의미 있는 작업이다. 그런데 예배상으로서의 이미지의 역할과 이야기를 제공함으로써 교화를 하거나 교육을 하는 기능은 기존의 연구로 해결될 수 있으므로 의식과 종교적 맥락, 신앙에 좀더 초점을 맞출 필요가 있다. 아직까지 의식을 중심으로 한 불교미술 연구는 의식에 대한 직접적인 연구보다는 주로 각종 의식집이나 의식과 관계된 기록을 통해 도상 규명을 시도하는 초보적인 단계에 머물러 있다. 의식에 대한 구체적인 고찰을 통하여 불상이나 불화와 어떤 관련을 맺고 있는지, 혹은 의식의 어떤 단계에서 불타나 신중의 시각적 재현이 필요했는지, 또 그것이 어떻게 야단(野壇)에 참여한 신도들의 종교적 체험을 고양시켰는지, 그 체험은 어떻게 발현되었는지도 살펴볼 만한 주제이다(도 1-6).

현재 의식과 관련된 불교미술 연구는 대개 조선시대에 간행된 의식집을 중심으로 이루어진다. 그러나 종교가 종교일 수 있는 요건 중의 하나가 공공의식이기 때문에 불교가 전래된 이래 어느 시점부터는 의당 불교의식이 행해졌으

1-6. 〈종교적 체험을 고양시키기 위한 나비춤〉

리라는 것은 불문가지이다. 영산재나 수륙재만이 불교의식의 전부는 아니다. 굳이 『삼국유사』에 나오는 문두루비법(文豆婁秘法)을 들지 않더라도 우리나라 불교사에서 다양한 종류의 의식이 계속되었다. 이 중에는 정규 법회나 무차대회(無遮大會)도 있었고, 경전을 독송하거나 외우는 모임도 있었을 것이며, 당면한 문제의 해결이나 구복적인 기원을 위한 의식도 있었음이 분명하다. 아마도 구복적인 기원을 포함한 다양한 법식을 규정한 것은 『다라니집경(多羅尼集經)』이나 『다라니잡집(多羅尼雜集)』 등 잡밀 경전의 영향력이 컸으리라 생각한다. 그 외에도 밀교적 성격이 강한 『청관세음보살소복독해다라니주경(請觀世音菩薩消伏毒害陀羅尼呪經)』(이하 『청관음경』으로 약칭)과 같은 경전에도 주의를 기울일 필요가 있다.[43] 『청관음경』 중에는 특정한 질병의 특징이나 환부(患部)를 거론하면서 그에 적합한 어떤 방식으로 의식을 한다는 내용들이 있다. 이러한 의식들은 주문을 동반하고 있어서 주문과 불상이나 불화가 의식에 필수적이라는 것을 알려주는 것이기도 하지만 지금까지는 이와 관련된 연구가 활발하지 않았다.[44] 주문과 상(像), 의식의 세 가지가 동시에 필요하다는 점에서 기본적으로 기원을 위한 불교의식은 밀교와 통한다. 그러므로 의식집뿐만이 아니라 밀교계 법식과 주문, 그리고 각각의 의미에 대한 연구는 적어도 고려시대까지의 불교미술 연구에 유용할 것이

---

43) 불교미술과 관련하여 『청관음경』에 처음 관심을 둔 것은 필자의 다음의 논고들이다. 의식과의 관련 속에서 경전을 거론하지는 않았지만 이들이 치병의 의식과 관계된다는 것을 지적한 바 있다. 姜熺靜, 「中國 古代 楊柳觀音 圖像의 成立과 展開」, 『美術史學研究』 232(2001); 同, 「백제 楊柳觀音考-호림박물관 소장 楊柳觀音像 二軀를 中心으로」, 『美術資料』 70 · 71(2004). 이 두 논문은 同, 『관음과 미륵의 도상학』(학연문화사, 2006) 재수록.

44) 밀교 경전을 중심으로 한 연구들은 있지만 대개 이러이러한 의식들이 거행됐다는 문헌을 근거로 신앙이나, 사회적 배경을 설명하는 내용들이다. 특히 후기 밀교 경전은 통일신라 불교조각의 문헌 전거로 여겨지기도 했다. 예컨대 서지민, 「통일신라시대 비로자나불상의 도상 연구-광배와 대좌에 보이는 중기 밀교 요소를 중심으로」, 『미술사학연구』 252(2006), pp. 45-80을 들 수 있다. 이 글에서는 동화사 비로암 비로자나상의 광배에 표현된 화불이 금강계 만다라의 작단법과 관련된다고 보았다. 신라 하대 조각의 주류 중 하나인 비로자나불에 대한 연구는 적지 않았으나 그동안 중시되지 않았던 광배의 화불과 대좌의 보살상에 주목한 참신한 아이디어가 돋보인다. 다만 오방불의 도상을 중국의 법문사 출토 鎏金四十五尊像舍利函을 근거로 판단한 것은 재고의 여지가 있다고 생각한다. 법문사 사리함을 만다라의 구현이라고 판단한 근거는 일본의 금강계 만다라인데, 양자가 완전히 일치하지도 않을 뿐더러 도상 전래의 종착지인 일본의 만다라가 인도, 서역 등지에서 성립되었을 밀교 도상의 기준이 되어도 무방한지 모르겠다. 즉, 일본의 밀교미술은 도상의 변용 가능성이 훨씬 많았을 것이기 때문이다.

다.[45] 게다가 고려시대의 불상에서부터 발견되는 복장물 중에 다라니가 포함되어 있는 것은 의식 및 상의 조성과 관련하여 충분히 고려될 만하다.

반면 조선시대는 불교 관련 문헌이 많이 남아 있어 불교미술이 신앙대중들에게 어떤 역할을 했는지 고찰하는 것이 상대적으로 용이하다는 강점이 있다. 양란을 겪은 17세기 이후, 조선에서는 『작법귀감(作法龜鑑)』을 비롯하여 『오종범음집(五種梵音集)』, 『석문의범(釋門儀範)』 등 의식집의 간행이 빈번히 이루어졌다. 이들 의식집은 경전의 내용을 기반으로 한 것이지만 경전을 그대로 따르고 있지 않았다는 점이 지적되었다. 그러나 기본적으로 교리를 기반으로 한 것인지, 작법을 기반으로 한 것인지는 명확하지 않다.[46] 예컨대 『법화경』이 한역된 지 1,000여 년이 지나 다양한 발전을 거듭했을 것임에도, 중간 과정을 생략하고 의식집과 경전을 바로 연결시킬 수 있는지 의문이다. 의식집은 경전과 논·소의 특정한 부분을 발췌하여 편집했을 가능성이 적지 않다. 특정한 경전과 유사하다고 해서 그 경전의 이념을 반영한 의식이고, 도상이라고 단정하는 것은 위험성이 있다.

조선시대의 불교미술 연구는 불교미술의 텍스트가 되었을 소의경전을 찾아내는 일 이상으로 이미지가 의식에서 수행한 역할을 규명하는 것이 그 이해에 도움이 된다. 괘불만이 아니라 후불탱이나 목각탱과 같은 탱화 역시 단순히 예불이나 법당을 장엄하기 위한 용도로 조성되지 않았을 가능성이 크다. 그러나 의식집과 괘불의 용도를 직접적으로 연결시켜 그 기능을 의식집에 나오는 한 가지로 보는 것은 주의할 필요가 있다. 영산회를 묘사한 괘불이 반드시 영산회만을 위해 쓰인 것이 아니고 수륙회나 천도재에 쓰였던 것으로 추정되는 것은 종교미술의 복합적인 성격에 기인한다. 괘불의 경우, 괘불 제작에 소요되었을 사회경제적 비용과 괘불의 크기를 감안하면 각기 다른 법회에 쓰이는 각기 다른 괘불을 만들기보다는 한두 종류의 괘불을 여러 법회에서 모시

---

45) 미술과 관련하여 진언에 관한 연구는 그다지 진행되지 않은 편이다. 그런데 조선시대 주자에 새겨진 진언을 중시한 연구가 있어 주목된다. 문현순, 「송광사 소장 高峰國師廚子의 관음지장병립상과 삼신불에 대하여」, 『미술사의 정립과 확산』 2, 항산안휘준교수정년퇴임기념논문집간행위원회 편(사회평론, 2006), pp. 145-149. 주자 옥개부에 새겨진 암, 밤, 람, 캄, 함의 五字福田의 진언이 五輪種子라고 하며 복장에 쓰였던 것을 밝힌 것은 복장과 주문, 상과의 관계를 규명하는 데 중요한 의미가 있다.

46) 정명희, 「朝鮮 後期 掛佛幀의 硏究」, p. 160.

도 1-7. 〈소조사천왕상(동방 지국천)〉, 1649, 높이 487cm, 전북 완주 송광사.

는 것이 훨씬 유용했을 것이라는 지적을 염두에 두어야 한다.[47]

관점을 달리하기에 따라 탄생불이나 사천왕상, 수월관음도, 십일면관음상 등에 대한 새로운 접근이 가능하다. 이미 연구된 것과 같이 오늘날 행해지는 관불(灌佛) 의식이 근대에 재형성된 의식이라는 점에 착안하여 탄생불의 의미를 검토하려는 시도 역시 참고할 만하다.[48] 한편 사천왕상의 경우에는 일찍부터 호국의 이념을 담은 사원과 상의 조성이 이루어진 것으로 알려졌다(도 1-7).[49] 대체로 사천왕은 호국(護國), 호법(護法)의 존재이자, 개인의 참회, 멸죄(滅罪)를 관장하는 신으로 받아들여졌기 때문에 참회도량에서도 사천왕이 필요했을 것이다.[50] 『삼국유사』에 나오는 사천왕사 건립 연기(緣起)라든가, 고려시대에도 사천왕도량을 개설했다는 『고려사』의 기록을 참고할 필요가 있다.[51] 사천왕도량을 열었을 때, 조각이건 회화건 당연히 사천왕상이 안치되어 있었을 가능성이 크다.

십일면관음의 경우에도 진호국가(鎭護國家)를 기원하기 위해 도량을 열었다는 기록이 중국에는 적지 않게 남아 있는 점도 참고할 만하다. 당에서 거란을 물리치기 위해 열었던 십일면관음도량이나 북송대에 요와의 대치 국면을 성공적으로 극복하기 위해

---

47) 영산회괘불탱이라고 명기되어 있어도 영가천도재에 쓰였다는 지적을 유념할 만하다. 김정희, 「마곡사 괘불―도상 및 조성 배경을 중심으로」, 『미술사의 정립과 확산』 2, 항산안휘준교수정년퇴임기념논문집 간행위원회 편(사회평론, 2006), pp. 292-293.

48) 이주형, 「탄생불상과 灌佛의식」, 『미술사의 정립과 확산』 2, 항산안휘준교수정년퇴임기념논문집간행위 원회 편(사회평론, 2006), pp. 92-102.

49) 조선시대 사원에 봉안된 사천왕상에 대해서 의식과의 관련 속에서 다룬 글은 아니지만 호국의 염원을 담은 것으로 이해한 글로 魯明信, 「朝鮮後期 四天王像에 대한 考察」, 『美術史學硏究』 202(1994), pp. 97- 126.

50) 魯明信, 위의 논문, pp. 98-99.

51) 김정희, 『신장상』(대원사, 1989), p. 31.

거대한 관음상을 조성하고 도
량을 열었던 것들도 좋은 참고
가 될 것이다. 또한 고려 불화
가운데 또 하나의 중요한 주제
였던 〈나한도(羅漢圖)〉와 조선
의 나한상 조각의 경우도 주목
된다. 16나한, 혹은 500나한 등
으로 알려진 〈나한도〉의 조성

도 1-8. 〈석조나한상〉, 15~16세기, 높이 56.3cm, 강원 영월 蒼寧寺址 출토, 국립춘천
박물관.

과 빈번한 나한재가 연관되리라는 추정이 가능하다(도 1-8).[52] 이 점은 조선 후기 〈16나
한도〉에 관한 고찰에서 일부 지적되었지만 나한 신앙의 일면을 보여준다는 것을 중시
한 것이었다.[53] 『선화봉사고려도경(宣和奉使高麗圖經)』을 근거로 오백나한재를 열었던
보제사(普濟寺)의 정전(正殿)이 나한보전(羅漢寶殿)이었다는 점이 밝혀진 데서 알 수 있
듯이 의식이 거행되는 공간인 전각, 조각이나 불화, 의식을 아우르는 통합적인 접근이
가능하며 또한 필요하다.[54]

　통상 역사적인 기록과 문집은 역사적인 '사실'을 전해주는 것으로 간주되거나 신앙
의례의 존재, 내지는 사상적 배경을 말해주는 자료로 간주되었다. 고려시대의 국가적
의례였던 팔관회나 연등회에 관한 기록들이 잘 남아 있는데, 이때 쓰였을 이미지와 그
정치적 맥락에 관한 연구도 가능하리라고 생각된다. 우리나라 불교미술 연구에서 호
국의 이념을 반영한다는 정도는 지적되었지만, 그 외의 정치적 맥락은 그다지 관심의
대상이 되지 못했다. 그러나 관점을 달리 하기에 따라 종교미술과 정치적 맥락도 좋은
주제가 될 수 있을 것이다.

　보통 10m가 넘는 규모의 괘불의 경우, 그 크기로 보면 괘불을 걸 수 있는 공간이 매
우 중요했음을 짐작할 수 있다. 해남 미황사 괘불은 마치 푸른 하늘에서 여래가 막 강

52) 나한도 중의 명문을 분석하여 신앙결사와 관련될 것으로 파악한 논문으로 정우택, 「나투신 隱者의 모
　습-나한도」, 『나한』(국립춘천박물관, 2003), pp. 169-173 참조.
53) 辛恩美, 「조선후기 十六羅漢圖 연구」, 『강좌 미술사』 27(2006), pp. 227-229.
54) 나한재와 관련된 문헌들을 검토하여 나한상의 의미를 파악한 논문으로 최성은, 「우리나라의 나한조각」,
　『나한』(국립춘천박물관, 2003), pp. 183-186.

도 1-9. 〈이운한 괘불을 걸고 의식을 진행하는 모습〉

림한 듯한 인상을 준다(도 1-9). 이처럼 거대한 괘불일수록 사람들에게 주는 종교적 체험은 보다 환상적이었을 것이고, 이는 그들이 바라는 영험과 밀접하게 관련된다. 대형 괘불을 제작할 수 있는 장소와 그 제작 과정에 대한 고찰도 연구할 가치가 있다. 괘불 제작에는 적어도 괘불보다 큰 공간이 필요하기 때문에 가건물을 짓기도 했다.[55] 괘불의 조성을 위한 기금 마련과 의식 장소로의 이운(移運) 과정까지를 의식 절차에 포함시켜야 하는데, 그것은 이 모든 절차 속에 신앙대중들의 종교적 체험이 용해되어 있을 것이기 때문이다.[56] 또 조선 후기의 의식집에는 사원 중정(中庭)에 괘불을 건다는 규정이 있어서 조선시대 사원 건축 연구에서 중정형(中庭形) 가람 배치를 중시

한 것과도 직결된다. 야외 의식의 활성화와 밀접한 관련이 있는 조선의 괘불 연구는 사원 공간을 신앙 행위가 일어나는 공간이자, 신앙과 관련된 미술의 역할이 잘 드러나는 곳으로 파악하고, 이를 총체적으로 이해할 필요를 제기하기도 한다.[57] 지금까지의 연구 성과로 미루어 보면, 의식과 관계되는 조선 후기 불교미술 연구를 위하여 집단적

55) 윤열수, 앞의 책, pp. 29-33. 법당에서 괘불을 그릴 만큼의 충분한 공간을 얻지 못하여 통도사 만세루 같은 누각을 이용하거나 가건물을 지었다고 한다.

56) 괘불의 제작 마무리와 이운 과정에 대해서는 윤열수, 앞의 논문, pp. 33-36. 괘불의 제작 마지막 단계에 點眼儀式을 갖는다는 점은 주의할 가치가 있다. 그 하나는 저자가 지적했듯이 그림을 종교적 대상으로 승화시키는 의식이기 때문이고, 다른 하나는 힌두교 신상의 제작과정과 동일하다는 점이다. 힌두 신상에서의 점안의식은 힌두교에서만 있었던 것은 아닐 것이고 인도에서 전통적으로 상의 제작과 그에 神性을 불어넣는 방법으로 쓰였던 것으로 생각된다. 인도에서 직접 영향을 받았다고 볼 수 있는 증거는 없지만 이미 이러한 방식이 불화의 제작 과정에서 일찍부터 전해졌을 것으로 보인다. 인도에서의 유사한 관점에 대해서는 Diana L. Ecke, *Darsan: Seeing the Divine Image in India* (Chambersburg: Anima Books, 1985) 참조.

57) 아직까지 사찰 공간을 중심으로 한 단계에 이르지는 못했으나 근래의 건축 관계 논고에서 사찰이라는 공간을 追善과 求福의 총체적 공간으로 이해하려는 시도가 보이기는 한다.

인 신앙 의례에 대한 중층적 이해와 분석이 동시에 진행되어야 하고, 장르에 구애받을 필요 없이 이들 불교 의식을 둘러싼 시각자료들을 종합적으로 파악해야 할 필요가 있다.[58]

2. 이미지: 환영과 현현

불상에 있어서도 이와는 다르지만 의식에 중요한 역할을 한 존상들이 있었을 것으로 추정된다. 실제 『삼국유사』나 『동국이상국집(東國李相國集)』 등을 살펴보면 목적을 달리 하는 크고 작은 법회들이 무수히 열렸던 일이 기록되어 있다. 명문이나 발원문을 통해 직접적인 의식의 대상이 되었을 불상이나 보살상을 확인하는 것이 어렵기 때문에 이와 같은 문헌 기록들은 미술사 연구에서 사장된 경우가 적지 않다. 그러나 구체적인 작품의 미적 가치나 미술사적 의의를 거론하는 것이 미술사의 궁극적인 목표가 아니라면 이들 문헌을 작품과 결부하여 각각의 신상들이 불교도들의 신앙에 있어서 어떤 역할을 했는지 고찰하는 것도 불교미술 연구를 보다 풍부하게 만들어줄 것이다. 가령 당 대종(代宗)에게 보낸 만불산(萬佛山)을 두고, 불공(不空)에게 명하여 밀교 경전을 외우도록 했다는 『삼국유사』의 기록은 만불산이 남아 있지는 않지만 불교미술의 기능과 관련한 연구에 보조자료가 될 것이다.[59]

단지 의식만이 아니라 불교설화도의 기능을 다룬 논문에서 속강승(俗講僧)의 존재에 주목한 것은 이미지의 역할에 관한 연구에서 시사하는 바가 크다.[60] 민중 교화를 목적으로 하는 불교설화도의 성격상, 대중들이 바라보기 좋은 위치인 그림 하단부에 도해적 성격이 주로 그려진다는 지적은 물론이고, 불교설화도를 대중들이 이해하기 쉽게 설명해주는 인물이 있었으리라는 추정도 시사적이다. 이는 국문학에서 이루어진 강창문학(講唱文學) 연구를 바탕으로 하여 법회를 주관하는 법사 외에 야단법석에서

---

58) 불화나 불상을 중심으로 한 것은 아니지만 후원자와 기원목적을 다루면서 편액, 자수, 건축 등의 시각자료를 검토한 논문으로 손신영, 「興天寺와 華溪寺의 건축장인과 후원자」, 『강좌 미술사』 26(2006) 참조.

59) 『三國遺事』〈四佛山·掘佛山·萬佛山〉條.

60) 박은경, 앞의 논문, p. 139.

통속적 설법을 하는 속강법사의 역할을 설화미술과 연결시킨 참신한 시도이다.[61] 설법을 듣는 대중들에게 효과적으로 강설하기 위하여 불화를 걸어놓고, 여러 방편을 동원하여 알아듣기 쉽게 강창(講唱)했을 것이라는 추정은 곧 사원에서 거행되는 의식의 효험을 극대화하기 위한 방편이었으리라는 설명으로 이어진다. 속강승, 혹은 강창승과 미술, 그리고 의식과의 관계는 우홍의 변상(變相)에 관한 논의를 참조하면 더욱 풍부하게 해석할 여지를 줄 것이다.[62] 그림이 그려진 방식도, 그 내용도 전혀 다르지만 연행(演行)을 위한 서사구조(narrative)의 화면 구성을 보여주는 변상도들과 의식을 효과적으로 거행하기 위해 고안된 속강승의 역할과 불화를 비교하는 것은 흥미로운 작업이 될 것임이 분명하다. 결국, 불화의 기능과 의식의 거행, 의식을 효과적으로 치르고 종교적 감화를 극대화시키기 위한 승려의 존재는 독립적으로 연구되어 왔지만 사실상 신앙행위에 수반되는 종합적인 연구로 수렴될 만하다. 국문학에서의 연구 성과에 기반한 위와 같은 연구를 시도하는 것은 불교미술 연구의 지평을 넓혀줄 뿐만 아니라, 근래 학계 일각에서 대두되는 학제간 연구의 일환으로 긍정적으로 평가될 수 있다.

의식과 불상의 관계와 관련하여 일본에서 연구된 바를 참조하는 것도 도움이 될 것이다. 최근 발표된 일본조각사 논문에서 회과(悔過)라는 일종의 참회의식과 불상과의 관계를 다룬 부분이 있어 주목된다.[63] 논문은 칭명회과(稱名悔過)라는 의식에서 불상의 역할을 논의한 것으로서 회과 법회를 행했던 장소에 안치된 불상의 구성을 중시하고, 회과 의식에서의 사천왕의 역할이 사람들의 행실을 관찰하는 데 있다고 보았다(도 1-10).[64] 이 점은 수당대 중국 불교조각에서의 사천왕상과 비교하면 오히려 통일신라 조각에서의 사천왕상의 비중이 작지 않은 것에 대한 의문을 당시 행해졌던 의식과의 관련 속에서 풀 수 있는 실마리가 될지 모른다. 또 여기서 지적한 대로 다라니를 지니고 외우는 것이 회과회(悔過會) 의식의 한 부분을 이룬다면 다라니 관계 기사가 적지

---

61) 박은경, 위의 논문, pp. 161-165 참조.

62) Wu Hung, "What is Bianxiang?: On the Relationship between Dunhuang Literature and Dunhuang Art," *Harvard Asiatic Studies* 52-1 (1992), pp. 111-192.

63) 나가오카 류사쿠, 「悔過와 불상」, 『미술사논단』 23(2006), pp. 127-170. 일본의 불상을 다룬 논문이지만 방법론에 있어서는 시사하는 바가 있다고 본다.

64) 위의 논문, pp. 130-133.

않은 『삼국유사』의 기록을 다시 살펴볼 필요를 제시해준다. 잘 알려진 대로 『삼국유사』에는 염불 수행에 관한 기사와 점찰법회에 대한 언급이 나온다. 기존의 미술사에서는 상과 직접적으로 연결되거나 연결될 수 있는 기록에 대해서만 관심을 가졌다. 그런데 의식이나 개인의 수행, 신앙에 관한 기록이 『삼국유사』에 적지 않게 실려 있고, 고려시대 이후 다양한 예참문이 유통되었던 만큼, 이들에 대해서도 좀더 관심을 기울일 필요가 있을 것으로 보인다.[65]

불교 의식에 이용된 불화나 불상에 관한 연구는 한편으로 공식적인 성격을 갖는 공동의 체험을 중시한다. 그러나 앞에서 지적했듯이 수행과 그를 통한 깨달음으로 얻게 되는 종교의 내밀한 영역은 역시 개인의 몫이다. 그러므로 무엇보다 개인의 종교적 수행이나 실천에서 시각자료가 담당한 역할에 관한 고찰도 빼놓을 수 없다. 이동하기 쉽지 않은 대형의 불상들은 구체적인 대규모의 의식과 관련되기도 하겠지만 개인적인 명상이나 예배에 중점을 둔 연구가 유효할지 모른다.[66] 〈남백월이성(南白月二聖) 노힐부득(努肹夫得)과 달달박박(怛怛朴朴)〉의 이야기라든가 〈욱면비염불서승(郁面婢念佛西昇)〉조의 이야기들은 모두 수행자들의

도 1-10. 〈호류지(法隆寺) 사천왕상 (다문천)〉, 높이 143.3cm.

자세와 기원, 수행에 관계된 것들이다.[67] 여기에는 당시 이와 관련된 구체적인 상을 짐작하게 해주는 언급은 나오지 않는다. 하지만 이들을 당시의 신앙과 결부시킬 경우, 당시 신앙대중이 관음이나 아미타, 혹은 미륵상을 보고 어떤 생각을 했으며, 상이 어떤

---

65) 고려 전기에 각 지방에서 조성된 거대한 미륵보살상을 부분적으로 『上生禮』와 결부시켜 해석한 글로 다음을 참고할 수 있다. 崔聖銀, 「高麗初期の石造菩薩像について」, 『佛敎藝術』 288(2006), pp. 56-57; 同, 「고려 초기 석조반가좌보살상에 대한 소고」, 『미술사의 정립과 확산』 2, 항산안휘준교수정년퇴임기념논문집간행위원회 편(사회평론, 2006), pp. 119-123.

66) 의식과 전혀 관계 없었다는 추정은 아니다. 법당의 협소한 공간은 불상의 규모를 좌우하기 때문에 많은 군중들이 운집하는 대형 불사를 거행하기 위해서는 괘불 같은 형식이 더 적절했을 것이라는 판단에 따랐다. 법당 내의 의식과 불상이 관련된다고 본 견해도 있다. 송은석, 앞의 논문, pp. 14-16.

67) 각각 『三國遺事』〈塔像〉 및 〈感通〉 편 참조.

작용을 했는지를 추론해볼 여지가 있다.

설화적 요소를 지적하기 위한 것이기는 하지만 고려시대의 〈수월관음도〉가 현전성(現前性)이 강하다는 지적도 눈여겨 볼 만하다.[68] 당시 〈수월관음도〉를 배관하는 사람들은 스스로를 선재동자와 동일시했던 것은 아닌지 모르겠다(도 1-11). 〈수월관음도〉가 한두 가지 용도로 제작된 것은 아니지만 반드시 문헌 기록으로 증명되는 역할만을 했다고 볼 필요도 없을 것이다. 인류 역사에서 일어났던 모든 일이 기록으로 남아 있는 것은 아니다. 인간의 종교적 심성이 유사하다는 전제로 이뤄진 합리적인 추론이라면 문자로 확인되지 않더라도 받아들일 필요가 있다.

『고승전』을 포함한 불교 관계 기록 중에는 영험담이 종종 나오며,『삼국유사』에도 비슷한 기사가 실려 있다.[69] 대개 영험담은 비현실적이거나 미신적인 것으로 치부되어 미술사에서 중시

도 1-11. 徐九方, 〈水月觀音圖〉, 1323, 絹本彩色, 165.5×101.5cm, 泉屋博古館.

되지 않는 경향이 있으나 신비한 현상과 종교적 환상은 사실 그 경계를 긋기가 모호하다. 신앙행위나 이념과 관련된 이들 영험담을 도외시한다면 불교미술 연구의 폭을 스스로 제한하는 결과가 될 수도 있다. 조선 후기에는 여러 종파가 밀교와 결합되어 주로 장수, 멸죄, 구병, 안택을 기원하는 신앙이 주류를 이뤘는데 이는 이미지의 영험을 위주로 한 조선화(朝鮮化)의 중요한 결과로 여겨진 것도 눈여겨볼 필요가 있다.[70] 영험담과 상이 실질적으로 관련되는 예는 좀처럼 찾기 어렵지만 이러한 기록을 참고함으

---

68) 박은경, 앞의 논문, p. 141.

69) 중국의 예이지만『觀世音應驗記』를 비롯하여 영험담 모음집이 상당수 전해지나, 대부분은 미신적인 것이나 전설적인 것으로 받아들여지고 있다. 영험담류를 포함하여 이적을 다룬 자료들을 발굴할 필요가 있다.

70) 김정희,「大興寺 法身中圍會三十七尊圖考」,『미술사학연구』238・239(2003), pp. 252-253.

로써 당대 불교미술의 역할을 추론할 수 있다. 기독교나 불교나 이적(異蹟) 관련 기록이 적지 않다. 이적은 미신으로 간주될 수도 있고, 초자연적인 성스러운 힘의 발현으로 간주될 수도 있는데 이는 관점의 차이에 기인한다.[71] '상'의 영험담은 보기에 따라서 그 상의 종교적 역할을 가장 잘 말해주는 것일 수도 있다. 영험은 이적을 통해 전설적으로 전해지기도 하지만, 시각적으로는 상의 규모가 중요한 면도 있었을 것이다. 신앙대중을 압도하는 크기의 마애불이나 거상(巨像)은 우리가 박물관에서 보는 불상과는 다른 역할을 했을 것이 분명하다(도 1-12). 이를 감안하여 법당에 봉안되지 않은 마

도 1-12. 〈마애불〉, 조선, 높이 17.4m, 경기 파주 용미리.

애불이나 거불입상 등의 신라 하대 이후의 조각들을 살펴본다면 또 다른 다양한 해석이 가능하리라 생각된다.

　여기서 또 한 가지 주의를 환기시킬 만한 것은 유골의 문제이다. 중국에서는 그 예가 적지 않게 발견되었고, 우리나라에서는 기록으로만 전해지지만 고승의 유골을 섞어서 조상을 한 경우이다.[72] 이러한 조상 방식은 원래 당나라의 구법승(求法僧) 의정(義淨)의 『대당서역구법고승전(大唐西域求法高僧傳)』에서 확인된다. 의정 자신의 인도에서의 경험을 바탕으로 한 내용과 선업니(善業泥)라는 명문이 새겨진 전불(塼佛)로 인해 고승의 유골을 섞어 상을 만드는 방법이 쓰였음이 알려졌다(도 1-13).[73] 유회상(遺灰

---

71) 불상이 도입된 이래, 중요한 의미가 부여된 '상'에 대한 인식과 경험을 다룬 논고 가운데 『삼국유사』의 이적을 언급한 것으로 이주형, 앞의 논문(2002), pp. 15-20 참조.

72) 우리나라의 경우는 『삼국유사』〈脫解王〉조 참조. 이들 소상 기록에 주목한 것은 이주형, 앞의 논문(2002), pp. 28-29, 주17 참조.

73) 중국의 전불은 장안을 중심으로 발견되었고, 至相寺 유적에서만 100여 점 이상 발굴되었다. 누구의 유

도 1-13. 〈善業泥銘 塼佛〉, 8세기.

像)이라고도 불리는 이들의 제작은 유골을 섞는다는 행위가 단지 유골과 진흙이라는 재료 자체만의 문제에 불과한 것이 아니었음은 분명하다. 아마도 만들고자 하는 상에 대한 신성을 부여하기 위한 것이거나, 혹은 그 신성이나 영험을 극대화하기 위한 것이었을 가능성이 크다. 중국에서는 이들 유회상을 포함한 전불에 대한 관심이 적지 않

았으나 아직까지 우리나라의 예에 대해서는 관심을 두지 않았다. 우리나라의 조각 중에도 유회상의 실례가 있었을 것이므로 유골이나 사리를 포함한 상에 대한 관심을 기울이는 것도 의미가 있을 듯하다.[74]

종교미술 본연의 성격에 비추어 볼 때, 벨팅이 중시했던 것처럼, 상은 그 자체로서 단순히 예배의 기능만 있었던 것이 아니고, 불타나 보살의 현현으로 받아들여졌을 가능성이 크다. 이 점은 벨팅이 거론한 상의 현존(presence)과 맥락은 다르지만 의식이 거행되는 동안 불화를 보는 신앙대중들이 같은 공간에 여래가 주(住)하고 있다고 믿게 하는 역할을 한다는 점에서 그의 연구와 비슷한 방법을 적용할 수 있는 여지가 있다. 영산재 의식 과정 중에 포함된 〈상단 권공 중의 다게작법〉은 그 자체가 부처님이 도량에 강림한 것을 찬양하고 자리를 권하며 차를 올리는 의식을 말한다(도 1-14). 즉, 그림 속의 부처님이 신앙대중들 앞에 내려온, 그의 실재(實在)이자 현현으로 간주된 것이다. 그러므로 영산재나 예수재가 진행되는 사원 중정에 걸린 대형 괘불은 하늘에서 막 내

골이었는지는 밝혀지지 않았으나 승려의 재를 섞어 만든 것을 통상 善業泥 전불이라 한다. 이에 대해서는 萩原哉, 「玄奘發願「十俱胝像」考-「善業泥」塼佛をめぐって」, 『佛教藝術』 261(2002), p. 88; 姜熺靜, 「보드가야의 불교유적과 구법승」, 『미술사와 시각문화』 4(2005), pp. 88-127 참조.

74) 의정이 언급한 대로라면 인도에서 유골을 섞은 전불, 즉 플라크(plaque)를 만든 것은 造佛造塔의 공덕을 극대화시킨 것으로 볼 수 있다. 그러나 유회상으로 불리는 조각들은 전불만이 아니기 때문에 단지 공양의 의미로만 만들어진 것은 아니라고 생각한다. 『南海寄歸內法傳』, T2125, 54:226(이하 본서에서의 'T……'는 『大正新修大藏經』의 수록 번호 및 권:면의 약칭임).

려온 불·보살의 이미지를 주기 위한 시각적 표현을 고안해내야 했을 것이다. 또 고려시대의 아미타내영도는 신앙대중들에게 서방 정토로 인도하는 불·보살의 환영을 심어주기에 충분했을 것이다. 괘불 역시 그 자체로서 여래와 권속들의 시각적 모사라기보다 불타를 대신한 종교적 매개체이자, 의식이 진행되는 동안, 의식이 거행되는 바로 그 장소를 불국(佛國)으로 치환시키는 성스러운 현현으로 간주할 수 있다. 이미지는 개인의 수행에 있어서는 한편으로 참회의 기도를 들어주고, 죄를 멸해주는 역할을 하고, 한편으로 그의 수행을 이끌어주는 역할을 했을 것이다.

도 1-14. 〈상단 권공 중 다게 작법〉

IV. 한국 불교미술 연구의 외연 확장을 위한 과제

불교조각 연구에서 새로운 해석이 필요하다는 지적이 있었지만, 새로운 해석이라는 측면도 불교 의례와 신앙에 초점을 맞추었을 때 더욱 다양해질 수 있을 것이다.[75] 의식과 관련된 연구를 할 때, 문제는 구체적으로 의식과 상이 어떻게 연결될 수 있는가 하는 점이다. 역으로 상의 시각적 재현에 의식이 어떤 역할을 했는가, 또 상을 조형화하는 데 근거가 되었다고 여겨지는 의궤는 의식과 어떻게 관련되는가와 같은 문제도 차후의 과제로 남는다. 다만 이미지의 기능을 중심으로 한국 불교미술을 연구할 때, 의식 행위와 실천적 신앙에 지나치게 중점을 둔다면 이미지 자체와의 관련을 규명하는 것이 어려울 수 있다는 점을 염두에 둘 필요가 있다. 또한 의식 과정과 상의 관계에 더 초

75) 김리나, 앞의 논문, p. 100.

점을 두지 않는다면 무엇을 위한 의식과 미술 연구인지 명확하지 않을 수 있다는 점을 지적하고 싶다. 자칫하면 의식에 대한 연구가 도상을 확인하거나 판별하는 것을 목적으로 하는 것처럼 보일 수 있기 때문이다. 때로는 의식집에 대한 연구가 마치 도상을 규정하는 소의경전의 보조 자료로 간주되는 듯한 인상을 주기도 한다. 이 점은 아직 한국 불교미술에서의 의식 관련 연구의 역사가 길지 않기 때문인 듯 하나 앞으로 깊이 고민해야 할 문제로 의식 관련 연구가 무궁무진할 수 있다는 점을 시사하는 것이기도 하다.

한편 의식만이 아니라 벨팅이 강조하는 명상 이미지를 생각하면 상이 개인의 수행에서 어떤 의미를 지니는지를 보여주는 자료들을 적극적으로 발굴할 필요가 있다. 누가 만들었으며, 혹은 만들게 했는가, 어떤 양상으로 후원이 이루어졌으며 그 의미는 무엇인가라는 현재적 관점에서의 연구도 매우 중요하다. 다양한 의구심을 해소해주기 때문이다. 한편으로는 불상이나 불화가 당대 사람들에게 어떤 역할을 했고, 이것이 불교신앙의 맥락에서 어떤 의미를 지니는가에 관한 연구도 필요한 시점이다. 무엇보다 불교미술 연구에 대한 선입견을 재고해야 할 것이다. 오늘의 의문과 현재적 가치에 비추어 진행된 기존의 연구와 함께 작품을 둘러싸고 형성되어온 인식의 변화, 종교적 의미의 변화를 고찰하고, 신앙인들에게는 어떤 심상으로 작용했는지를 연구함으로써 불교미술 연구의 외연을 확대할 수 있다. 여기에는 건축, 회화, 조각, 공예라는 장르에 구애받지 말고 종교적인 조형으로 통합적인 이해를 시도하는 것도 유용한 방법이 될 것이다.[76] 장르를 나누고 분야별 연구를 하는 것은 전문성이 보장되고 깊이 있는 세부 연구를 할 수 있다는 장점이 있으나 당시 미술의 구체적 수용 양상과 기능, 역할, 신앙 대중에게 미친 시각적 영향을 분석하기에는 부족한 면이 있다.

오늘날 우리의 관점은 '미술사'라고 하는 근대적인 학문이 성립된 이후에 불교미술을 '예술 작품'으로 규정하고 연구한 것이다. 그러나 불교미술은 회화와는 달리 감상

---

76) 필자는 사찰 공간 전체를 아우르는 연구가 필요하다는 입장이지만, 탑과 탑 부조상에 대한 고찰도 같은 맥락에서 이루어져야 한다고 생각한다. 특히 탑이 지니는 신앙 의례에서의 중요성은 간과할 수 없으며 교리와 신앙의 총체적 구현물로 간주되어야 한다고 본다. 의례를 다룬 글은 아니지만, 佛會를 중시한 것으로 정은우, 「敬天寺址 10層石塔과 三世佛會考」, 『미술사연구』 19(2005), pp. 31-58 참조.

자체를 목적으로 하는 예술작품으로 조성된 것은 아니었다. 종교미술로서 미술사에서 다루는 대상들은 그 자체로서 예배 대상이었고, 불타의 생애를 회상하게 해주는 서사미술이었으며, 실천 수행이나 명상을 돕기 위한 시각적인 보조 자료로 기능했고, 의식을 통하여 신과 인간의 접점을 마련해주는 역할을 하기도 했다. 양식사나 도상 연구에만 치중한다면 우리가 다룰 수 있는 더 많은 것들, 즉 우리가 불교미술을 보다 풍부하게, 폭 넓게 이해할 수 있는 다양한 방법들을 포기하거나 무시하는 일이 될 수 있다. 유물을 고정된 시각으로 바라보는 것은 이미지에 대한 이해를 제한할 수 있다. 이미지

도 1-15. 〈현대 새로 제작된 능인선원의 괘불〉

와 텍스트의 간극을 메우기 위하여 인류학적, 민속학적 방법을 원용하거나, 보다 폭넓은 문헌을 검토하는 일도 필요하다(도 1-15). 예배상으로서의 도상과 의식의 주관자로서의 기능이 서로 반대되는 것도 아니고 양립할 수 없는 개념도 아니다. 성상(聖像) 이미지 안에는 복합적인 성격들이 혼연일체 되어 있는 만큼 이들을 모두 아우르는 연구를 통하여 이미지를 보다 정확히 이해할 수 있을 것이다. 이를 위해서는 무엇보다 불상과 불화를 배관하는 수용자의 신앙으로 연구의 관점을 확장하는 것이 중요하다.

* 본고의 작성에 있어서 일부 조선시대 불교미술과 관련된 부분들은 송은석, 주경미, 정명희 선생님의 자문을 얻었다. 이 자리를 빌려 각별한 감사의 말씀을 전한다.

제2부
불교미술과 너베에 대한 관념

남북조시대 '생천(生天)' 원망(願望) 금동불에 보이는 '천(天)'의 개념

I. 서론

중국 역사상 중대한 격변기였던 남북조시대는 단순히 정치·사회적인 측면에서만이 아니라 불교가 중국 각지에 전파되고 신앙되는 계기가 된 시대라는 점에서 결코 소홀히 다룰 수 없는 중요한 시기이다. 운강(雲岡)석굴을 비롯한 국가 차원의 석굴사원의 개착(開鑿)을 필두로 소규모의 금동불이나 석불 조상활동이 활발해진 것도 이 시기이다. 현재 남아 있는 자료로 판단한다면 본격적인 독립 예배상이 조성·봉안된 것은 4세기 무렵이라고 볼 수 있다. 그러나 명백한 4세기의 조각으로 제작 연대를 알 수 있는 조각은 현전하는 예가 많지 않아서 4세기 불교미술의 실상을 밝히기에는 충분하지 않다.[1] 개인들의 본격적인 불상 조성과 봉헌은 5세기에 이르러서야 비로소 활발하게 이루어졌다고 보아도 무방하다. 이 무렵에 조성된 소규모의 금동불이나 석불에는 제작지나 제작연대는 물론 발원자의 조성 목적을 알려주는 명문이 새겨져 있는 경우가 매우 많다. 물론 6세기 불·보살 석상 중에는 보다 후대에 추각(追刻)되었거나 원래 없었

---

1) 중국 대륙에서의 발굴로 인한 새로운 자료의 증가로 인하여 최초기의 중국 불교미술에 관한 연구가 상당히 활발해졌다. 이에 따라 기존의 자료를 새로 검토하여 새로 편년하고 불교미술의 始原을 올려 보려는 시도로서 Marylin Rhie, *Early Buddhist Art of China and Central Asia* (Leiden: Brill Academic Publishers, 1998) 참조. 논란의 여지가 없는 것은 아니지만 초기 불교미술의 공백을 메워보려는 시도는 긍정적으로 평가받을 만하다. 최근에 발간된 책으로 이보다 후대를 다루고 있는 것으로는 Stanley K. Abe, *Ordinary Images* (Chicago: University of Chicago Press, 2002) 참조.

던 명문을 중수시에 새겨 넣는 경우도 있었지만 추각이 어려운 금동불의 경우에는 통상 조성 당시의 원문(願文)을 그대로 지니고 있는 경우가 대다수이다. 이들 조성기들은 당시 중국 사람들이 어떤 염원을 담아 불교미술을 조성하고 봉안했는지를 짐작하게 해 주는 것은 물론 당시 불교가 이해되었던 방식을 짐작하게 해 주는 역할을 한다.

그런데 이 시기의 명문이 있는 불상에서 주목되는 것은 하늘나라에 태어나기를 원한다는 '생천(生天)'을 희구하는 명문을 가진 예들이다. '생천'에는 단순히 하늘이라는 의미에서의 '천(天)'이 아니고 죽은 뒤에 망자의 혼이 가는 '저 세상'의 개념이 내포되었던 것으로 추정된다. 이 같은 개념의 형성에는 사후에 다시 태어나고 싶다거나 신선과 같은 영생을 얻고 싶다는 중국 재래의 생사관이 큰 영향을 미쳤을 것으로 보인다. 신선이 주처하는 영생불사의 땅에 막연한 하늘의 개념이 도입된 것은 불교의 전래와 불교적 세계관에 기인한 것이다. '생천' 원망(願望)의 명문이 있는 금동불은 중국 재래의 영생 및 신선계와 관련된 천의 개념이 상·하생과 관련된 도솔천과 습합되는 불교적 배경과 변화상을 살펴보는데 중요한 역할을 할 것이다.

먼저 하늘나라에 태어난다는 의미를 지닌 '생천'의 불교적 정의를 살펴보는 것이 필요하다. '생천'의 의미를 직설적으로 설명한 대목을 찾기는 어려우나 그 용례를 통하여 '생천'이 남북조시대 중국 사람들에게 뜻했던 바를 연역적으로 추정할 수 있다. 『大漢和辭典』에는 생천을 사후 극락세계에 태어나는 것, 또는 중생이 태어날 만한 천처(天處)로서의 생천을 설명하였다.[2] 기본적으로 '생천'이란 하늘나라에 태어나는 것을 뜻하며 죽은 뒤에 하늘에 간다는 생각[3] 때문에 망자추복(亡者追福)의 기원과 함께 생천이라는 용어를 발원문에 넣었던 것으로 여겨진다. 『불소행찬(佛所行讚)』에는 여러 다양한 범지(梵志)가 고행을 닦으면 수명이 다했을 때 '생천'을 얻게 되는데 고행을 인(因)으로 하여 마땅히 안락과를 얻은 것이라는 설명이 나온다.[4] 또 『과거현재인과경(過去現在因果經)』에서는 "너는 마땅히 전륜왕의 업을 닦아 출가하여 보시하면 '생천'

---

2) 『大漢和辭典』 卷7, p. 1036("六趣之業不過善惡 各有三品上者生天 中者生人下者生死惡趣." 『大智度論』 인용).

3) 中村元, 『佛教語大辭典』(東京: 東京書籍, 1981), pp. 708-709.

4) "如是等種種 梵志修苦行 壽終得生天 以因苦行故 當得安樂果." 『佛所行讚』, T192, 4:13a.

의 기쁨을 얻게 되는데 '생천' 하는 자는 모두 신통을 얻어 보리수에 다다르게 된다"는 부분이 있다.[5] 반면『대지도론(大智度論)』에는 세 종류의 천을 설명하면서 전륜성왕과 여러 대왕이 있는 가호천(假號天), 사천왕과 유정(有頂)이 사는 곳인 생천, 불(佛), 법신보살(法身菩薩), 벽지불(辟支佛), 아라한(阿羅漢)이 있는 청정천(淸淨天)이 있다고 하여 불교식 우주관을 설명하는 다른 뜻으로 썼다.[6] 이상으로 미루어 볼 때 '생천' 은 일정한 선업을 쌓아 수명이 다한 후에 얻게 되는 일종의 과보로서 보통 중생은 쉽게 얻어질 수 없는 고귀한 것임을 짐작할 수 있다.

II. 도솔천(兜率天)으로의 '생천' 을 기원한 미륵상

초기 불입상의 양식을 고스란히 간직한 황흥(皇興)5년(471)명 금동불입상은 25.8cm 에 불과한 작은 금동불이다(도 2-1). 여느 5, 6세기 금동불처럼 마름모꼴 대좌에 직립한 입상으로 화염문을 배경에 새긴 주형(舟形) 광배에는 선정인(禪定印)의 화불이 5구 양각되어 있다. 나발(螺髮)이 표현되지 않은 민머리에 눈을 크게 뜨고 있으며 통견의 대의를 왼쪽으로 넘겼다. 어깨는 넓고 가슴은 비교적 발달된 데 비해 허리 아래는 상당히 빈약하게 묘사되었다. 약간 짤막한 대의 뒷자락은 그대로 광배 위에 붙은 망토처럼 사선으로 펼쳐졌고 그 아래로 두 다리가 선명하게 드러난다. 크기가 작아서 병령사(炳靈寺) 제169굴 불입상과는 다른 양식을 지닌 것처럼 보이지만 실제로 비슷한 양식적 특징을 가지고 있다. 이처럼 '생천' 원망을 명문에 새긴 불상들은 시기적으로 5세기 4/4분기에 집중되어 있는데 이 시기 금동불은 양식적인 분류에 따라 보통 태화양식이라고 불린다.[7] 태화양식의 불상들은 인체의 섬세한 굴곡은 표현되지 못했지만 넓고

---

5) "轉輪王業 捨出家法 習於施會 得生天樂 此道第一 勝先所行 汝是刹利 轉輪王種 (中略) 又行十善 得生天者 皆乘神通 到菩提樹 在虛空中 歡喜合掌 而讚歎言."『過去現在因果經』, T189, 4:640, 642c.

6) "有三種天 一假號天二生天三淸淨天 轉輪聖王諸餘大王等 是名假號天 從四天王天乃至有頂生處 是名生天 諸佛法身菩薩辟支佛阿羅漢 是名淸淨天."『大智度論』, T1509, 25:98a.

7) 태화양식의 금동불에 관하여 松原三郎,「北魏太和金銅佛の諸問題」,『中國佛教彫刻史研究』, 增訂版(東京: 吉川弘文館, 1966), pp. 5-18.

강건한 어깨와 발달된 가슴, 윤곽이 두드러지는 두 다리에서 단단하고 건장한 남성미를 보여준다. 통상 대의는 불신에 밀착되었으며 얇은 천이 촘촘하게 주름진 것처럼 묘사되어 무릎 약간 아래까지 내려온다. 대의의 아랫자락은 광배와 바로 붙여져서 약간 높은 부조로 만들어진 다리에서 바로 화염문이 새겨진 광배 위로 붙여졌다. 이 같은 태화양식의 금동불은 운강석굴이 개착된 이후 석굴 사원에서 한족의 복장을 한 석불의 조성이 빠른 속도로 이뤄진 것에 비하면 금동불 양식의 변화가 상당히 보수적으로 진행되고 있음

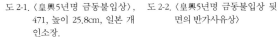

도 2-1. 〈皇興5년명 금동불입상〉, 471, 높이 25.8cm, 일본 개인소장.

도 2-2. 〈皇興5년명 금동불입상 뒷면의 반가사유상〉

을 알려준다.

상의 대좌 측면과 배면에 새겨진 명문에는 신성현(新成縣) 사람 구기노(仇寄奴)가 부모를 위하여 불상을 조성하니 돌아가신 부모가 하늘에 올라가 바로 여러 부처를 뵙고 인간 세상에 다시 내려올 때는 제후, 왕, 장자로 태어나길 바란다는 내용이 담겨 있다.[8] 구기노는 돌아가신 부모의 추선(追善)을 위하여 불상을 봉헌하였으며 구체적으로는 자신의 부모가 하늘나라에 올라갔다가 하생시(下生時)에 높은 신분의 사람으로 태어나길 바란 것이다. 이 명문에서 주목되는 것은 '상생천상(上生天上)'의 대목이다. '상생천상'은 이후의 불상에서 종종 '생천'으로 간략하게 표현되기도 하였다.

불상의 봉헌자 구기노가 '생천'에 대하여 어떤 관념을 가지고 있었는지는 명확하지

---

8) "皇興五年三月廿七日 新成縣民仇寄奴爲父母造像一區 願父母上生天上 直遇諸佛 下生人間侯王長者 清信士仇成侍佛時 清信士女韓□□ □供主寄奴 佛主伯生 薩主阿姬侍佛時 □□(僧?)(任?)侍佛時 韓雙侍佛時 清信士女韓□□□." 松原三郎, 『中國佛敎彫刻史硏究』, 增訂版(東京: 吉川弘文館, 1966), 圖 24 및 金申, 『中國歷代紀年佛像圖典』(北京: 文物出版社, 1994), 圖 19 참조.

않다. 이 상에서 흥미로운 점은 광배 뒷면에 선각 반가사유상이 새겨진 점이다(도 2-2). 가지가 지팡이처럼 크게 굽어진 나무 밑에 반가 자세로 앉아 있는 사유보살상을 새겼는데 그 조각 수법은 매우 치졸하다. 정면의 불입상과 후면의 반가사유상은 도상의 특징으로나 명문으로나 어느 쪽도 존명(尊名)을 알려주는 근거가 없을 뿐만 아니라 양자의 관계도 명확치 않다. 보통 남북조시대의 불교가 석가모니를 이해하는 데서 출발한다는 기존의 학설에 따르면 정면의 입상은 석가상으로 추정할 수 있다.[9] 배면의 반가사유상은 석가의 출가 이전 태자상으로 볼 수도 있고, 미륵반가상으로 볼 수도 있다.[10] 미륵반가사유상이라고 본다면 정면의 부처상은 미륵불로 보는 것이 가능하다. 석가태자상으로 보아야 할 것인지 혹은 미륵반가사유상으로 볼 수 있는지를 단정하는 것이 쉬운 일은 아니다. 그러나 5세기 후반에 이르면 미륵반가상의 조성이 점차 늘어나고 있는 점과 미륵신앙을 보여주는 명문이 있는 것으로 미루어 미륵으로 판단할 수 있겠다.[11]

이와 관련하여 『경률이상(經律異相)』에 하늘에 태어나는 것을 도솔천과 같이 언급하고 있는 부분이 있어 주목된다. 『미증유경(未曾有經)』(卷上)을 인용한 이 대목에는 언제 이 죄의 과보를 버리고 천상에 태어날 수 있는가를 묻자 7일 후에 이 몸을 버리고 도솔천에 태어나게 된다고 한다.[12] 이 같은 인식이 5세기 중국 불교계에 보편적으로 받아들였는지를 확인할 수는 없다. 그러나 『경률이상』의 성격으로 미루어 현세에 선업을

---

9) 塚本善隆, 「龍門石窟に現れたる北魏佛敎」, 『龍門石窟の硏究』(東京: 座右寶刊行會, 1941) 참조.

10) 태자사유상이라는 명문이 새겨진 예는 북위 太和十六年銘(492) 太子思惟像이 있으나 미륵의 명문이 있는 사유상은 아직까지 알려지지 않았다. 운강의 사유상에 말이 함께 표현된 것을 예로 들고 이를 佛典 중의 太子別離의 장면이라고 지적한 것은 水野淸一, 「半跏思惟像について」, 『中國の佛敎美術』(東京: 平凡社, 1968), pp. 243-250이다. 또 松原三郎은 중국에서 사유상은 태자상의 이미지를 계속 갖고 있었던 것으로 추정한 바 있다. 松原三郎, 「北齊の定縣樣式白玉像」, 『中國佛敎彫刻史硏究』, 增訂版(東京: 吉川弘文館, 1966), 附記 참조.

11) 太子像으로서의 半跏思惟像이 미륵의 개념을 갖게 되는 과정에 대하여 姜熺靜, 「中國 南北朝時代의 半跏思惟像과 彌勒信仰」, 『百濟硏究』 33(2001), pp. 190-193(전면 개고 후 同, 『관음과 미륵의 도상학』, 학연문화사, 2006 재수록) 참조.

12) "時天問曰 今還天宮 和上何時捨此罪報得生天上 野干曰 剋後七日當捨此身生兜率天 汝等便 可願生彼天 多有菩薩說法敎化 七日命盡生兜率王宮 復識宿命行十善道."(出 『未曾有經』 卷上)『經律異相』 卷2, T2121, 53:8b. 『經律異相』은 寶唱에 의하여 梁代에 편찬되었다.

쌓고 그 과보로 죽은 뒤에 가게 되는 하늘을 도솔천으로 이해하고 있었을 가능성은 충분하다고 하겠다. 그 예가 불상과 반가사유상을 같이 조각하고 있는 구기노의 불입상이 될 것이다.[13]

직접적인 언급은 아니지만 '천'과 '도솔천(兜率天)'과의 관계를 유추하게 해주는 부분이 같은 『경률이상』에 있다. 『오백유동경(五百幼童經)』에서 대폭우가 쏟아져 오백 어린이가 익사하는 일이 벌어져 그 부모가 곡(哭)을 하며 시신을 찾으러 다니자 부처께서 이 어린이들이 이미 도솔천에 태어났다고 하시며 빛을 발하여 부모들이 멀리서 자기 아이를 볼 수 있게 해주고 사탑(沙塔)을 만든 인연으로 '생천'하여 미륵불을 뵐 것이라고 하는 부분을 인용한 것이다.[14] 생천한 어린이들이 미륵불을 만난다고 하면 이때의 '천'은 곧 미륵이 현재 주처하는 도솔천이라는 사실을 내포하고 있다고 볼 수 있다. 그렇기 때문에 조탑(造塔) 공양을 인(因)으로 하여 얻게 되는 일종의 과보(果報)로서의 생천은 보통 중생은 쉽게 얻기 힘든 것이며 미래세에 구원을 얻을 것이라는 암묵적인 약속이 포함된 것이라고 하겠다.

고장[姑臧, 오늘날의 무위(武威)]을 근거로 한 북량이 439년에 멸망당한 후 3만 호에 이르는 양주(凉州) 사람들이 북위의 수도인 평성(平城)으로 강제 이주된 것은 널리 알려진 역사적 사실이다. 주지하는 바와 같이 북량은 저거몽손(沮渠蒙遜)을 필두로 저거(沮渠)씨들에 의해 세워지고 다스려진 나라였다. 그런데 생천의 관념이 도솔천과의 연계 속에서 설명되고 있는 『관미륵보살상생도솔천경(觀彌勒菩薩上生兜率天經)』(이하 『미륵상생경』으로 약칭)이 저거경성(沮渠京聲)에 의해 한역되었음을 주목할 필요가 있다. 그의 성씨가 말해주듯이 저거경성은 북량왕실의 인물이었다. 그가 『미륵상생경』을 역출한 것은 북량이 이미 멸망당한 후인 455년의 일이지만 다른 종류의 『관경(觀經)』과 마찬가지로 『미륵상생경』도 서역 지방에서 만들어진 위경일 가능성이 높다는 점은 비단

---

13) 북조의 명문에 대하여 佐藤智水, 「北朝造像銘考」, 『史學雜誌』 86-10(1977) 참조. 그는 발원자의 신분에 대한 분류를 하여 북조의 有銘造像銘은 상당수가 漢人에 의하여 이루어진 것이라고 파악하였으나 본고의 仇寄奴라는 이름은 漢族이라기보다 이민족, 특히 북방계 민족으로 추정된다.

14) "命應爾 今生兜率天 佛放光明 令此父母遠見其子 尋時 皆來散華供養 佛言 善哉 因造沙塔卽得生 大暴雨 江水卒漲 五百幼童俱時溺死 父母號哭求索屍喪 莫知所在 佛言 宿命不請勿生怨恨 此諸兒等宿天見彌勒佛 五百天子各啓父母勿復愁憂." (出 『五百幼童經』, 『出生經』 卷4) 『經律異相』, T2121, 53:28a.

서역이라는 지역의 문제만이 아니라 저거경성의 원 출신지가 북량이기 때문이다.[15] 그가 어느 지역에서 『미륵상생경』을 한역했는지는 알려지지 않았으나 그가 북량 사람이었음은 분명하고 그가 역출한 『미륵상생경』이 도솔천으로의 '생천'과 이후의 '하생'을 당대 사람들에게 전파시킨 중요한 역할을 하였다는 것은 불상의 양식과 관련하여 시사하는 바가 있다. 초기의 불교미술 자체가 상당 부분 북량의 미술을 기반으로 형성되었다고 보는 견해와 유사하게 '생천'의 관념 역시 북량계 사람들의 미래세에 대한 희망적인 관점에 힘입어 전파되었을 것으로 추정해도 무방할 것이다.

'생천'의 명문을 가진 또 다른 5세기 불상 가운데 미륵상이 있어 관심을 끈다(도 2-3). 센오쿠하코칸(泉屋博古館) 소장의 태화(太和)22년(498)명 미륵입상은 구기노의 황흥5년

도 2-3. 〈太和22년명 미륵입상〉, 498, 높이 39.9cm, 泉屋博古館.

명 금동불입상(도 2-1)과 동일한 형식으로 만들어진 불입상이다. 부처의 수인에는 차이가 있지만 마름모형의 대좌와 주형 광배 주위에 5구의 선정인(禪定印) 화불을 배치한 점, 광배 전면을 메운 화염문, 통견의 대의를 왼쪽 어깨로 넘긴 점, 종아리까지 내려가는 대의 등에서 동일한 형식에 따른 것임을 알 수 있다. 그러나 양식적으로는 상당한 변화가 있어서 보다 당당하고 양감 있는 신체와 구체화된 안면 묘사, 적절하게 길어진 인체 비례 등이 진전된 태화 말기 양식을 잘 보여준다. 정치한 조각 수법으로 미루어 양식상의 진전만이 아니고 기술적인 측면에서 조각술의 상당한 발달도 엿볼 수 있는 상이다. 게다가 우리의 관심을 끄는 것은 미륵으로 조성되었다는 점이다. 현재로서는 미륵이라고 판단할 만한 아무런 도상의 근거는 없다고 해도 과언이 아니지만 명문에는 현재 하북성(河北省) 노발(盧發)현인 비여(肥如)현의 보귀(普貴)가 부모를 위하여 미륵상을 만드니 돌아가신 아버지가 천상에 올라가게 하여 여러 부처께 아뢰어 서방 묘락국토(妙樂國土)에 탁생하게 하고 용화수 밑에서 삼회설법을 듣기를 기원한다는 내용

---

15) 동본이역일 것으로 추정되는 여러 『미륵하생경』과 달리 『미륵상생경』이 오직 沮渠京聲의 역본만 존재한다는 사실이 이를 뒷받침한다.

을 담고 있다.[16] 비구 보귀는 자신의 아버지가 '생천'하여 서방 묘락국토에 가고 또 다시 미륵불이 용화수 밑에서 성불하여 세 번에 걸쳐 설법을 함으로써 중생을 제도한다는 삼회설법을 듣기를 기원한 전형적인 미륵신자이다.[17] 이 조성발원문에 의하면 '생천'한 하늘은 곧 서방 묘락국토와 동일한 곳인 셈이다.

5·6세기 조각의 명문에서도 종종 발견되는 서방 묘락국토는 무량수불의 서방정토를 의미하는 것으로 볼 수도 있다. 묘락(妙樂)은 'sukhāvatī'를 한역한 말로 5세기 초에 활동한 구마라집이 묘락이라고 하였고 다른 이들은 이를 안락(安樂)으로 번역하기도 하였으며 7세기에 이르러 비로소 극락(極樂)이라 하였다.[18] 후대의 다른 역경승들이 이를 정토(淨土)로 번역함으로써 서방정토의 개념이 확고히 자리잡게 되었다. 그러므로 서방 묘락국토는 의미는 다소 차이가 있지만 서방정토의 고역(古譯)으로 간주할 수도 있다. 단지 여기서 주의해야 할 것은 아미타불의 본원으로 이뤄진 정토는 사실상 공간을 초월한 세계로서 문자 그대로 중생들을 깨끗하고 완전하게 만든 곳이라는 점이다. 서방정토를 '최상의, 절대적 즐거움'이라는 극락이라 부르는 것은 법의 즐거움을 현실세계의 즐거움에 빗댄 것에 불과하다. 결국 서방정토에 왕생한다는 것은 깨끗하게 정화되어 법의 즐거움으로 가득한 곳에 다시 태어난다는 뜻이 된다. 그러므로 상·하생을 전제로 한 미륵정토와는 분명히 구분되어야 한다.[19] 서방정토에 이미 깨끗해진 상태로 태어나는 것은 구원을 받았음을 의미한다고 볼 수 있지만 미륵의 도솔천에 가는 것은 아직까지 구원을 받지 못한 것이다. 그렇기 때문에 용화삼회에 참여하여 구원을 얻을 수 있는 기회를 제공하는 하생이 의미를 지니는 것이다.

---

16) "大魏太和卄二年五日…肥如縣比丘僧…普貴 爲父母造彌勒尊像一軀 使父亡者生天 (宣?)□語諸佛 □生西方妙洛國土 龍華化生 樹下三會說(談?)法." 金申이 宣, 說로 읽은 글자를 松原三郎은 각각 □와 談으로 읽어 차이를 보인다. 金申, 앞의 책, 도 65 및 松原三郎, 앞의 책, 도 47 참조.

17) 3번에 걸친 미륵불의 설법, 즉 Nāgapuṣṇa에 참여하고 싶다는 기원은 그 최초의 것이 443년이고 가장 마지막에 나타나는 것은 600년에 조성된 미륵상이라고 한다. Yu-min Lee, *The Maitreya Cult and Its Art in Early China* (Columbus: The Ohio State University, 1983), p. 126.

18) 후지타 고타쓰(藤田宏達), 「印度의 淨土思想」, 『中國佛教의 思想』講座 東洋思想 6, 玉城康四郎 外, 정순일 옮김(民族社, 1989), pp. 204-208.

19) 이와 관련하여 일찍이 Yu-min Lee는 5·6세기에 미륵신앙이 정토신앙과 관련되어 있음을 지적한 바 있다. 그러나 그는 정토의 원래 의미에 관심을 두지 않았다. Yu-min Lee 앞의 논문, p. 127.

III. '생천' 명의 이불병좌상(二佛並坐像)과 『법화경』

구기노가 봉헌한 또 다른 조각인
황흥5년(471)명 관음입상에도 역시
'생천'의 명문이 있다(도 2-4). 대영
박물관 소장의 이 관음상은 정면에
전형적인 연화수관음을 양각하고
그 뒷면에는 광배 가득히 이불병좌
상을 선각한 것이다(도 2-5). 마름모
꼴 대좌와 화염문이 새겨진 광배라
는 금동불의 기본 형식을 그대로 따
른 것은 앞의 불입상과 마찬가지이
며 작은 연꽃봉오리가 달린 가지를
오른손으로 잡고 있는 초기 연화수
관음이다.[26] 흥미로운 것은 꼭대기
에 새 한 마리가 있고 그 아래 석가불
과 다보불로 보이는 이불병좌상이

도 2-4. 〈皇興5년명 관음입상〉,　도 2-5. 〈皇興5년명 관음입상 뒷
471, 높이 25.8cm, 대영박　면의 이불병좌상〉
물관.

전각 안에 앉아 있는 모습과 세 명의 공양인이 각각 무엇인가를 뿌리는 듯한 행동을 하
는 것이 묘사된 것이다. 이는 관음상의 조성 배경에 『법화경』의 영향이 적지 않았음을
말해준다. 이불병좌상이 『법화경』 「견보탑품」에 기반을 둔 조각으로 그 내용은 석가
모니불이 『법화경』을 설할 때 다보불이 허공 보탑 중에서 이를 찬탄하며 자신의 자리
반을 내어주며 석가모니불을 청하자 석가모니가 다보불과 함께 보탑 중에 앉았다는
이야기임은 널리 알려져 있다.[27] 조각수법은 이 시기의 다른 조각들과 동일한 것으로

---

26) 중국 최초기의 연화수관음에 대하여 拙稿, 「南北朝時代의 在銘蓮華手観音像考」, 『美術資料』 68(2002),
pp. 81-97 참조.
27) "爾時多寶佛於寶塔中分半座 與釋迦牟尼佛而作是言 釋迦牟尼佛可就此座 卽時釋迦牟尼佛 入其塔中坐
其半座 結加趺坐 爾時大衆見 二如來在 七寶塔中 師子座上 結加趺坐 各作是念 佛座高遠 唯願如來 以神

도 2-6. 〈太和4년명 이불병좌상〉, 480, 높이 19.5cm, 일본 개인 소장.

도 2-7. 〈太和4년명 이불병좌상 뒷면의 여래삼존상〉

서 특히 관음상의 영락이 나형 상반신에 딱 붙는 X자를 이룬 것, 보관에서 내려온 띠가 바람에 날리듯이 머리 위로 솟구친 것, 천의가 숄처럼 두 어깨에서 팔로 흘러내린 것 등에서 서역적인 이미지가 강하게 남아 있다.[28] 구기노는 같은 해에 불입상과 관음입상 두 구를 만들어 돌아가신 부모의 명복을 빌고 그들이 천상에 올라가 부처를 만나기를 기원했던 것으로 보인다.

역시 일본 개인 소장의 태화4년(480)명 이불병좌상은 정면에 얕은 부조로 이불병좌상을 새기고 뒷면에는 여래삼존상을 조각하였다(도 2-6, 7). 이불병좌상 아래에는 합장을 한 공양인상이 두 구 있고 반대편에는 명문이 새겨졌다. 이불병좌상은 거의 쌍둥이처럼 똑같이 생겼는데 기본적으로 통견의 법의에 선정인을 한 불좌상 형태를 따랐다. 둥글게 솟아오른 민머리와 갸름한 얼굴, U자형으로 흘러내린 대의 등은 원가(元嘉)28년(451)명 불좌상과 양식적 친연성을 강하게 보여주고 있어서 이 상이 매우 보수적인 전통을 따랐음을 알려준다. 병좌상 위로 역시 선정인의 불좌상이 있는데 화불치고는 상당히 크게 표현되어서 마치 세 구의 불상을 삼각으로 배치한 것처럼 보인다. 그런데 이 화불은 배면의 본존과 아주 유사한 양식으로 만들어져서 앞의 이불병좌상과는 다른 존상을 염두에 두고 조각했을 가능성이 있다.[29] 통견의 대의를 입은 것은 마찬가지이지만 옷주름

通力 令我等輩 俱處虛空 卽時釋迦牟尼佛 以神通力 接諸大衆 皆在虛空 以大音聲 普告四衆 誰能於此 娑婆國土 廣說妙法華經 今正是時如來 不久當入涅槃 佛欲以此妙法華經 付囑有在."『妙法蓮華經』, T262, 9:33c.

28) 특히 키질석굴의 보살상과 비교할 만하다.

29) 松原三郎은 운강석굴의 이불병좌상을 예로 들면서 병좌상과 윗편의 화불을 석가·다보불과 彌勒의 조

이 마치 편단우견을 한 것처럼 왼쪽 어깨에서 반대편 옆구리로 흘러내렸고, 신체가 더 둥글게 표현되어서 좁고 가파른 어깨를 가진 병좌상과 차이를 보인다. 병좌상은 기본적으로 고식 선정인 불좌상의 형태를 따랐지만 상호는 태화 양식의 다른 불상과 같다.[30] 현재의 하북성 심현(深縣) 일대인 하박(下博) 사람이 자신의 죽은 아이를 위하여 다보불을 조성하니 죽은 아이가 천상에 올라가기를 기원한다는 명문이 있다.[31] 명문에도 다보불이라는 명칭이 나오지만 실제로 이불병좌상을 본존으로 만들어서 『법화경』을 기반으로 한 조상임을 알 수 있다.

도 2-8. 〈太和13년명 이불병좌상〉, 489, 높이 23.5cm, 根津美術館.

역시 석가·다보불을 만든다는 명문이 있는 또 다른 이불병좌상으로 도쿄 네즈(根津)미술관 소장의 태화13년(489)명 이불병좌상을 들 수 있다(도 2-8). 두 구의 병좌상이 판에 박은 듯이 똑같이 묘사된 태화4년명 이불병좌상과 달리 여기에서는 한 구는 선정인을 한 통견의 불좌상과 오른손을 위로 들고 있는 편단우견의 불좌상으로 구별된다. 대좌의 공양인도 차이가 있어서 연봉오리가 달린 긴 가지를 들고 있는 두 공양인 중에 하나는 중국 전통의 복식을 입었고 다른 공양인은 높은 모자를 쓴 이방인으로 보인다. 왼쪽의 공양인보다 얼굴의 이목구비가 뚜렷하고 이마에는 백호 같은 점이 있으며 구불구불한 수염과 뒤

합이라는 암시를 하였다. 松原三郎, 「金銅二佛立坐像考」, 『中國佛敎彫刻史硏究』, 增訂版(東京: 吉川弘文館, 1966), p. 71.

30) 이와 관련하여 이불병좌상이 석굴의 경우, 운강석굴이 조영되었던 5세기에 가장 극성하였고, 용문석굴에서는 고양동의 병좌상 일부가 있을 뿐이기 때문에 대체로 5세기에 성행하였으며 6세기에 들어서면 급격히 줄어들어 북제 유품이 드물다는 지적이 흥미롭다. 그러나 수덕사지 출토품과 일부 금동상을 보면 이불병좌상이 전적으로 사라진 것으로 보이지는 않는다. 松原三郎, 위의 논문, pp. 83-84.

31) "太和□(四?)年四月?日 下博人 □(趙?)□(明?, 門?)爲 亡兒越 寶造多寶佛 願亡兒□(上?)生天上常與佛會." 김신은 기년을 四로 읽었고, 조성자의 이름 부분을 趙明이라 하였다. 김신, 앞의 책, 도 33. 반면 松原三郎은 기년이 四로 읽을 수 있으나 의문의 여지가 있으며 발원자의 이름을 □門이라고 읽고 있다. 松原三郎, 앞의 책, 도 35. 下博은 현재의 하북성 深縣이다.

도 2-9. 〈太和13년명 이불병좌상 뒷면〉

로 묶어 길게 늘어진 머리가 특징적인 이방인이다.[32] 병좌상 뒤의 광배도 『법화경』「견보탑품」의 내용대로 마치 탑 안에 앉은 것처럼 천궁 같은 표현을 하였다(도 2-9). 광배 뒷면에는 편단우견의 본존을 중심으로 긴 꽃가지를 들고 있는 보살상이 있다.[33] 보살상은 상반신이 나형이고 심엽형의 목걸이만 걸쳤을 뿐으로 X자 영락은 보이지 않고 다리에 밀착된 군의만 보여 이국적인 성격이 강하다. 그러나 본존불의 주형 광배 위에 표현된 산개에 좁게 주름잡힌 장막이 드리워진 모습은 귀인들에게 산개를 받쳐들었던 중국 전통에 기인하는 것으로 생각된다. 대좌의 명문은 태화 13년에 돌아가신 부모를 위하여 석가·다보불을 조성하니 원컨대 돌아가신 이들이 생천하여 항상 부처를 뵙기 바란다는 염원을 담고 있다.[34]

그런데 이불병좌상을 새김으로써 명백한 『법화경』과의 관련성을 시사하는 이들 조각에 '생천'의 명문이 나타나는 것 역시 신앙의 근거를 『법화경』 내에서 찾을 수밖에 없다. 『법화경』「화성유품(化城喩品)」에는 고뇌하는 중생이 이 법을 들어 득도하고 생천하게 되면 모든 악도(惡道)가 감소한다는 대목이 있다.[35] 또 「보현보살권발품(普賢菩薩勸發品)」에는 만약 사람이 『법화경』과 그 뜻을 수지(受持)·독송(讀誦)하고 이해하면 그 명이 다할 때에 천불이 손을 내어 공포를 느끼지도 않고 악취(惡趣)에 떨어지지도 않으며 즉시 미륵보살이 계시는 도솔천에 왕생할 것이라고 하였다.[36] '생천'이 5세기

---

32) 시대가 떨어지는 예이기는 하지만 돈황벽화에 나오는 위구르나 소그드인의 복장과 유사하다.

33) 광배 뒷면의 본존을 天宮에서 설법하는 彌勒이라고 보는 견해도 있다. 金申, 앞의 책, pp. 451-452.

34) "太和十三年三月四日九門 縣南鄕村寬法生 兄弟四人 爲亡父母 造釋迦 多寶 願使亡者生天常以佛會故記之." 구문현은 현재의 河北省 藁城縣 서북쪽이며 북위 때에는 定州 常山郡에 속해 있었다. 따라서 이를 하북과 금동불이라고 파악하기도 한다. 松原三郎, 앞의 논문, pp. 72-73.

35) "大聖轉法輪 顯示諸法相 度苦惱衆生 令得大歡喜 衆生聞此法 得道若生天 諸惡道減少 忍善者增益." 『妙法蓮華經』, T262, 9:23c-24a.

36) "若有人受持讀誦 解其義趣 是人命終爲千佛授手 令不恐怖 不墮惡趣 卽往兜率天上 彌勒菩薩所." 『妙法

에 '도솔천에 가는 것' 이라는 식으로 이해되었고, 도솔천에 가는 이유는 미래세에 미륵보살로부터 구원을 얻기 위한 것이라고 생각되었음에도 불구하고 미륵의 명문이 보이지 않거나 미륵을 조성하지 않은 이유는 바로 이『법화경』을 수지 독송하는 공덕에 주안점이 주어졌기 때문에 불상 봉헌자들이『법화경』을 가장 잘 상징할 수 있도록 이 불병좌상을 조각했을 것으로 추정된다.

402년에 쿠차(龜玆) 출신의 구마라집(鳩摩羅什)이『묘법연화경』을 한역하면서 이미 그 이전에 번역되었던 여러 다른 역본의 보급에 힘입어『법화경』은 빠른 속도로 중국 전역에 보급되었을 것이다.[37] 분명 455년에 한역된 것으로 알려진『관미륵보살상생도솔천경』과 시간적 격차는 약 50년에 불과하지만 대중들에게 알려진 정도는 현격한 차이가 있었을 것이다.『법화경』을 늘 지니고 읽고 외우는 공덕으로 얻게 되는 과보로서 죽은 뒤에 가게 되는 미륵보살의 도솔천에 왕생하는 것이 이미 알려져 있던 상태에서『미륵상생경』의 경설은 상당한 영향력을 발휘할 수 있었을 것이다. 이 경전의 마지막 부분에서 천인팔부(天人八部)가 부처 앞에서 미래세에 미륵을 만나기를 기원하며 이 몸을 버리고 도솔천에 상생하겠다는 서원을 세우자 이에 세존이 수복지계하여 모두 마땅히 미륵보살 앞에 왕생할 것이라고 한다.[38] 여기에서 이 몸을 버린다는 것은 수명을 마친다는 뜻으로 해석할 수 있을 것이다. 살아서 도솔천에 간다는 언급은 어디에도 보이지 않으므로 이것은 도솔천이라는 곳이 수명이 다한 후에 가는 곳이라는 인식이 전제로 되어 있었음을 의미한다.[39]

경전 말미에는 부처가 미래세에 복을 닦은 중생들에게 과보를 얻게 해주는 법의 요체를 전해주는 경전을 알려주면서 아난에게 '이 부처님 말씀을 잊지 않고 지킴으로써

蓮華經』, T262, 9:61c.

37) 중국에『法華經』이 수용된 경로와 이해된 양상에 대하여 新田雅章,「中國에 있어서의『法華』研究」, 『法華思想』, 平川彰 外編, 慧學 옮김(經書院, 1997) 참조.

38) "我等天人八部 今於佛前發誠實誓願 於未來世 値遇彌勒 捨此身已 皆得上生 兜率陀天 世尊記曰 汝等及 未來世 修福持戒 皆當往生 彌勒菩薩前爲 彌勒菩薩之所攝受."『佛說觀彌勒菩薩上生兜率天經』, T452, 14:420c.

39)『法苑珠林』에는 한 노비가 죽어서 추운 숲에 두었더니 생천하였다는 이야기가 나온다. 도솔천에 왕생했다는 것은 아니지만 이로서 죽은 뒤에 가능한 생천의 한 단면을 엿볼 수 있다. "此婢常不聽入舍 何忽此死 卽便遣人 以草繫脚 置寒林中 此婢生天 與五百天子 以爲眷屬."『法苑珠林』, T2122, 53:716b.

도 2-10. 〈太和원년명 금동여래좌상〉, 477, 높이 40.3cm, 닛타(新田)그룹 舊藏, 臺北 고궁박물원.

미래세에 생천의 길을 열어 보리상(菩提相)을 보여주고 불의 종자(種子)가 끊이지 않게 된다'고 하는 대목이 있다.[40] 그리고 이 경전의 이름은『미륵보살반열반경(彌勒菩薩般涅槃經)』혹은『미륵상생경(彌勒上生經)』임을 알려준다. 선업의 과보로 얻게 되는 생천의 길을 열어준 것은 다름 아닌『미륵상생경』이 되고 그 주인공인 미륵이 생천의 길을 열어준 셈이다.

타이페이 고궁박물원 소장의 태화원년(477)명 금동여래좌상은 방형 대좌와 주형 거신광(擧身光)을 갖춘 전형적인 태화양식(太和樣式)의 불좌상이다(도 2-10). 크기는 40cm에 불과하지만 부처의 풍모는 물론 대좌와 광배의 정치(精緻)한 문양에서 매우 정성을 들여 봉안한 작품임을 알 수 있다. 대좌 맨 아래에는 꿇어앉은 두 구의 공양인상이 낮게 부조되었고, 그 위로 자그마한 사자 두 마리가 환조로 양각되었다. 광배에는 선정인의 화불 7구가 약간 도드라지게 양각되었는데 그 하나하나가 독립된 주형 광배와 연화좌를 갖고 있다. 윤곽이 또렷하고 단정한 상호와 안정감 있는 신체 비례, 넓은 어깨와 융기된 가슴이 주는 당당함이 태화양식의 정수를 보는 듯 하다. 한편으로는 인체의 연결이 유기적이지 못하고 신체의 미묘한 굴곡이 사실적으로 표현되지 못했다는 점에서 후대의 조각과는 비교가 된다. 오른쪽 어깨 위에 대의 자락을 살짝 걸친 양주(凉州)식 편단우견, 편단우견의 대의 주름이 좁은 간격으로 모아져 팔 윗부분으로 불꽃이 치솟은 것처럼 묘사된 것, 결가부좌한 두 다리 사이로 중앙에서 대좌 쪽으로 흘러내린 대의처리법, 위로 들어 시무외인을 한 오른손 손가락 사이에 얇은 막이 표현된 것에서 하서 지역 불상양식의 영향이 보이기도 한다. 광배 뒷면에는 복잡한 구성의 조각이

---

40) "亦記未來世 修福衆生 所得果報 我今隨喜 唯然世尊 此法之要 云何受持 當何名此經 佛告阿難 汝持佛語 愼勿忘失 爲未來世 開生天路 示菩提相 莫斷佛種 此經名彌勒菩薩般涅槃 亦名觀彌勒菩薩生兜率陀天 勸發菩提心 如是受持."『佛說觀彌勒菩薩上生兜率天經』, T452, 14:420c.

있다(도 2-11). 석가모니로 추정되는 여래삼존
상을 중심으로 맨 아래 쪽에는 탄생과 관수가
표현되었고, 윗쪽 가운데에는 이불병좌상이,
그 좌우로 유마 · 문수 문답상이 있다. 이 태화
원년명 금동여래좌상은 현재의 하북성 안희(安
憙)현 사람이 조성한 석가불이다.[41] 그는 돌아
가신 부모를 위하여 석가문불을 만드니, 돌아
가신 이는 생천하기를 바라고 집안 식구들은
현세에 평안하기를 기원하였다. 명문만으로는
석가불을 만들었다는 점 외에 미륵과의 관련이
나 경설을 언급할 특별한 점은 없다. 단지 광배
뒷면의 부조에서 당시 유행하던 신앙 경향이
집대성되었음을 짐작할 수 있다.

도 2-11. 〈太和원년명 금동여래좌상 뒷면 부조〉

이불병좌상도 아니고 반가사유상도 아니지
만 역시 생천의 명문이 있는 작은 금동불 가운데 개인 소장의 태화17년명(493) 불좌상
은 불과 16cm에 지나지 않는 작은 상이다. 조각수법이 소략하고 조잡한 편으로 대좌
와 광배의 크기에 비하여 불상은 상대적으로 작게 표현되었다. 고식 전통에 따라 선정
인을 한 통견의 불상으로 갸름한 얼굴에 좁고 아래로 처진 어깨가 두드러진다. 광배
뒷면에 거의 같은 양식의 선정인 좌상이 있고 대좌에 새겨진 명문에는 불제자인 조승
안(趙僧安) 형제 6인이 집안 권속이 평안하기를 빌며 석가모니불을 만드니 돌아가신
이가 생천하기를 기원한다는 발원문이 있다.[42]

이 두 조각은 미륵과의 적극적인 관련을 암시하는 상징이나 명문이 보이지 않는다.
그러나 당시의 유행 경향에 따라 『법화경』과 『유마경』을 모두 아우르는 부조를 남긴

---

41) "太和元年九月十日安(?)熹縣(?)堤陽□□願己身爲亡(?)父(?)母造釋迦文佛 又爲居家眷屬 大小現世安穩
亡者生天 直語諸佛 所願如是 故記之耳." 金申, 앞의 책, 圖 29 및 大村西崖, 『支那美術史彫塑篇』(東京:
國書刊行會, 1972), 圖 463. 大村西崖는 (?) 부분을 전부 공란으로 두었다.
42) "太和十七年歲在己酉 佛弟子趙僧安兄弟六人 爲居門大小見在安穩 亡者生天所願□心 造釋迦牟尼佛一
區." 金申, 앞의 책, 圖 56.

태화원년명 금동여래좌상과 앞뒤로 똑같은 통견의 선정인좌상을 새겨 마치 두 불상이 앞뒤로 앉은 이불병좌상의 변형례처럼 만든 태화17년명 불좌상은 모두 현세 가족들의 평안과 돌아가신 부모의 생천을 동시에 빌고 있다는 점에서 『법화경』에 기반한 신앙을 잘 보여주고 있다.

이들 '생천' 명이 있는 금동불들은 471년에 제작된 황흥5년명 금동불입상을 필두로 498년에 조성된 일본 센오쿠하코칸(泉屋博古館) 소장의 태화(太和)22년명 미륵입상에 이르기까지 대략 470년대부터 500년 이전까지 조성된 몇 구에 지나지 않는다.[43] 이들의 조성배경은 먼저 미래불의 세계에 구원을 얻게 되리라는 신앙을 중심으로 한 『법화경』을 기반으로 『관미륵보살상생도솔천경』에 있었던 것으로 생각된다. 그런데 이들 불상에 새겨진 '생천'을 통하여 이 시기 중국 사람들이 생각했던 '천'의 관념을 엿볼 수 있다. 그들에게 있어서 천은 불교 도입 이전에는 죽은 사람들의 혼이 올라가는 막연한 천처(天處)로 인식되고 있었던 것으로 추정된다. 성불을 중시하는 대승불교의 관점에서 본다면 사후에 구원을 얻는 것은 현생득도(現生得道)에 비하면 큰 의미가 없다. 그런데 망자가 구원을 얻는다는 것은 현세에 이미 구원을 얻을 수 없었다거나 혹은 구원받을 길이 없다는 절망적 관점을 후세 하생이라는 개념으로 상치시키려는 희망적인 접근 방식이라고 볼 수 있다.

5세기를 지나면서 '생천'의 명문은 점차 나타나는 빈도수가 적어지고 '탁생서방 묘락국토(託生西方 妙樂國土)'나 '승천(昇天)'의 예가 더 많아진다.[44] 예컨대 '조미륵좌상(造彌勒坐像)'의 명문이 있는 신구(神龜)원년(518)명 교각보살상에는 서방 묘락국토

---

43) 석불 가운데 6세기 중엽에 조성된 몇 구에 生天의 명문이 있다. 이들은 5세기 후반의 금동불들이 제작된 것으로 추정되는 하북성 곡양현에서 출토된 것들이기 때문에 당시 전통적인 관념이 하북성 일대에서 지속되었음을 보여준다. 명문이 있는 예들은 다음과 같다. 天保七年(556)銘 彌勒像, 天保九年(558)銘 彌勒像, 武平二年(571)銘 白玉像이다. 각기 楊伯達, 『埋もれた中國石佛の硏究』(東京: 東京美術, 1985), 圖 26, 30, 35 참조. 또 5세기 후반 금동불들의 명문을 조사하여 그들이 대개 하북성을 중심으로 하북에 가까운 산동성 출신의 발원자들에 의하여 조성하였음을 지적한 것으로는 松原三郎, 앞의 논문, pp. 8-12.

44) 서방에 탁생하기를 기원한 불상의 명문을 조사하고 고승에 의한 명문 매뉴얼이 있었을 것으로 추정한 견해에 대하여 久野美樹, 「造像背景としての託生西方願望」, 『佛敎藝術』 187(1989), pp. 25-59 참조. 매뉴얼이 있었을 가능성은 있지만 그것이 언제, 누구에 의해 만들어지고 보급되었는지는 또 다른 문제로서 속단하기 어렵다.

에 탁생하여 용화삼회에 참여하기를 바란다는 발원문이 있고,[45] 하북성 곡양현 출토의 천보(天保)2년(551)명 교각상에는 장작와(張□臥)가 죽은 남편 양조(楊早)를 위하여 미륵하생상을 만들고 남편이 탁생하기를 기원하였다.[46] 504년에 한씨(韓氏)가 발원한 관음입상에는 '상자승천(上者昇天)' 이라는 명문이 있고, 523년 조성된 불비상(佛碑像)에 '상천상(上天上)□□미륵' 의 명문이 있을 뿐으로 더 이상 생천의 명문은 보이지 않는다. 6세기 조각의 발원문에 보이는 왕생서방(往生西方)이나 상생도솔(上生兜率)은 생천이 달리 표현된 것으로 생각되며 표현은 다르지만 내용상으로는 죽은 이가 미륵보살이 있는 하늘에 가기를 기원한다는 면에서 마찬가지라고 할 수 있다.[47]

IV. 영생국토(永生國土)에서 불교적 '생천' 으로

고대 중국인들은 사람에게는 혼(魂)과 백(魄)의 두 가지가 있어서 이 둘이 서로 조화를 이루고 있을 때가 살아 있을 때라고 생각했다. 인간이 죽으면 혼과 백은 분리되어 정신적인 정신적 경험이나 지적인 면을 담당하던 혼은 어딘가로 간다고 생각했다. 혼이 간다고 믿었던 곳 중에 신선들의 세계로 가는 것을 점차 이상적인 것으로 여기고 혼을 안전하게 보내는 장례 절차를 만들어냈다.[48] 신선에 대한 관념이 좀더 구체화된 것은 한대로 생각되는데 신선은 대개 영원히 죽지 않는 불사의 존재로서 하늘을 날아다니는 능력이 있는 것으로 간주되었던 듯 하다. 반면 백은 신체의 움직임을 관장하는 것으로서 사후에 황천으로 가서 생전의 신분을 유지하여 생활한다고 믿어 망자가 살아 있었을 때의 신분을 상징하는 것들을 부장하였다. 도교적 세계관이 자리를 잡으면

---

45) "大魏神龜元年三月 (中略) 中山上曲陽民夏□上爲過去亡父母兄弟 (中略) 造交脚彌勒坐像一軀幷諸供養等事. 託生西方妙樂國土 龍華三會." 松原三郎, 앞의 책, 圖 73 참조.

46) "天保二年五月一日 淸信士女佛弟子張?臥 爲亡夫楊早彌勒下生像一軀……亡夫捨穢託生得妙淨果幷及眷屬居得常樂." 楊伯達, 앞의 책, 圖 27 참조.

47) 본격적인 대승적 기원이라고 할 수 있는 一時成道나 正覺의 명문은 530년대의 조각에서 비로소 찾아볼수 있다.

48) 마이클 로이, 『古代 中國人의 生死觀』, 이성규 옮김(지식산업사, 1989), pp. 41-54.

서 신선들이 사는 곳은 크게 두 가지로 압축되는데 하나는 동쪽 바다 끝에 있는 봉래산이고 다른 하나는 서쪽에 있는 서왕모의 세계이다.

2세기 무렵에는 불상과 같은 형태가 만들어졌다고 하지만, 불상 표현이 나타난다고 해서 체계화된 불교가 있었다고 말할 수는 없다. 이와 같은 시기에 불사(不死)의 땅에 살고 있는 신선과 부처를 분명하게 구별하고 있었는지도 명확하지 않다. 『열자(列子)』「탕문(湯問)」편에 발해 동쪽 끝에 신선이 사는 귀허(歸墟)라는 골짜기가 있는데 대여(岱輿), 원교(員嶠), 방호(方壺), 영주(瀛洲), 봉래(蓬萊)라는 5개의 산으로 이뤄져 있고 하얀 새와 짐승이 사는 곳으로서 꽃과 과일이 가득한 아름다운 영생의 땅에 대한 설명이 있다. 이들은 각각 연결되어 있지도 않고 뿌리가 없어 파도 위를 떠다니므로 떠내려 갈까봐 두려워한 신선들이 천제에게 고하여 15마리의 자라가 흔들리지 않게 받치도록 하였다.[49] 3세기경에 제작된 혼병에서 이미 죽은 뒤의 혼이 가는 세계로서의 '천'과 그 '천'에 있는 부처에 대한 인식이 엿보인다. 고월자(古越磁)로 분류되는 월주 지방에서 출토된 혼병의 윗부분은 5개의 산봉우리로 이뤄진 신선들이 사는 영생불사(永生不死)의 땅에 새와 짐승만 있는 곳이라는 『열자』의 언급을 연상시킨다. 특히 병의 몸체 윗부분에 짐승과 새가 있는 건물을 받치고 있는 듯한 작은 동물이 부조된 것을 보면 생김새는 마치 올챙이처럼 보이지만 산들을 받치고 있는 자라를 묘사한 것으로 볼 수 있을 것이다(도 2-12). 결국 이 혼병은 망자의 혼이 『열자』의 신선들이 살고 있는 동쪽 골짜기에 가기를 바라는 마음에서 제작되었다고 할 수 있을 것이다.[50] 한편 귀허의 다섯 봉우리는 박산(博山)의 또 다른 정형화라고 할 수 있는데 여기서 혼병에 작은 규모의 불좌상이 부조된 점을 간과할 수 없다. 물론 이때의 불상을 엄밀한 의미에서 불교 예

---

49) 이와 비슷한 언급이 『史記』「封禪書」에도 있는데 여기에서는 蓬萊, 方丈, 瀛洲를 三神山으로 지칭하였다. 司馬遷, 『史記』, 朴一峰 編譯(育文社, 1995), p. 521.

50) 물론 혼병의 용도가 무엇이었는지에 대해서는 여전히 논란이 되고 있다. 여러 가지 견해가 있으나 小南一郎는 1개의 무덤에 하나의 혼병만이 따로 모셔진 것을 지적하여 혼병이 장송 의례에 관련된 유물임을 지적하였다. 小南一郎, 「神亭壺と東吳の文化」, 『東方學報』 65(1993), pp. 223-312. 이 점에 관하여 Stanley K. Abe 역시 동의하면서 明器와는 다른 성격의 유물임에 주목하고 있다. Stanley K. Abe, *Ordinary Image* (Chicago: The University of Chicago Press, 2002), pp. 92-97. 한편 혼병에 표현된 불상을 근거로 혼병이 초기 불교도의 무덤에 매장된 것으로 보는 견해는 Wu Hung, "Buddhist Elements in Early Chinese Art(2nd and 3rd Centuries A.D.)," *Artibus Asiae* 47-3/4 (1986), pp. 289-291.

배상이라고 하기보다 불교적인 요소라고 파악해
야 한다는 견해에 주목할 필요가 있다.[51] 불교적인
요소에 불과하다고 평가하더라도 도교적 관점에
서 신선들이 사는 영생의 땅에 불상이 표현된 것은
불교적 세계관이 사후세계나 하늘에 대한 중국 재
래 신앙과 융합되고 있음을 시사한다. 말하자면 혼
병이 보여주는 것은 신선들이 사는 귀허에 부처도
살고 있다고 당시 사람들이 생각하고 있었다는 점
이다. 이때 죽은 이의 혼이 가기를 원했던 불사의
땅은 일정한 공간을 상정하긴 했지만 사실상 지역
이나 방위의 개념이 없는 막연한 곳이었으며 그런
의미에서 혼이 갈 바란 하늘, 즉 천계라고 추측
된다.[52]

도 2-12. 〈永安3년명 古越磁 혼병〉, 260, 높이 46.3cm,
절강성 紹興市 출토, 北京 고궁박물원.

　　망자가 천계에 가기 바랐던 고대 중국인의 관념
이 불교 도입 이후, 불교적인 세계관이 자리를 잡으면서 점차 변화하게 된 것으로 생각
된다. 이와 관련된 흥미로운 기록이 『집고금불도논형(集古今佛道論衡)』에 나온다. 미
래에 동남(童男)으로 태어나 경전의 가르침을 널리 펴서 뭇 지식 있는 사람들을 교화하
고 제도하여 같이 성불하게 하면 노자에 의지하지 아니하고도 홀연히 생천할 수 있다
는 것이다.[53] 이것은 양(梁)의 고조가 먼저 황로(黃老)를 받들다가 불교에 귀의한 후에
노자를 섬기는 것을 버리라는 「양고조선사황로후귀신불하칙사봉노자(梁高祖先事黃老
後歸信佛下敕捨奉老子)」라는 조서(詔書)를 내린 것으로 『집고금불도논형』에 실려 있다.
부처의 가르침을 따르면 노자에 의지하지 않고서도 하늘에 갈 수 있다는 말은 노자를

---

51) Wu Hung, 위의 글, pp. 263-352.

52) 『山海經』과 『淮南子』를 인용하여 곤륜산을 통하여 天上으로 오른다는 중국 재래의 우주관에 대해서는
　　朴景垠, 「博山香爐에 보이는 文樣의 始原과 展開」, 홍익대학교 석사학위논문(1998), pp. 20-23 참조.

53) "願使未來生世童男 出家廣弘經敎 化度含識同共成佛 寧在正法中長淪惡道 不樂依老子敎 暫得生天 涉大
　　乘心離二乘念 正願諸佛證明 菩薩攝受 弟子蕭衍和南." 『集古今佛道論衡』 卷甲 「梁高祖先事黃老後歸信
　　佛下敕捨奉老子」, T2104, 52:370a-b.

숭상하는 이유가 하늘에 오르기 위한 데 있었지만, 불교를 믿어도 하늘에 갈 수 있으므로 노자를 섬기지 않아도 된다는 뜻으로 해석된다. 6세기에 내려진 조서이지만 이로 미루어 볼 때, 당시 사람들에게 불교에 귀의함으로써 하늘에 오를 수 있다는 인식이 어느 정도 퍼져 있었던 것으로 추측할 수 있다.[54]

노자 혹은 황로에 의지하고 있었던 4·5세기 사람들에게 익숙한 '천'은 도교적 의미의 불로장생의 땅, 신선들이 살고 있는 천계였음에 분명하다. 그런데 불교가 점차 신앙층을 넓히게 되자 불교적 관점에서 미래세에 구원이 약속되어 있는 도솔천이 '생천'하는 대상으로 전화되었으리라는 점은 쉽게 추측이 된다. 불교가 보급되면서 낙원이나 정토에 대한 새로운 관념이 대두되고 '신선들의 세계' 정도로 인식되었던 막연한 천의 개념에 도솔천, 혹은 미륵정토에 대한 인식이 부가되었을 가능성이 있다. 간다라와 쇼토락에서 만든 도솔천궁상은 도솔천이라는 시간을 초월한 공간적인 '천'의 개념에 '묘락(妙樂)'이라고 하는 지극한 즐거움이 있는 세계를 조합시킨 것이라고 한다.[55] 이와 같은 '묘락의 세계'와 그 시각적인 이미지가 중국 사람들이 기존에 가지고 있었던 선계에 대한 이미지를 대체하게 되었을 것으로 추정된다. 망자들이 목적지였던 '생천'의 하늘은 얼핏 비슷한 관념으로 융화된 것이지만 '생천'할 수 있는 방법은 노자를 받들던 것과는 달리 불교적으로 변하여 수행을 강조하게 되었다. 이는 경전에 따라 약간씩의 차이가 있기는 하지만 『과거현재인과경(過去現在因果經)』처럼 선인(仙人)들이 무슨 연고로 고행을 하는가를 묻는 왕자에게 이들이 '생천'하기 위하여 이 고행을 닦는다고 답한 것을 보면 고행, 또는 수도와 선업을 쌓음으로 가능하다고 인식되었음을 알 수 있다.[56] 때로는 절과 탑을 지음으로써 생천의 보은을 입을 수 있다는 대목도 눈에 띈다.[57] 사탑(寺塔)을 조성함으로써 '생천'의 길을 열 수 있으면 불상을 조

---

54) 흥미로운 점은 6세기에 이미 龍華三會에 대한 인식이 보편화되어 도교상을 만들면서도 龍華三會에 참여하기를 기원하고 있다는 점이다. Yu-min Lee, 앞의 책, p. 28.

55) Paradise의 관점에서 淨土 관념의 변화와 그 미술에 대하여 Ning Qiang, "Art, Religion, and Politics Dunhuang Cave 220," Ph.D. dissertation, Harvard University (1997), pp. 98-148 참조.

56) "汝等云何修諸苦因 以求苦報 太子卽便心自歎言 商人爲寶故入大海 王爲國土 興師相伐 今諸仙人 爲生天故 修此苦行 作是歎已 默然而住 跋伽仙人 卽問太子 仁者何意 默然不言."『過去現在因果經』, T189, 3:634c.

성하고 봉안하는 것도 마찬가지 공덕으로 간주되었을 것이다. 이와 같은 인식으로 인하여 망자를 위해 금동불을 조성하고 '생천' 원망을 발원문에 새기는 것이 가능했을 것이다.

V. 결어

하늘나라에 태어나고 싶다는 생천의 원망을 발원문에 새긴 금동불은 태화양식으로 만들어진 5세기 조각이 주류이다. 일부는 망자가 생천하여 미륵을 만나고자 하는 염원이나 미륵불의 용화삼회에 참여하고 싶다는 희망을 표명한 미륵관계 조각이고 일부는 『법화경』「견보탑품」에 기반을 둔 이불병좌상들이다. 이불병좌상에 생천의 명문이 있는 것은 『법화경』을 수지 독송하면 명이 다한 후에 미륵보살이 계시는 도솔천으로 왕생할 것이라는 경설에 따라 『법화경』을 대표할 수 있는 이불병좌상에 망자 생천의 염원을 담아 조각한 것으로 생각된다. 그러므로 미륵을 조각하지 않았다 하더라도 이들 생천 원망의 조각들은 미륵과 깊은 관계가 있는 것으로 추정된다.

고대 중국인들은 망자의 혼이 죽은 뒤에 신선세계로 가기를 원했는데 불교가 도입된 이후 점차로 신선이 살고 있는 영생불사의 땅에 부처도 살고 있다고 믿었다는 것을 알 수 있었다. 강소성 출토의 혼병을 보면 『열자』에서 망자가 갈 수 있는 신선세계이자 하늘로 여겨졌던 귀허와 같은 곳이 불교적 세계관이 전파됨으로써 도솔천으로 인식되게 되었던 것으로 추정된다. 『대지도론』과 『법화경』을 비롯하여 『경률이상』 등의 경전들은 '생천' 하여 갈 수 있는 '천' 이 도솔천이며 평소에 선업을 쌓고 수행함으로써 갈 수 있는 곳이라는 인식을 보편화시키는 역할을 했다. 노자를 섬기지 않아도 불교에 귀의하면 생천할 수 있다는 『집고금불도논형』에 수록된 양 고조의 조서는 어떤 면에서 하늘에 오르고 싶다는 고대 중국인의 바람이 불교의 전파에 일익을 담당했음을 보여주는 것이다. 이는 혼이 가는 사후세계, 혹은 혼이 다시 태어나거나 영생하는 일에

---

57) "問天曰 何爲屈意供養於此 答曰 是吾故身 昔在世間 學諸沙門 戲立塔寺 藉此生天 今報之恩." 『經律異相』, T2121, 53:28a.

관심을 갖고 있었던 중국 사람들이 신선들이 사는 영생불사의 세계에 가는 것과 미륵보살이 있는 도솔천에 왕생하는 것을 유사한 것으로 생각했음을 의미한다. 그러므로 '생천' 원망은 내세에 대한 선계 지향의 관념이 미래불의 세계로 대치되는 것으로서 신앙 대중이 정토에 대한 미분화된 개념을 가지고 있었던 과도기적인 현상을 보여주는 것이다. 결국 '생천'이라는 용어는 불교가 대중화되어 가던 시기에 볼 수 있었던 역사적인 개념으로 생각된다.

고구려 화생상(化生像)의 기원과 의미
-금동불 광배를 중심으로

I. 화불과 화생 도상

일찍이 중국의 연화화생상(蓮華化生像)에 대한 독보적인 연구성과를 냈던 요시무라 레이(吉村怜)는 연화화생상을 '연꽃 속에서 상반신을 드러낸 성자(聖者)의 모습을 그린 도상'이라고 정의한 바 있다.[1] 요시무라 레이는 이 도상이 인도에서 발생하여 간다라와 서역을 거쳐 중국으로 들어와 매우 애호를 받았다고 보았다.[2] 그는 운강석굴의 화생상을 분석하여 '연화에서 화생하여 불(佛)로', '연화에서 화생하여 보살로', '연화에서 화생하여 천인으로'라는 일종의 명제를 제시하면서, 이로써 운강에서 발생론적 장식법이 명확해진다고 하였다. 요시무라 레이의 이 명제를 적극적으로 받아들여 우리나라 삼국시대의 불교미술에서도 연꽃 위에 나타난 인물상을 '연꽃에서 화생한 화불(化佛)'로 규정하는 경향이 있었다.[3]

---

1) 吉村怜, 「雲崗における 蓮華化生の表現」, 『中國佛教圖像の研究』(東京: 東方書店, 1983), p. 35. 한편 조용중은 연화화생을 〈연화에 의하여 화생된다〉, 〈연화에 의한 화생〉으로 정의한 바 있다. 이에 따르면 연화화생은 연화를 매개로 한 화생이라는 의미가 된다. 趙容重, 「蓮華化生에 등장하는 裝飾文樣 考察」, 『美術資料』 56(1995), p. 82.

2) 吉村怜, 앞의 논문, pp. 35-36.

3) 대표적인 논고로 趙容重, 「益山 蓮洞里 石造如來坐像 光背의 圖像研究-文樣을 통하여 본 백제불상광배의 特性」, 『美術資料』 50(1992), pp. 16-20; 同, 앞의 논문(1995), p. 88. '변화생(變化生)'의 화불이라는 개념도 이와 같다고 볼 수 있다. 郭東錫, 「金銅製一光三尊佛의 系譜-韓國과 中國 山東地方을 中心으로」, 『美術資料』 51(1993), p. 4.

'연꽃에서 화생한 화불'로 설명되는 대표적인 조각은 먼저 고구려의 금동광배에서 찾아볼 수 있다. 고구려의 금동불은 남아 있는 예가 많지 않지만, 그 중에 '연꽃에서 화생한 화불'이 광배에 양각된 예가 있다. 삼국시대의 금동불은 제작국가에 대한 논란이 많은 것이 일반적인데, 화생상이 표현된 금동상은 대개 고구려 작품으로 판단되는 것이 통례이다. 신묘(辛卯)명 삼존불과 건흥(建興)5년명 광배가 이에 속한다. 이들 광배에 조각된 화생상은 그 이미지가 명료하게 보이지 않을 뿐만 아니라 화생상에 대한 개념이 명확하지 않았기 때문에 흔히 화불로 간주되어 왔다. 그러나 잘 살펴보면 이들은 화불과는 약간 다른 모습으로 만들어졌다. 6세기의 화불은 대개 연화 위에 결가부좌하고 두 손으로 선정인을 한 모습으로 표현된 것이 대부분이다. 그에 비해 화생상은 연꽃 위로 신체가 올라온 상반신 상태로 처리되어 하반신이 조각되지 않은 경우도 있고, 두 손은 아예 생략되거나 소맷자락 안에 감추어진 것처럼 처리되었다. 중국의 예 중에는 손이 보이는 것도 있으나 선정인을 한 것은 거의 없고 두 손을 가슴 앞에 모아서 합장을 한 모습이 많다. 이들 화생상은 광배 위에 몇 구가 작은 크기로 새겨져 있어서 화불과 혼동이 가는 것이 사실이지만 이들을 연화 대좌 위에 앉은 화불이라고 하기에는 부분적으로 어색한 점이 보이기 때문에 화불과는 구별해야 할 필요가 있다. 화불과 화생상이 혼동되는 또 다른 이유는 머리 부분에 두광이 표현되었기 때문으로 생각되기도 하지만, 두광 역시 일관되게 나타나는 것은 아니다. 물론 이러한 형태의 조각은 삼국시대의 조각 가운데 제작연대가 분명한 이른 시기의 조각이기 때문에, 화불에 대한 이해가 아직까지 정확하지 못한 데서 나온 그릇된 표현이라고 생각할 수도 있다. 그러나 삼국에 불교를 전해준 중국의 경우를 살펴보면 화불과 화생상은 명확하게 차이가 있어서 고구려의 금동불 광배 역시 고구려의 제작자들이 이 점을 잘 알고 있었다고 전제할 수 있다.

이상과 같은 Identification 문제를 고구려 광배 연구의 한 범주로 제기한다면 무엇보다 화생과 화불에 대한 정확한 개념을 설정할 필요가 있다. 사전적인 의미에서 '화생(化生)'은 홀연히 조화로운 모습으로 태어나는 것을 뜻하는 것으로 불교에서 사생(四生) 중의 하나라고 한다.[4] 사람은 사람의 화생이 되고, 용과 금시조 등은 방생(傍生)의 화생이 되는데, 사생 중에 가장 많은 것이 화생인 이유는 일체 중유(中有)가 모두 화생이 되기 때문이다. 『아비달마구사론(阿毘達磨俱舍論)』의 「분별세품(分別世品)」에는 정령이 있는 무리들이 의탁하는 바 없이 홀연히 생겨나는 것을 화생이라고 하며, 아무 것도 없다가 몸이 단숨에 생기는 것으로서 나락가(那落迦), 천(天), 중유(中有)의 무리가 그것이라고 하였다.[5] 여기에는 당연히 불(佛)이 포함되지 않는다. 이와 같은 화생의 개념을 따르면 화생은 분명 전혀 예측하지 못했던 방식으로 새로운 생명이 신비하게 나타나는 것을 의미한다. 부처 앞의 연꽃에서 다시 태어난다는 이와 같은 '연화화생'의 개념은 『법화경』의 「제바달다품(提婆達多品)」에서 언급된 바 있다. 『법화경』의 수지독송(守持讀誦) 공덕을 강조하기 위하여 "선남자, 선여인이 이 『법화경』 「제바달다품」을 믿고 공경하면, 지옥, 아귀, 축생계에 떨어지지 않고 시방제불 앞에 왕생하고 나는 곳마다 경전을 듣게 될 것"이라고 하면서 "부처님 앞에 태어날 때 연화 위에 화생하리라"는 약속을 하고 있다.[6] 또 『무량수경(無量壽經)』에서는 화생을 불교 신앙의 측면에서 적극적으로 설명함으로써 보다 진전된 의식을 보여주고 있다. 『무량수경』(卷下)에는 만일 중생이 불지(佛智)를 믿고 일심으로 회향(廻向)하면, 칠보 꽃 중에 자연히 화생하여 결가부좌하고 신상광명(身上光明) 지혜공덕(智慧功德)을 갖추어 여러 보살과 같은 구족(具足)을 성취할 것이라고 하였다.[7] 『무량수경』의 언급에 의하면 모든 화생이 연꽃을 통해 이루어지는 것은 아니기 때문에, 불교에서의 화생을 모두 연화화생으로 간주하는 것은 옳지 않다.

새로운 생명을 부여받아 홀연히 다시 태어나는 것을 화생이라고 하면 '연꽃에서 화생한 화불'이라는 개념이 가능한 것인가? '화불'을 여래 앞에 다시 태어난 생명으로

---

4) 塚本善隆 編, 『望月佛教大辭典』(東京: 世界聖典刊行協會, 1974), pp. 884-885. '化生'은 산스크리트어 aupapāduka 또는 upapāduka를 한역한 것이라고 한다. 불교에서 사생은 포유류처럼 모태에서 태어나는 胎生, 알에서 나오는 卵生, 습지에서 태어난다는 의미의 濕生(썩은 고기나 오물더미에서 나오는 벌레의 생), 홀연히 태어나는 化生을 말한다. 화생은 제천(諸天), 대지옥(大地獄), 인간(人間), 축생(畜生)이 이에 해당한다. "爾時世尊告諸比丘 有此四生 云何爲四 所謂卵生·胎生·濕生·化生……彼云何名爲化生 所謂諸天·大地獄·餓鬼·若人·若畜生 是謂名爲化生." 『增一阿含經』 卷17, T125, 2:632a.

5) 『阿毘達磨俱舍論』, 「分別世品」, T1558, 29:44a.

6) 『妙法蓮華經』, 「提婆達多品」, T262, 9:35a.

7) "其上輩者 捨家棄欲 而作沙門 發菩提心 一向專念 無量壽佛 修諸功德 願生彼國 此等衆生 臨壽終時 無量壽佛 與諸大衆 現其人前 卽隨彼佛 往生其國 便於七寶華中 自然化生 住不退轉 智慧勇猛 神通自在." 『無量壽經』 卷下, T360, 12:272b.

간주하는 것이 가능한가? 화불을 과연 시방제불 앞에 왕생한 생명으로[8] 파악할 수 있는가? 이 의문에 관한 답은 아마도 부정적일 것이다. 화불은 여래가 여러 가지 몸으로 응현한 것을 의미하며 응화불(應化佛), 변화불(變化佛)이라고도 한다.[9] 즉 여래의 다른 몸[身]이기 때문에 나고 죽는 것이 반복되는 윤회와 아무 관련이 없고 그 자체로 '생명'을 초월한 존재로 보아야 한다. 『대비바사론(大毘婆沙論)』 제135에도 "불(佛)이 일시에 화(化)하여 화불이 되며, 몸은 진금색(眞金色)으로 상호(相好)가 장엄(莊嚴)하다"는 대목이 있어, 아무 것도 없는 상태에서 홀연히 불(佛)의 형상으로 화현한 것이라는 의미로 쓰였다.[10] 무엇에 의탁하지 않고 다른 차원에 다시 태어난 생명이라는 화생의 개념과는 거리가 있는 것이다. 생사의 경계를 이미 떠난 여래가 '연화에서 화생'하여 다시 태어난다는 것은 분명 어폐가 있다. 더욱이 화불이나 불(佛)이 연화좌 위에 결가부좌하고 있다는 경설(經說)을 그대로 연화에서 화생한 것으로 해석할 수는 없다.

II. 중국의 화생 이미지

1. 운강 · 공현의 화생상

중국에서는 화생상이 상당히 이른 시기부터 나타난다.[11] 화생이라는 개념이 불교

---

8) 주 6의 해당 구절.

9) 塚本善隆 編, 『望月佛敎大辭典』, p. 919.

10) "佛於一時化作化佛 身眞金色 相好莊嚴 世尊語時化身亦語 化身語時世尊亦語." 『阿毘達磨大毘婆沙論』 第135, T1545, 27:698c. 또 『무량수경』에도 무량수불의 화불을 언급한 대목이 나온다. 『無量壽經』 卷下, T360, 12:272c.

11) 개념적으로는 본고의 내용과 전혀 관계가 없지만 시각적인 화생의 이미지에 대해서는 기존에 연구된 바가 있었다. 대표적인 글로 다음을 참고할 수 있다. 趙容重, 앞의 논문(1995), pp. 81-125; 同, 「動物의 입에서 비롯되는 化生 圖像 考察」, 『美術資料』 58(1997), pp. 82-123. 다만 이 글에서는 화생을 매우 광범위한 것으로 파악하고 연화화생과 관계된 장식문양 역시 화생의 기운 표현으로 파악하였고, 동물의 입에서 나오는 기운이나 장식도 모두 화생이라고 주장했다. 이것은 이 두 글의 필자 자신이 화생과 연화화생이 둘이 아니며 기(氣)의 표현과 화생이라는 용어를 동격으로 간주하고 사용하는 것에 기인할 것이다. 이 점에 대해서는 趙容重, 앞의 논문(1997), p. 83에 상세하게 서술하였다. 이러한 견해의 타당성을

전래 이후 이론적으로 정밀해졌다고 전제하면, 늦어도 운강석굴이 조영되면서 부분적으로 연꽃에서 새로 태어나는 모습의 인물상들이 만들어지기 시작한 것은 분명하다(도 2-13). 운강석굴의 조영이 460년대에 시작된 것을 감안하면 이들 화생상은 늦어도 5세기 후반에는 표현되기 시작했다고 볼 수 있다. 운강석굴에 표현된 화생상에 관한 연구는 이미 상당히 진척되어 있는데, 연꽃 위로 상반신이 표현된 인물상은 처음에 '화상재생자(花上再生者)'라고 불렸다.[12] 이 '화상재생자'를 화생의 개념으로 처음 설명한 것은 미즈노 세이치(水野淸一)와 나가히로 도시오(長廣敏雄)였다.[13] 이들의 개념을 넓게 확장시켜 연화화생상의 발전과정을 보다 구체적으로 설명한 것은 요시무라 레이이다. 그는 담요5굴 가운데 중

도 2-13. 〈운강석굴 제10굴 화생상〉, 前室 東壁 第2層 北側.

앙에 있는 제18동 본존의 몸에 새겨진 화불을 '연화에서 화생하여 불(佛)로' 가는 일련의 연속된 과정으로 파악하였다.[14] 운강석굴에 표현된 화생상은 광배에 있는 것이 아니라 불국세계의 장엄을 연출하기 위한 다른 여러 장식문양 사이에 섞여 나타나는 것이기 때문에 이론적으로도 화생의 의미라고 할 수 있는 다음 생에의 기약이 내포되어 있다고 보기는 어렵다. 그러나 화생에 대한 관심은 화북 지역을 중심으로 꾸준히 이어

입증하려면 무엇보다도 화생이라는 용어에 대한 엄정한 개념 설정을 할 필요가 있다고 생각된다.

12) 小川晴暘,『大同雲崗の石窟』(東京: 日光書院, 1944), p. 221 참조. 그는 이 도상이 이집트 호루스 신화의 영향을 받은 것으로 간주하였다.

13) 水野淸一・長廣敏雄,『雲岡石窟: 西曆五世紀における中國北部佛敎窟院の考古學的調査報告』8(京都: 京都大學人文科學研究所雲岡刊行會, 1953), p. 17. 그들은 이를 '하늘 연꽃에서 태어나는 동자(童子)의 청정무구한 존재'라고 설명하면서 연상화생상으로 설명하였다.

14) 吉村怜, 앞의 논문, pp. 35-36. 요시무라 레이는 이로써 연화화생상의 성격과 존재 의의를 해명할 수 있다고 보았다. 그는 이 논문의 p. 36에 실은 도해를 통해, 연화에서 머리 부분, 합장한 상반신이 출현하여 원광과 천의를 갖춘 자태, 다시 하반신까지 표현하면 연꽃 위에 서 있는 보살이나 천인의 모습으로 차례로 나타나는 과정을 보여주었다. 이로써 결국 〈연화→연화화생→보살〉, 〈연화→연화화생→천인〉이라는 연쇄적인 관계를 설정한 것이다. 이와 같은 연꽃과 화생상의 다양한 표현이 운강석굴 전체에 나오는 것은 분명한 사실이다. 그러나 석굴사원의 한 벽면, 혹은 천장에 함께 묘사된 이들 다양한 표현을 생명이 있는 유기체처럼 발생, 발전하는 과정으로, 마치 시간의 흐름에 따른 것처럼 순차적으로 변화한 것이라고 볼 수 있을지 의문이다.

지고 있었던 것만은 분명하다. 공현석굴과 향당산석굴에서도 이와 유사한 화생상이 표현되었다. 그러나 이들 역시 고구려 광배에 표현된 화생상의 직접적인 기원이 된다고 보기는 어렵다는 점은 마찬가지이다.

운강석굴에 표현된 여러 가지 형태의 화생도상을 용문 북위굴의 장인들보다 잘 계승한 것은 공현석굴의 장인이다.[15] 공현석굴은 북위대에 처음 조성된 것으로 추정되지만 정확한 연대가 알려지지는 않았다.[16] 석굴에 남겨진 조상기 중에서 시대가 올라가는 것은 531년의 명문이며, 처음 개착하기 시작한 것은 낙양 천도 이후이기 때문에 460-490년대라는 운강석굴의 조성기간과는 거리가 있다.[17] 북위의 선무제(宣武帝)와 영태후(靈太后) 호씨(胡氏)를 위해 조영된 제1·2굴과 효명제(孝明帝)를 추도하기 위해 조성한 제3·4굴이 대략 북위 멸망 직전인 6세기 전반에 완성되었다고 본다면, 용문석굴의 북위굴과 대략 비슷한 시기에 만들어졌다고 볼 수 있다. 조성연대만이 아니라 화생상을 통해서도 공현은 운강의 조각 전통을 부분적으로 이어 받았다고 볼 수 있다. 공현석굴에서는 특히 〈황제·황후예불도〉가 널리 알려져 있는데, 그 중 제4굴 남벽의

---

15) 요시무라 레이는 용문석굴의 화생상에 대해서도 중요한 비중이 있는 것으로 생각한 듯, 논문 한 편을 할 애해서 설명한 바 있지만 화생 도상의 표현예가 그다지 많지 않고, '발생적인 과정' 을 도해한 것 역시 설득력이 있는 것으로 보이지는 않는다. 吉村怜,「龍門北魏窟における天人誕生の表現」,『中國佛教圖像 の研究』(東京: 東方書店, 1983), pp. 75-93 참조. 운강의 화생 도상이 갖는 체계적인 변화과정의 묘사가 용문에서는 훨씬 약화되었고, 동자나 천인의 상반신 화생은 거의 보이지 않는다. 이는 용문 북위굴의 조 성기간이 짧았다는 것도 이유가 될지 모르지만 조형의 기본 플랜이 운강과는 전혀 다른 신앙과 사상을 바탕으로 이루어졌을 가능성이 크다는 것을 암시한다. 한편 그는 1987년의 발표에서 서방 계통의 천인 과 남조 계통의 천인으로 나누어 돈황의 천인탄생도에 두 계통이 있음을 지적한 바 있다. 吉村怜,「敦煌 石窟中的天人誕生圖 ─西方系天人像與南朝系 天人像」,『敦煌石窟研究國際討論會文集: 石窟藝術編』, 敦煌石窟研究國際討論會 編(審陽: 遼寧美術出版社, 1987), pp. 177-185.

16) 662년에 세워진 〈후위효문제고희현사비(後魏孝文帝故希玄寺碑)〉를 근거로 효문제가 낙양으로 천도한 직후에 공현에 희현사라는 절을 창건한 데서 공현석굴의 유래를 찾는 견해도 있다. 賈峨·張建中,「石 刻錄」,『中國石窟: 鞏縣石窟寺』, 河南省文物研究所 編(東京: 平凡社, 1991), p. 307 참조.

17) 운강에서 가장 이른 시기의 굴인 담요5굴이 460년경에 조성되기 시작하여 북위가 낙양으로 천도한 493 년까지를 운강석굴 조영의 전성기로 파악한다. 천도 이후에도 운강에서의 조형 활동은 지속되었지만, 역시 중요한 대부분의 석굴 조영은 일단락된 것으로 보고 있다. 공현의 조상기 가운데 가장 연대가 올라 가는 것이 보태(普泰)원년(531)이라는 것은 일반인의 출입이 금지되었던 황실 사원이기 때문에 530년대 에야 비로소 민간 신자들의 조상이 가능해졌음을 의미한다고 본 견해도 있다. 강달송,「北魏 鞏縣 石窟 寺 四壁下部와 中心柱 基壇의 浮彫像」, 서울대학교 석사학위논문(1996), pp. 4-11.

도 2-14. 〈공현석굴 제4굴 화생상〉, 南壁 西側 禮佛圖 下層 部分.

도 2-15. 〈공현석굴 제1굴 화생상〉, 天井 東北隅.

부인이 들고 있는 연화에 화생상이 표현되어 있어 주목된다(도 2-14). 효장제(孝莊帝)를 위해 조영한 제5굴 동벽의 비구상이 손에 들고 있는 연화에도 이와 유사한 화생상이 표현되었다. 화생한 인물은 모두 연꽃잎이 아래로 향한 복련(覆蓮) 위에 두 손을 모아 합장한 형태로 상반신만 묘사되어 있다. 이와 유사한 형태의 화생상은 석굴 중심주(中心柱)의 벽과 천정이 만나는 부분에 있는 천개(天蓋)에도 표현되었고 제1굴의 천정 부조에서도 연화화생상은 잘 보인다(도 2-15).[18] 공현석굴의 화생 도상은 벽면과 천장면의 빈 공간을 메우려는 듯이 불규칙적으로 표현된 운강석굴의 경우보다 규칙적이고 체계적으로 나타나기 때문에, 화생도상이 이 시기에는 고정화된 것으로 생각된다.[19]

---

18) 이들 천장의 부조를 도해하여 연꽃에서 화생한 천인이 모두 석굴 중앙에 위치한 중심주에 안치된 사불(四佛)을 향하여 한 방향으로 날아가는 구성을 보여준다고 한다. 즉 꽃 속에서 태어나 바깥쪽에서 안쪽을 향하여 구심력 있게 날아간다는 연구가 있었다. 吉村怜,「鞏縣石窟における化生の圖像」,『中國佛教圖像の研究』(東京: 東方書店, 1983), pp. 107-113 및 삽도 101-B, 102-B 참조.

19) 화생 이미지라는 측면에서 공현은 운강의 조형이념을 계승한 것으로 보인다. 중심주굴과 그 주변을 메운 다양한 장식문양도 비슷한 시기에 조영된 용문 북위굴보다 운강에 가깝다. 그러나 공현의 연화화생 도상을 연구한 요시무라 레이는 운강과의 관련성보다는 오히려 남제(南齊)를 계승한 양(梁)의 영향을 강조하였다. 그는 북위 효문제와 선무제의 한화정책으로 인해 남조의 불교문화가 공현에도 반영되었다

2. 독립상의 화불과 화생상

도 2-16. 〈元嘉28年銘 금동불좌상〉, 451, 높이 29cm, 프리어 갤러리.

석굴사원의 경우와 달리 아직까지 이 시기의 독립된 예배상에는 화생의 도상이 표현되지 않은 것으로 보인다. 이는 이른 시기부터 화불이 광배에 조각되었던 것과 차이가 있다. 광배에 화불이 있는 독립상은 중국에서 5세기 이전에 만들어졌을 가능성이 있다. 일상적인 형태의 화불은 석굴사원의 벽면 가득 묘사된 천불(千佛)과 크게 다르지 않다. 연화 대좌와 광배를 갖추었으며 선정인(禪定印)을 하고 결가부좌한 모습으로 만들어진 화불과 상반신만 연화 위로 나타나며 합장을 한 화생상은 구분될 필요가 있다. 하지만 화불이 이른 시기부터 광배에 조각되었기 때문에 화생상을 부정확하게 표현된 광배의 화불로 이해하기 쉬웠던 것이다.

중국에서 광배에 화불이 나타난 것은 독립된 예배상이 만들어지기 시작했던 때일 가능성이 높지만, 현전하는 예 가운데는 원가(元嘉)28년(451)명 금동불좌상이 가장 이른 예이다(도 2-16).[20] 또 북위 태안(太安)원년(455)명 석불좌상이나 태화(太和)원년(477)명 금동불좌상 등 이른 시기의 북위 불상 광배에서 쉽게 화불을 찾아볼 수 있다.[21] 화불은 좌상으로 본존과 유사한 형태를 취한 예가 대부분으로, 각 화불마다 신광(身光)이나 두광(頭光)을 갖추고 연화좌 위에 선정인을 한 모습으로 만들어졌다. 원가28년명 금동불좌상이나 태안원년명 석불좌상에 보이는 5세기 불상 광배의 화불은 본존불에

고 보았는데 이는 남조 문화의 우월성을 강조한 그의 논리의 당연한 귀결이다. 吉村怜, 위의 논문, pp. 113-114.

20) 초기의 선정인불좌상에 대해서는 金申, 「十六國時期的銅佛造像」, 『佛教美術叢考』(北京: 科學出版社, 2004), pp. 1-7 참조. 원가28년명 금동불좌상을 본격적으로 다룬 것은 아니지만 이보다 약간 앞선 원가 14년(437)명 금동불좌상과 비교 고찰한 글로는 金申, 「談元嘉十四年韓謙造金銅佛像的疑点兼及其他僞像」, 『佛教美術叢考』(北京: 科學出版社, 2004), pp. 21-26을 참조하기 바란다.

21) 이들의 명문과 도판은 金申, 『中國歷代紀年佛像圖典』(北京: 文物出版社, 1994)의 남북조시대 전체를 참고.

공명(共鳴)하는 것처럼, 선정인을 한 본존불과 같은 법의를 입고 같은 비례와 체구를 보여주고 있어서 더욱 흥미롭다(도 2-17). 때때로 비천이나 공양자, 혹은 각종 장식 문양과 함께 조각되기도 하지만, 5세기부터 6-7세기에 이르기까지 화불이 있는 불상은 적지 않게 눈에 띈다.[22] 이때 보이는 화불의 형태는 그다지 차이가 없으며 대개 연꽃 위에 결가부좌한 선정인좌상으로 모두 비슷하게 표현되었다. 연화좌는 있는 경우도 있고, 없는 경우도 있어서 반드시 연화좌 위에 앉은 모습으로 화불을 나타내지는 않았다. 모든 불상 광배에 화불이 새겨지지 않은 것으로 미루어 광배의 조형에는 몇 가지 패턴이 있었던 것으로 짐작된다. 금동불이나 석상이나 재료와 관계없이 독립된 광배에서 화불은

도 2-17. 〈太安元年銘 석불좌상〉, 455, 높이 35.5cm, 후지이유린칸(藤井有鄰館).

당시 조각 장인들에게 선택적인 소재였음을 알 수 있다. 중국 불교조각에서 처음에 화불이 왜 광배에 표현되었으며 그것이 어떤 의미를 지니는가를 설명하기는 쉽지 않다. 광배의 화불이 〈사위성(舍衛城)의 신변(神變)〉을 암시한다는 연구도 있었지만 이 문제는 쉽게 판단하기 어려운 문제이기 때문에 이에 관해서는 보다 상세한 연구가 필요하다.[23]

그런데 광배에 화생상을 조각한 것은 이보다 훨씬 제한적으로 쓰였던 듯 하다. 독립된 불상의 광배에 화생상이 표현된 것은 동위·북제시대이며 산동성 제성(諸城)에서 출토된 일광삼존불(一光三尊佛)이 비교적 이른 시기의 예이다. 지리적으로 한반도와

---

22) 조용중은 광배의 화염문에 관한 근면한 연구를 바탕으로 중국에서 북제 이래 화염문이 소략해지면서 일광삼존불의 광배가 형식화되고 그에 따라 화불 표현도 단순화되었다고 한다. 그나마 수대의 일광삼존불에서는 완전히 사라진다고 지적하였다. 趙容重, 앞의 논문(1992), p. 17.

23) 村上眞完, 「舍衛城神變, 無數の化佛」, 『西域の佛教: ベゼクリク誓願画考』(東京: 第三文明社, 1984), pp. 308-316. 이 글에서는 화불의 표현이 사위성의 신변을 형상화한 것이라고 주장하였으나, 간다라의 '사위성 신변' 장면도 논란이 있는 상황에서 간단하게 결론내리기 어려운 문제이다.

가까운 산동성 제성현에서 출토된 삼존불과 보살삼존상에는 신묘명 삼존불과 매우 유사한 화생상이 새겨져 있다.[24] 제성현박물관 소장의 금동삼존불은 동위시대에 제작된 것으로 추정되지만,[25] 동위의 조각이 정면 위주의 딱딱한 조형성을 기반으로 한 것에 비해 보다 부드러운 인체의 곡선미를 보여주고 있어서 주목된다 (도 2-18). 같은 산동성 용흥

도 2-18. 〈금동삼존불입상〉, 높이 17.0cm, 山東省 諸城市 出土, 諸城市博物館.

도 2-19. 〈금동보살삼존불입상〉, 높이 18.0 cm, 山東省 諸城市 出土, 諸城縣博物館.

사지 출토 석상들과 비교해 보면 동위 말인 6세기 중엽의 양식적 특징을 가지고 있음을 알 수 있다. 주목되는 것은 광배에 조각된 3구의 화생상이다. 이들은 기존에 화불로 간주되었지만,[26] 화불이 대개 선정인을 하고 결가부좌한 자태를 보여주는 것과 달리 연꽃 위로 상반신만 표현되었으며 두 손은 합장을 하고 있어서 화불과는 명확하게 구

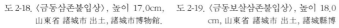

24) 1978년 산동성 제성현 임가촌(林家村)에서 발견된 6구의 금동상들은 韓崗, 「山東省諸城出土北朝銅造像」, 『考古』, 1987-11 참조. 역시 제성에서 발견된 석상에 관해 다음을 참조. 杜在忠·韓崗, 「山東諸城佛敎石造像」, 『考古學報』, 1994-2, pp. 231-262. 이 논문은 다음의 저널에 네 차례에 걸쳐 수록되었다. 同, 「山東省諸城出土の石佛像について(1)」, 『古美術』99, 康培仁 譯(1991), pp. 78-85; 同, 「山東省諸城出土の石佛像について(2)」, 『古美術』101, 康培仁 譯(1992), pp. 75-99; 同, 「山東省諸城出土の石佛像について(3)」, 『古美術』102, 康培仁·單亦平 譯(1992), pp. 78-85; 同, 「山東省諸城出土の石佛像について(4)」, 『古美術』103, 康培仁·單亦平 譯(1992), pp. 78-88. 이들 유물과 관계된 연구로는 다음을 참조. 松原三郎, 「山東省出土の佛像」, 『古美術』99(1991), pp. 72-77; 同, 「山東地方の北朝石像の一考察」, 『古美術』101(1992), pp. 70-74; 同, 「諸城派石彫考」, 『古美術』103(1992), pp. 69-76; 郭東錫, 앞의 논문, pp. 1-22.

25) 이 상을 동위로 편년한 것은 松原三郎, 앞의 논문(1993), pp. 72-77. 곽동석 역시 마쓰바라 사부로의 견해에 동의하고 있다. 郭東錫, 앞의 논문, p. 4.

26) 곽동석은 '變化生의 3化佛'로 설명하였다. 郭東錫, 앞의 논문, pp. 2-4. 요시무라 레이가 말하는 '연꽃에서 화생하여 불(佛)로'라는 의미에서 '변화생의 화불'로 이해한 것인지 모르겠다.

분된다. 이와 유사한 모습의 화생상이 같은 제성에서 발견된 보살삼존상에도 나타난다(도 2-19). 관음으로 추정되는 본존 보살은 오른손을 위로 들어 손바닥을 내보인 시무외인을 하였고, 왼손은 아래로 내려 두 손가락을 접은 여원인을 하였다.[27] 보살의 영락과 천의는 이중의 X자로 교차되었으며 좌우의 협시는 이중의 U자형으로 천의가 늘어져서 보살삼존상의 제작이 금동삼존불보다 늦다는 것을 보여준다. 이 광배에는 앞의 금동삼존불보다 많은 5구의 화생상이 있는데 크기는 더 작다. 도드라진 양각의 정도 역시 금동삼존불보다 약하지만 합장을 하고 상반신만 내보인 화생상의 형태는 기본적으로 금동삼존불의 경우와 같다.

상해박물관 소장의 대형 석조여래좌상과 빅토리아 앤드 앨버트 박물관, 일본 네즈(根津)미술관 소장의 석조불좌상에서도 화생상이 조각된 것을 볼 수 있다. 이들 3구는 형식은 물론 양식적인 측면에서도 매우 유사하기 때문에 같은 지역의 같은 조불소(造佛所)에서 제작된 것으로 추정된다.[28] 화생상의 생김새는 세 상이 모두 일치하는 것은 아니지만, 본존의 부드럽게 미소 띤 상호(相好), 약간 긴 상체와 네모진 신체 표현에서 같은 지역 작품이라는 것을 알 수 있으며 북제 말기 조각으로 추정된다.

III. 고구려 불상 광배의 화생상

1. 건흥5년명 금동석가삼존불광배의 화생상

국립청주박물관 소장의 건흥5년명 금동석가삼존불 광배에는 산동 제성에서 발견된 금동상의 광배에 새겨진 화생상과 유사한 조각이 새겨져 있다(도 2-20).[29] 이 광배가 발

---

27) 남북조시대의 시무외인과 여원인의 관음 도상에 대해서는 강희정, 『중국 관음보살상의 연구』(일지사, 2004), pp. 107-117 참조.

28) 松原三郎, 『中國佛敎彫刻史論』 2(東京: 吉川弘文館, 1995), pp. 489-491 및 도판 설명 참조. 그는 6세기 후반 하북성 정현(定縣) 인근에서 제작된 조각으로 추정하였다. 정현은 옛 중산(中山)의 근거지이자 후연(後燕)의 수도로서 역시 일찍부터 문화적인 선진 지역이었다.

29) 이 상은 1913년 충북 중원 노은면 산기슭에서 본존이 없어진 채로 발견되었다. 발견 및 조사 경위에 대

도 2-20. 〈建興5年銘 금동석가삼존불광배〉, 높이 12.4cm, 국립청주박물관.

견된 충청북도 중원군 노은면 일대는 삼국의 영토 쟁탈전이 있었던 곳이다. 광배가 만들어진 것으로 추정되는 6세기에 이곳이 어느 나라의 영토였는지가 분명하지 않다. 중원 일대에서 발견된 불상과 마애불의 국적은 모두 삼국이 각축을 벌였던 중부지방이라는 지리적인 위치로 인해 종종 문제가 되며, 근래에는 대개 고구려 영역에 속했던 시기의 조각으로 판단한다. 따라서 건흥5년명 광배의 국적에도 논란이 있었으나, 근래에는 고구려 작품으로 인정되는 추세이다.[30] 고구려에서 제작된 것으로 인정되는 이유 가운데는 양식적인 측면에서의 검토도 있지만, 광배 뒷면에 오른쪽에서 왼쪽으로 새겨진 5줄의 명문 문제도 있다. 명문은 건흥5년 병진(丙辰)년에 불제자(佛弟子) 청신녀(淸信女) 상부(上部)의 아암(兒奄)이 석가문상(釋迦文像)을 만들었다는 내용이다.[31] 건흥(建興)은 알려지지 않은 고구려의 연호로 정

해서는 黑板勝美,「朝鮮三國時代に於ける唯一の金銅佛」,『考古學雜誌』15-6(1925), pp. 353-359 참조. 충주 근처의 절터에서 발견되었다는 의견도 있지만 착오라고 생각된다. 中吉功,『新羅・高麗の佛像』(東京: 二玄社, 1971), p. 20.

30) 고구려작으로 보는 대표적인 학자는 황수영, 문명대, 강우방, 곽동석, 오니시 슈야(大西修也)이고, 백제작으로 보는 사람은 마쓰바라 사부로이다. 黃壽永,「百濟의 佛像彫刻」,『考古美術』150(1981), p. 75; 文明大,「高句麗彫刻의 樣式變遷試論」,『全海宗博士華甲記念史學論叢』, 全海宗博士華甲紀念史學論叢編輯委員會 編(一潮閣, 1979), pp. 589-600(同,『관불과 고졸미』한국의 불상조각 1, 예경, 2003 재수록); 同,『韓國彫刻史』(悅話堂, 1980), pp. 110-112; 姜友邦,「金銅日月飾三山冠思惟像考 ─東魏樣式系列의 6世紀 高句麗・百濟・古新羅의 佛像彫刻樣式과 日本 止利樣式의 新解釋」,『圓融과 調和』(悅話堂, 1990), p. 82(원래『美術資料』30, 1982, pp. 1-36;『美術資料』31, 1982, pp. 1-21 수록); 郭東錫, 앞의 논문. 김리나 교수는 유보적인 입장을 취한다. 金理那,「高句麗 佛敎彫刻 樣式의 전개와 中國의 영향」,『韓國古代佛敎彫刻 比較研究』,(文藝出版社, 2003), p. 88의 〈표〉에서 고구려 조각일 가능성이 있는 것으로 분류하였다(원래 한국미술사학회 편,『高句麗美術의 對外交涉』, 예경, 1996, pp. 75-126 수록).

31) "建興五年歲在丙辰 佛弟子淸信女上部 兒奄造釋迦文像 願生生世世值佛聞 法一切衆生同此願." 명문 원문은 곽동석,『금동불』(예경, 2000), p. 46을 참고하였다. 이보다 원문의 자획에 가깝게 필사한 것은 金昌鎬,「甲寅年銘釋迦像光背銘文의 諸問題─6세기 佛像造像記의 검토와 함께」,『美術資料』53(1994), p. 30, 도 5를 참조하기 바란다.

확한 연대를 알 수 없지만, 병진년이라는 간지와 광배의 양식으로 미루어 건흥5년은 596년으로 추정된다. 명문의 판독에 이견이 없는 것은 아니었지만, 최근에는 더 이상의 다른 판독이 나오거나 논란이 일어나지 않았다.[32] 건흥

도 2-21. 〈건흥5년명광배와 산동성제성금동불광배 화생상 비교〉

5년명 광배를 고구려에서 제작된 것으로 판단하는 중요한 이유 중의 하나는 명문에 연호인 '건흥'이 포함되었다는 점이다. 삼국시대의 불교조각 중에 조상기를 갖추고 있는 예들이 있는데, 이들 중에 고구려의 조각에는 대개 연호가 있으며, 백제의 조각으로 여겨지는 경우는 명문에 연호가 포함되지 않는다. 광개토대왕비에 쓰인 '영락(永樂)'이라는 연호에서 볼 수 있듯이, 고구려에서 중국과는 다른 독자적인 연호를 사용하고 있었다는 점은 이미 잘 알려진 사실이다. 따라서 고구려의 불교조각인 연가7년명 금동여래입상이나 영강7년명 광배 등에서 중국에서는 찾아볼 수 없는 '연가(延嘉)'와 '영강(永康)' 같은 고구려 것이 분명한 연호를 남긴 것이다. 이와는 달리 백제의 유물이나 금석문에는 연호를 사용한 예가 보이지 않는다. 사택지적비(砂宅智積碑)나 무령왕릉 매지권(買地券)에도 연호가 사용되지 않은 것으로 미루어 백제에서는 독자적인 연호를 쓰지 않았던 것으로 생각된다.[33]

---

32) 명문의 내용 중 주로 논란이 되었던 것은 인명에 해당하는 '兒'자와 '奄'자, 4번째 줄의 '値'자, 5번째 줄의 '切'자 등이다. 여러 가지 방법으로 달리 읽었던 명문 판독에 관한 문제는 다음의 논문에 잘 정리되어 있다. 金昌鎬, 앞의 논문, pp. 29-31. 인명은 고유명사이기 때문에 사실 '兒'를 '兜'로, '奄'를 '見'으로 읽어도 크게 문제는 없다. 그런데 4번째와 5번째 줄은 보통 조상의 공덕과 원인이 씌어지는 부분이기 때문에 정확하게 읽을 필요가 있다. 그런데 '値佛開法'과 '一切衆生'이라는 말은 남북조시대 조상기에서 어렵지 않게 찾아볼 수 있는 것이므로, 명문은 위의 주와 같이 읽는 것이 순리에 맞다고 할 수 있다.

33) 요시무라 레이는 당대(唐代) 지리서인 『괄지지(括地志)』를 들어 백제에서 남조인 송(宋)의 원가력(元嘉曆)을 사용하고 별도의 연호를 쓰지 않았음을 들어 호류지(法隆寺) 소장의 갑인(甲寅)년명 광배를 백제계 작품이라고 주장하였다. 吉村怜, 「法隆寺献納御物王延孫造光背考」, 『佛教藝術』190(1990), pp. 20-21. 이는 갑인년명 광배의 연원을 고찰한 것이지만, 백제의 조상기에 독자적인 연호가 보이지 않는다는 것을 지적했다는 점에서도 주목할 만하다.

건흥5년명 광배에 표현된 3구의 화생상은 기본적인 형태가 산동성 제성의 금동불 광배의 화생상과 매우 유사하다(도 2-21). 합장한 손은 잘 보이지 않지만 반쯤 핀 연꽃 속에서 솟아오른 상반신과 끝이 뾰족한 보주형의 두광을 지니고 있어서 얼핏 보면 화불로 보일 만하다. 그러나 화불과는 다른 형태의 도상으로 구분되어야 한다. 삼국시대에 제작된 대부분의 조각은 연화 대좌가 있는 경우, 연꽃잎이 아래로 향한 복련좌(覆蓮座) 형태이며 불·보살은 모두 그 위에 앉아 있거나 서 있는 형상으로 만들어졌다. 연꽃을 뒤집어서 밟고 있다는 인상을 주는 것이다. 그러나 광배의 화생상들은 모두 예외 없이 연꽃잎이 위를 향하여 벌어진 앙련(仰蓮)의 형태이다. 즉 새로 피어나는 것과 같은 모습으로 만들어진 것이다. 새로 피어나는 연꽃을 밟거나 깔고 앉을 수는 없다. 이는 상반신만 보이는 인물이 천인이건 보살이건 혹은 평범한 유정(有情)이건 연꽃을 통하여 다시 태어난 존재라는 것을 암시하는 것이다.

2. 신묘명 삼존불 광배의 화생상

건흥5년명 광배에 비하면 형태가 명확하지 않지만 역시 화생상의 범주에 속하는 것이 신묘명(辛卯銘) 삼존불에 표현되었다(도 2-22). 삼성미술관 소장의 신묘명 삼존불은 1930년에 황해도 곡산에서 출토된 것으로 전해지고 있어서,[34] 삼국시대의 다른 조각들에 비하면 상대적으로 국적에 대한 논란이 적은 고구려의 일광삼존불이다. 이 상은 건흥5년명 광배와 마찬가지로 광배와 두 협시보살은 하나의 틀로 주조하고 본존은 따로 주조하여 이들을 나중에 결합시켰기 때문에 본존별주결합식(本尊別鑄結合式) 삼존불이라고 불리기도 하였다.[35] 또 광배 뒷면에 67자에 이르는 장문의 발원문이 새겨져 있어 주목을 받았다.[36] 명문 초두에 '景(?)四年'이라는 글자가 있어서 역시 알려지지

---

34) 關野 貞, 『朝鮮美術史』(京城: 朝鮮史學會, 1940), p. 54 참조. 원래 김동현(金東鉉) 소장이었으나, 삼성미술관 Leeum에 기증되었다.

35) 郭東錫, 「製作技法을 통해본 三國時代 小金銅佛의 類型과 系譜」, 『佛敎美術』 11(1992), pp. 7-53.

36) "景四年在辛卯比丘道□ 共諸善知識那婁 賤奴阿王阿土居五人 共造無量壽像一軀 願亡師父母生生心中 常 値諸佛善知識等値 遇彌勒所願如是 願共生一處見佛聞法." 명문 원문은 곽동석, 앞의 책(2000), p. 41을 참고하였다. 원문의 필사는 金昌鎬, 앞의 논문, p. 29, 도 4를 참조.

않은 고구려의 연호라고 추정되기도 하지만, 이에 대해서 쉽게 결론을 내리기 어려운 실정이다.[37] '景(?)四年' 뒤에 이어지는 간지 신묘(辛卯)년은 불상의 양식에 따라 571년으로 추정되었다.[38] 배면(背面)의 발원문은 불상에 특별한 도상적 특징이 없지만, 본존이 무량수상임을 알려주는 중요한 근거가 되었고 6세기 후반 고구려에 아미타신앙이 성행했음을 확인시켜주는 예가 되었다. 또한 무량수상을 만들면서 미륵을 만나게 해달라는 이중적인 기원을 담고 있어서 일찍이 고구려 불교 신앙에 대한 문제를 불러일으키기도 하였다.[39] 그러나 이와 같은 이중적인 신앙을 보여주는 명문은 남북조시대인 6세기 중국의 조상기에서 어렵지 않게 찾아볼 수 있는 것이다.[40]

신묘명 삼존불은 대좌 부분이 결실되었지만, 기본적인

도 2-22. 〈金銅辛卯銘삼존불〉, 높이 15.5cm, 삼성미술관 Leeum 소장.

37) '景' 을 '白亘' 으로 읽은 것은 손영종이고, '(太)昌' 으로 읽은 것은 김영태(金煐泰)이다. 보이는 그대로는 '白亘' 에 가깝게 보이지만, 김창호는 용문석굴의 조상기에 있는 글자를 따라서 '景' 으로 읽는 것이 타당하다는 견해를 밝혔다. 그렇다고 하더라도 용문의 조상기에 보이는 '景' 의 이자(異字)와는 약간 다르게 보이기 때문에 전적으로 이에 동의하기도 어려운 형편이다. 이에 대해서는 손영종, 「금석문에 보이는 삼국시대 몇 개 년호에 대하여」, 『력사과학』, 1966-4, p. 353; 金煐泰, 「三國時代 佛敎金石文 考證」, 『佛敎學報』 26(1989), p. 237; 金昌鎬, 앞의 논문, pp. 28-29 참조.

38) 571년은 고구려 평원왕(平原王) 13년에 해당하므로 '景(?)四年' 을 연호라고 하면 이와 부합되지 않음을 지적한 견해도 있다. 이 점에 대해서는 金理那, 앞의 논문, p. 98 주 33 참조. 또 불상의 양식 면에서 북위 양식이 거의 사라진 동위 중엽의 양식을 반영하여 새로운 고구려불의 면모를 보여준다고 한 것은 姜友邦, 앞의 논문(1982), p. 78.

39) 김리나 교수는 고구려 불교신앙의 복합적인 성격을 지적한 바 있다. 金理那, 앞의 논문, p. 79 참조. 이 밖에 곽동석, 앞의 책, p. 40

40) 오니시 슈야 교수는 사후 재생(再生)을 바라는 중국 고래(古來)의 관념이 죽은 사람에 대한 아미타 · 관음신앙으로, 산 자에게는 미륵신앙으로 이어졌다고 지적하였다. 그는 또 살아 있는 사람, 즉 발원자와 기원의 대상이 되는 망자(亡者)를 분리하여, 각기 다른 정토신앙을 갖고 있었다고 주장하였다. 大西修也, 「阿彌陀 · 彌勒信仰の實態と圖像」, 『論叢 佛敎美術史』, 町田甲一先生古稀記念会 編(東京: 吉川弘文館, 1986), pp. 297-301. 그러나 이들 신앙을 별개의 것으로 구분하기보다는 혼합적 성격을 가지고 있었던 것으로 보는 편이 당시 불교계 상황에서 좀더 합리적이라고 생각된다. 관음, 미륵, 무량수 등의 대상에 대한 혼합적 성격의 중국의 조상기에 대해서는 강희정, 「中國 南北朝時代의 半跏思惟像과 彌勒信仰」, 『百濟硏究』 33(2001), pp. 183-215(전면 개고 후 同, 『관음과 미륵의 도상학』, 학연문화사, 2006 재

도 2-23. 〈三陽洞 금동관음보살입상 頭部〉, 높이
20.7cm, 국립중앙박물관.

형식상 산동 제성 출토의 금동삼존불과 흡사하다. 특히 팽만해 보이는 상호에 살짝 미소를 띤 본존의 수인과 자세, 좌우로 뻗친 대의자락, 나발이 묘사되지 않은 뚜렷한 육계는 양식적인 차이를 감안하더라도 이 두 삼존불이 같은 계통의 형식에 연원을 두고 있음을 보여준다. 양식상의 차이는 협시보살상에서 더욱 두드러진다. 제성의 삼존불 협시가 좌우대칭으로 길게 뻗친 천의와 옷자락을 지니고 있으며 두 손을 모아 합장을 하고 있는데 반해, 신묘명 삼존불의 협시는 천의가 거의 바깥으로 돌출되지 않고 단지 아래로만 늘어졌으며 시무외인·여원인을 하였다. 협시보살의 형체가 뚜렷하지 않은 조형과 광배 화염문의 치졸한 조각수법은 신묘명 삼존불의 제작기술이 상대적으로 덜 발달되었기 때문이라고 볼 수도 있다. 그러나 그보다는 오히려 산동 제성 출토 금동삼존불이 더 늦은 시기에 만들어졌을 가능성을 배제할 수는 없다. 특히 근년에 산동과 하북 일대에서 발굴된 중국의 금동불 중에는 양식적으로는 앞선 시대의 조각 특징을 지니고 있지만, 수대(隋代)의 명문이 새겨진 예들이 적지 않게 밝혀졌기 때문에 제성의 삼존불 역시 그 제작시기를 쉽게 단정하기는 곤란하다.

두 상 모두 광배에 화생상이 3구씩 양각되어 있다. 신묘명 삼존불의 화생상은 건흥5년명 광배의 화생상보다 소략하게 처리되어 더더욱 화불과의 구분이 어렵다.[41] 광배의 정점 부근에 있는 화생상만 연꽃이 있고, 나머지는 연꽃이 보이지 않는다. 또 건흥5년명 광배의 화생상과 달리 두광도 표현되어 있지 않다. 게다가 상체와 하체가 뭉뚱그려져 있어서 연꽃 위로 상반신이 올라온 여느 화생상과는 다르다. 앉은 모양은 물론 두 손도 보이지 않고 불확실하게 묘사되어, 화불로 보기도, 화생상으로 보기도 모호하

수록); 同, 「南北朝時代의 在銘蓮華手觀音像考」, 『美術資料』68(2002), pp. 92-95.
41) 신묘명 삼존불을 다룬 대부분의 글에서 모두 화불이라고 설명하고 있다. 그런데 연화화생 장면이라고 쓰고 있는 경우도 있다. 곽동석, 앞의 책, pp. 38-40.

다. 그런데 옷은 고구려 고분벽화에 보이는 고구려의 전통적인 복식을 나타내는 듯 옷 깃이 약간 돌출되어서 불의(佛衣)라기보다 세속적인 인상을 준다. 손이 밖으로 표출되지 않았지만 V자로 여며진 앞섶에서 비스듬하게 세로로 늘어진 옷주름이 한대(漢代) 화상석(畵像石)의 서왕모(西王母)를 연상시켜 두 손이 소맷자락에 감춰진 것처럼 보인다. 자연스럽지 않은 광배의 화염문처럼 이들 역시 화불이라기보다 화생상으로 보아야 한다. 예컨대 국립중앙박물관 소장 서울 삼양동 출토 금동관음보살입상의 보관에 있는 화불을 보면, 형체가 불분명하다고 하더라도 결가부좌한 자세가 명확하기 때문에 삼국시대에도 화불은 곧 여래좌상의 형상으로 이해되었음이 드러난다(도 2-23). 그러므로 신묘명 삼존불의 광배에 표현된 인물상 3구는 화생상을 나타낸 것이다.

IV. 화생 도상의 의미와 고구려로의 유입

1. 극락왕생의 다른 표현으로서의 화생과 정토사상

화생에 대한 관심이 높아지게 된 것은 무엇보다도 아미타불에 대한 이해가 깊어지고 정토신앙이 유행하면서 일어난 일이라고 생각된다. 이는 6세기의 불교도들에게 화생이라는 것이 특히 아미타불의 세계에 다시 태어난다는 개념으로 이해되었음을 뜻한다. 이러한 의미에서의 화생은 선업(善業)을 쌓고 여래(如來)에게 귀의한 중생이 구원을 받아 예토(穢土)의 더러움을 벗어버리고 깨끗해진 몸으로 불국세계에 다시 태어나는 것을 뜻한다. 물론 화생이 반드시 아미타불의 극락정토에 태어나는 것만을 의미하지는 않지만, 아미타신앙의 범주에서 본다면 화생은 왕생(往生)의 다른 표현이기도 하다. 왕생은 흔히 극락정토에의 왕생을 뜻한다.[42] 이상적인 세계로서의 극락(極樂)은 말

---

42) 왕생이라는 말은 산스크리트로 '태어남'을 뜻하는 단어로 이뤄져 있다고 한다. 藤田宏達, 「인도의 정토사상」, 『中國佛敎의 思想』 講座 東洋思想 6, 玉城康四郎 外, 鄭舜日 옮김(民族社, 1989), p. 206. 왕생은 보통 자력구제를 기본으로 하는 불교의 기본원리와는 다른 타력구제의 방편으로 간주된다. 그런데 윗글에서는 극락정토가 여래의 깨달음의 세계를 나타내는 것이기 때문에, 극락정토에 태어나는 것 자체가 궁극적인 깨달음에 도달하는 것을 의미하는 것으로 설명하고 있다.

그대로 '지극한 즐거움이 있는 곳' 이며 '깨끗해진 국토' 라는 의미에서 정토(淨土)라고 불린다. 극락정토를 이상적인 세계로 묘사한 정토계 경전들은 대승불교의 정토사상을 보다 구상적(具象的)인 시각적 이미지로 보여주려는 시도라고 할 수 있다. '극락' 과 '왕생' 을 주제로 삼아 극락에 왕생하는 것을 설명한 것이 정토계 경전이라 할 수 있다. 원래 극락은 세속적인 의미에서의 구체적인 시공을 초월한 절대적인 세계이지만 공간적으로 '서방(西方)' 에 위치했다고 말하는 것과 같이 시간적으로도 내세에 실현되는 정토이다. 과거, 현재, 미래라고 하는 순차적인 시간의 연속선상에서 이해할 수는 없지만, 사후에 도달하는 세계라는 것은 명확하다. 시공에 관련이 없기 때문에 극락정토에 '간다' 고 말하는 것은 물체의 이동이라는 의미가 아니라 사후(死後)에 다시 '태어난다' 는 의미로 이해되는 것이다. 그러므로 현상계에서의 생명의 탄생과는 다른 것으로 구분지을 필요가 있었고, 그 때문에 『무량수경』에서는 이를 '화생' 으로 규정했다.[43] 불가사의한, 알 수 없는 힘에 의해 새로이 태어난다는 사고방식은 원시불교에서 이미 태동했던 것이며 사후에 하늘에 태어나 아라한의 깨달음을 얻은 '불환자(不還者, anāgāmin)', 또는 '화생자(化生者, upapātika)' 라고 불렀다고 한다.[44]

아미타불의 서방정토에 대한 인식은 6세기 전 기간 동안 중국 전역으로 확대되었다. 이는 석굴이나 독립 예배상의 조성기뿐 아니라 당시 한역되었던 경전과 논소(論疏)에서도 뒷받침된다. 아미타 3부경전 외에 정토사상을 다룬 논설은 나가르주나[龍樹]의 『대지도론(大智度論)』과 『십주비바사론(十住毘婆沙論)』, 아상가[無着]의 『섭대승론(攝大乘論)』이 꼽히는데, 이 저작들은 이미 5-6세기에 중국에 전래되어 한역되었다.[45] 바수반두[世親]의 『무량수경우파데사』는 보리류지(菩提流志)에 의해 529-531년에 『무량수

---

43) *Sukhāvatīvyūha*, p. 132, l.14ff. (Ashikaga's ed., p. 57, l.18ff.) (藤田宏達, 앞의 논문, p. 207 주 50에서 재인용).

44) 후지타 고타쓰(藤田宏達)는 舟橋一哉를 인용하여 극락왕생이라는 개념의 기원은 원시불교에서 내세에 해탈하리라는 사사문과(四沙門果) 사상에서 구할 수 있다고 하였다. 藤田宏達, 앞의 논문, p. 208 참조. 그는 화생자에 대해서 자신의 다음 글을 인용하였다. 藤田宏達, 「四沙門果の成立について」, 『印度學佛教學研究』 3-1(1954).

45) 『대지도론』은 鳩摩羅什에 의해 405년에 한역되었고, 『십주비바사론』 역시 구마라집에 의해 5세기 초엽에 한역되었다. 『섭대승론』은 여러 번 한역되었는데, 가장 이른 것이 불타선다(佛陀扇多)의 531년 역본이며, 眞諦의 563년 역본도 있다.

경론(無量壽經論, 淨土論)』으로 한역되어 극락왕생 사상을 적극적으로 고취시켰다.[46] 그 영향을 받은 대표적인 승려가 중국 정토교를 일으킨 담란(曇鸞, 476-554)이며, 이를 기반으로 정토사상의 영향을 받은 지론종(地論宗), 섭론종(攝論宗), 삼론종(三論宗) 등이 성립되었다.[47] 이 중 세친의 『십지경론(十地經論)』을 기반으로 성립된 지론종이 주목되는데 이는 그 승려 중에 법상이 있기 때문이다.[48] 지론종은 남도(南道)와 북도(北道)의 두 파로 갈라져 논쟁을 했는데 그 중 6세기 말까지 크게 번성한 지론종 남도의 승려 중에는 늑나마제의 제자인 혜광(慧光)과 그 문도인 담준(曇遵), 혜순(慧順), 법상(法上)이 있었다.[49]

2. 고구려와 북조 국가와의 교류

지론종 승려 법상(法上, 497-580)은 『십지경론의소(十地論義疏)』를 저술한 유명한 승려이다.[50] 『해동고승전(海東高僧傳)』에 의하면, 평원왕 18년(577)에 고구려의 대승상(大

46) 바수반두는 아상가의 동생으로 알려졌으며 유식(唯識)을 대성시켰다.

47) 石田瑞磨, 「중국의 정토사상」, 『中國佛教의 思想』講座 東洋思想 6, 玉城康四郎 外, 鄭舜日 옮김(民族社, 1989), pp. 21-221. 지의(538-592)나 길장(549-623)은 아미타불을 응신(應身)이라고 규정했고, 정토는 중생과 삼승(三乘)이 모두 함께 살고 있는 범성동거토(凡聖同居土)라고 생각했다. 담란이 보리유지를 만나 그의 감화를 받고 『무량수경론(無量壽經論)』을 전수받아 정토사상을 펼친 과정에 대해서는 藤堂恭俊 · 塩入良道, 『중국불교사』, 차차석 옮김(대원정사, 1992), p. 190-194 참조.

48) 『십지경론』은 『화엄경』의 「십지품(十地品)」에 대한 경론으로 보리류지와 勒那摩提가 한역했다. 『십주비바사론』 역시 『화엄경』 「십지품」에 용수가 주석을 하고 구마라집이 한역한 것이지만, 미완의 주석이기 때문에 『십지경론』만큼 중시되지 않았다. 각 경전들의 성립연대와 한역과정, 간단한 내용 설명 및 의의에 대해서는 平川彰 外編, 『新 · 佛典解題事典』(東京: 春秋社, 1977) 및 그 편역인 鄭承碩 編, 『佛典解說事典』(民族社, 1989)를 참고. 『십지경론』은 정토사상의 측면에서도 중요한 경전인데 그 이유는 담란이 『왕생론주(往生論註)』에서 『십지경론』의 논리를 받아들여 아미타불에 대한 타력신앙을 강조했기 때문이다.

49) 두 파를 남북도(南北道)로 부르게 된 것은 상주에서 업(鄴)으로 가는 길이 남북 두 갈래로 갈라지는 데서 유래한다. 지론종과 남 · 북도, 그 이론에 대해서는 도도 교순 · 시오이리 료도, 앞의 책, pp. 212-216 참조. 이론적으로 지론종은 화엄학의 토대를 이루었다고 한다. 이에 대해서는 鎌田茂雄, 『南北朝의 佛教』中國佛教史 4(東京: 東京大學出版會, 1990), pp. 366-371 참조.

50) 법상은 12세에 출가하여 『유마경』과 『법화경』을 공부하다가 혜광(慧光)의 문하에 들어가 계를 받고 업도에서 『십지경』, 『능가경』, 『열반경』을 강경(講經)했다고 한다. 동위·북제대에 승통(僧統)이 되어 200여 만 명의 승니(僧尼)를 통솔하였다. 북제 문선제의 귀의를 받았으며 업도 서산에 합수사(合水寺)를 창

丞相) 왕고덕(王高德)이 승려 의연(義淵)을 업성(鄴城)에 보내 법상에게 석교(釋敎)의 역사를 배워오도록 했다는 기록이 있다.[51] 577년은 북제가 멸망한 해이고, 더 이상의 언급이 나오지 않기 때문에, 의연이 고구려로 돌아왔는지, 법상에게서 무엇을 배워 왔는지는 알 수 없다. 그렇지만 업도의 법상이 고구려까지 알려진 유명한 승려였다는 점과 당시에 저명했던 승려에게서 불법을 얻고자 하는 열의가 있었다는 것을 알 수 있다.

이 시기는 앞에서 고찰한 신묘명 삼존불이 만들어진 571년에서 불과 6년이 지난 시점이다. 법상이 지론종 승려였고 당시 의연이 북제의 수도였던 업에 간 것을 감안하면 그는 정토사상을 배워왔을 가능성이 있다. 업(鄴)은 6세기 북중국에서 정치·문화의 중심지였으며 일찍부터 불교가 발달했던 곳이다.[52] 더욱이 6세기 중엽에는 업성과 태원을 중심으로 말법사상이 팽배했고, 『열반경』에 능했던 승주(僧稠)와 영유(靈裕)가 이 지역에서 활동했다. 정토사상을 기반으로 한 조형활동 역시 활발하게 이루어졌던 것으로 추정되는데, 〈아미타정토도〉가 중요한 예이다. 업성 인근에 개착된 남향당산 제1동의 〈서방정토변상〉에는 본존 아미타를 중심으로 좌우에 극락세계를 상징하는 누각이 있고, 위편에 연화화생상이 표현되었다.[53] 남향당산에서 유출된 것으로 추정되는 프리어미술관 소장의 〈아미타정토도〉도 역시 이와 거의 같은 구성을 보여준다.

건하고 그곳에 주처하다가 입멸하였다. 鎌田茂雄, 앞의 책, p. 373.

51) "釋義淵 句高麗人也……聞·前齊定國寺沙門法上……是時句高麗大聖相王高德. 乃深懷正信 崇重大乘 欲以釋風被之海曲……." 『海東高僧傳』, T2065, 50:1016b.

52) 업은 업도(鄴都), 업성(鄴城)이라고도 하며 하남성 임장현(臨漳縣)이다. 원래 제환공이 축조한 도시이며, 조조가 204년 기주(冀州)를 거점으로 하고 업(鄴)을 근거지로 삼았다. 그만큼 업성에는 한족(漢族)의 전통이 일찍부터 뿌리 깊게 자리 잡을 수 있었다. 그 후 고환(高歡)이 동위의 도읍으로 천도하여 북제가 멸망당할 때까지 수도이자 불교문화의 중심지 역할을 했다. 川勝義雄, 『중국의 역사—위진남북조』, 임대희 옮김(혜안, 2004), pp. 144-146, 393-406.

53) 향당산석굴은 현재 하북성 감단시(邯鄲市) 고산(鼓山)에 위치한 석굴사원이며 북제에서 수에 걸쳐 조성된 것으로 여겨지는 7개의 굴로 구성되었다. 曾布川寬, 「響堂山石窟考」, 『東方學報』 62(1990), pp. 165-207; 丁明夷, 「鞏縣天龍響堂安養數處石窟寺」, 『中國美術全集 彫塑編』 13, 中國美術全集編輯委員會 編 (北京: 文物出版社, 1989), pp. 26-51; Angela F. Howard, "Buddhist Cave Sculpture of the Northern Qi Dynasty: Shaping a New Style, Formulating New Iconographies," Archives of Asian Art 49 (1996), pp. 6-25; 정예경, 『중국 북제·북주 불상연구』(혜안, 1998) 참고. 소남해석굴의 아미타정토변상도에 대해서는 勝木言一郞, 「小南海石窟中窟の三佛造像と九品往生圖浮彫に關する」, 『美術史』 139(1996), pp. 68-86 참조.

업성 인근의 소남해(小南海) 중굴(中窟) 서벽의 〈아미타구품왕생도〉에는 '상품중생(上品中生)', '상품하생(上品下生)', '중품중생(中品中生)' 등의 명문이 있어서 『관무량수경』을 기반으로 한 정토미술의 한 단면을 보여준다.[54] 명문 옆으로 크고 작은 연꽃 위로 서방정토에 화생한 인물들이 새겨졌다.[55] 이들 화생상이 표현된 석굴사원들이 업성 근교에 위치한다는 사실은 수도인 업을 중심으로 북제대에 널리 유행한 말법사상과 정토사상, 지론종의 교리와 무관하지 않다.

중국에 오간 고구려 승려의 기록은 매우 소략하다. 의연보다 앞선 시기에 활동했던 요동 출신 승랑(僧朗)은 중국에서 삼론종(三論宗)의 시조가 되었다.[56] 그의 삼론종을 계승하여 섭산 삼론학파의 정통 후계자를 자처했던 길장(吉藏)의 제자로 역시 고구려 승려 혜관(慧觀)이 있는데, 그는 625년에 일본에 건너가 일본에 삼론을 전했다고 한다.[57] 이들 외에는 천태(天台) 지의(智顗)에게 수학한 파약(波若, 562-613?)과 설일체유부를 공부했다는 지광(智光)이 수(隋)에 건너갔다고 알려졌을 뿐이다. 승려들의 직접적인 내왕에 대해서 알려진 바가 적어서 중국과 고구려 간의 구체적인 영향 관계를 설정하기가 매우 어렵다. 하지만 북중국에서 진행된 불교의 다양한 면모는 거의 동시대적으로 고구려에 수용되어 고구려 나름대로 발전되었으리라고 가정하는 것이 불가능하지 않다.

공식적이건 아니건 양국의 교류는 교리나 철학상의 문제만이 아니고 승려와 경전의 직접적 교류도 적지 않았을 것이다. 예배상의 경우도 이와 마찬가지였을 것으로 추정되며, 불교 의식에 쓰인 각종 법구와 경전도 함께 유입되었다고 보는 것이 자연스럽다. 반대로 고구려의 예배상과 불구 또한 중국으로 전해졌을 가능성도 배제할 수 없다. 이는 고구려가 전진(前秦)에서 북위, 동위, 북제에 이르기까지 사신을 보내거나 조공을 했다는 『삼국사기』의 기록에서도 가늠할 수 있다. 『삼국사기』의 「고구려본기」에 따르

---

54) 소남해석굴은 하남성 안양시(安陽市) 서남쪽 귀개산(龜蓋山)에 있으며 보산(寶山) 영천사(靈泉寺)와 가까운 곳에 위치한 북제의 석굴사원이다. 丁明夷, 앞의 논문, pp. 43-44.

55) 『中國美術全集 彫塑編』13(北京: 文物出版社, 1989), 圖 197, 198 참조.

56) 하북에서 鳩摩羅什의 교설을 익히고 다시 강남 攝山 棲霞寺로 가서 활동했다. 鎌田茂雄, 앞의 책, pp. 164-165.

57) 도도 교순·시오이리 료도, 앞의 책, pp. 352-354.

면 고구려에서는 장수왕(長壽王)부터 시작하여 문자왕(文咨王, 491-519)대에 27회, 안장왕(安藏王, 519-531)대에 2회, 안원왕(安原王, 531-545)대에 3회에 걸쳐 북위에 사신을 보내거나 조공을 하였다.[58] 안장왕대에 조공한 기록이 2회에 불과한 것은 북위가 정치적으로 혼란스러웠던 것과 관계가 있을 것이다. 안원왕대에 북위를 계승한 동위(534-550)에 다시 8회 조공 기록을 남긴 것을 보면, 북중국의 패권 국가를 무시하거나 등한시하지 않았음을 알 수 있다. 물론 남조와 전혀 교류가 없었던 것은 아니었는데, 같은 기간, 즉 문자왕대에 남제(南齊)에 2회, 양(梁)에 4회, 안장왕대에 다시 양에 3회, 안원왕대에 양에 4회 사신을 보내고 벼슬을 받은 기록이 있다. 고구려는 국경이 맞닿아 있는 북위, 동위 등의 북조에 보다 신경을 썼으며 남조 국가에 대해서는 근근이 관계를 유지하는 정도였다고 본다. 안장왕대에 일시적으로 양과 친밀했던 것은 '6진(鎭)의 난(524)'으로 대표되는 북위의 불안정한 정세와 무관하지 않을 것이다. 동위가 북제로 다시 정권이 교차된 양원왕(陽原王, 545-559)대는 동위에 5회, 북제에 3회 조공을 했고, 남조와는 더 이상 교류를 하지 않았다.[59] 양원왕의 재위 후기는 북제 문선제의 재위 기간(550-559)과 겹치는데, 문선제가 불교에 매우 심취했던 황제라는 것은 널리 알려진 사실이다.[60] 문선제의 재위기간은 정치적으로 혼란스러웠지만 황실의 전폭적인 지원으로 불교가 융성했던 시기이다. 그런데 6세기 중엽 이후 업성을 중심으로 하는 화북 불교에서 신앙적으로 중시되었던 것은 역시 극락왕생에 대한 희구였다. 아미타신앙과 정토사상은 6세기 후반 북중국 불교 신앙의 주류 중 하나였고, 고구려에서도 그 영향을 적지 않게 받았을 것으로 추정된다. 연화화생상은 그 단적인 예이다.

---

58) 본고의 내용 중 正史에 나오는 조공이나 사신을 보낸 횟수는 『三國史記』 「高句麗本紀」의 기사를 그대로 따른 것이다. 『삼국사기』는 李丙燾 譯註, 『三國史記』(乙酉文化社, 1977), pp. 293-306을 참조. 위의 횟수는 權寧弼, 「高句麗 繪畵에 나타난 對外交涉-中國・西域 관계를 中心으로」, 『高句麗美術의 對外交涉』, 한국미술사학회 편(예경, 1996), p. 180의 〈도표〉에 나오는 조공 횟수와는 차이가 있다. 이 차이는 아마도 한 해에 여러 번 조공을 보낸 것을 단순히 1회로 계산한 것인지, 각 횟수를 그대로 다 포함시킨 것인지에 따라 달라진 것으로 생각된다. 예컨대 문자왕 4년에는 2월과 5월 두 번에 걸쳐 북위에 조공한 기사가 있고, 같은 왕 9년, 17년에도 2회 조공했으며 심지어 같은 왕 27년에는 한 해 동안 3번 조공한 기사가 나온다. 이를 본고에서는 모두 계산하지 않고 연 1회로 간주했다.

59) 양원왕의 뒤를 이은 평원왕(559-590)대에는 진(陳)에 7회, 북제와 북주에 각각 4회와 1회 조공했지만, 중국을 통일한 수에 4회 조공을 했기 때문에 남조에 치우쳤다고 보기도 어렵다.

60) 북위부터 북제・북주까지의 정치적인 변동에 대해서는 가와카쓰 요시오, 앞의 책, pp. 383-404 참조.

중국에서 연화화생상의 기원은 늦어도 5세기 후반까지 올라가며 그 이후에도 화생상 조성의 전통은 단절되지 않았다. 화생상은 기본적으로 정토왕생의 다른 표현인 셈이다. 특히 동위, 북제의 수도였던 업성에서 정토왕생을 희구하는 사람들의 기원(祈願)은 시각적으로 〈아미타정토도〉, 혹은 〈아미타구품왕생도〉와 같은 부조로 표출되었으며, 여기에도 화생상이 표현되었다. 하남, 하북, 산동성은 지리적으로 고구려와 비교적 가까웠고 사신이 자주 왕래하던 지역으로, 이들 지역의 불교미술은 고구려에 유입되기 쉬운 조건에 있었다. 화북 동부지방 특히 산동에서 발견된 금동상과 고구려상의 관계는 양식적인 측면에서 사실상 어느 쪽이 더 먼저 화생상을 광배에 표현했느냐를 알아보기 힘들 정도로 유사하다. 단지 남아 있는 고구려의 조각이 워낙 적기 때문에 고분 벽화의 연화화생상과 같은 방식으로도 표현되었으리라는 추정만 가능하다. 고분에 그려진 연화화생의 이미지들은 운강석굴의 화생상과 크게 다르지 않다. 광배의 화생상보다 장식적인 성격이 강하기 때문에 아미타불의 정토에서 화생하고 싶다는 구체적인 기원이 상대적으로 약해 보인다. 벽화의 화생상이나 광배의 화생 조각 모두 고구려에서 일찍부터 연화화생에 대한 동경과 원망(願望)이 상당히 유포되었고, 그 시각적 형상화 또한 다양한 방식으로 시도되었음을 말해준다.

발해 후기의 불교조각과 신앙

I. 서론

당으로부터 '해동성국'이라는 호칭으로 불렸던 발해의 지적 수준과 문화는 매우 수준 높은 것이었다고 추측되지만 그 미술에 대한 연구는 매우 미흡하다.[1] 고구려의 전통을 계승한 발해는 강대한 영토를 기반으로 당은 물론 북방의 여러 민족과 일본과의 활발한 교류를 하여 문화적으로나 종교적으로도 다양한 양상을 띠었던 것으로 짐작된다. 그러나 문헌도 부족하고, 유물이나 유적에 접근이 쉽지 않은 사정으로 인하여 그간의 발해 연구는 제한적일 수밖에 없었다. 현재까지의 연구는 대개 일제시대의 발굴 성

---

[1] 2003년에 있었던 서울대학교 박물관에서의 발해특별전은 발해 미술에 대한 관심을 다시 불러일으키는 중요한 계기가 되었다. 전시도록으로 서울대학교박물관 편, 『해동성국 발해』(통천문화사, 2003) 참조. 기존에 있었던 발해의 불교미술에 관한 연구성과는 다음의 문헌 참조. 문명대, 「渤海 佛像彫刻의 流派와 樣式 研究」, 『講座 美術史』 14(1999)(同, 『원음과 적조미』 한국의 불상조각 3, 예경, 2003 재수록); 박룡연, 「고고학 방면으로부터 본 발해의 불교 문화」, 『발해사연구』 4(1994); 方學鳳, 『渤海의 佛教遺蹟과 遺物』(景書文化社, 1998); 宋基豪, 「渤海 佛教의 展開 過程과 몇 가지 特徵」, 『韓國佛教文化思想史』, 伽山李智冠스님華甲紀念論叢刊行委員會 編(伽山佛教文化振興研究院, 1992); 宋基豪·全虎兒, 「咸和 4年銘 渤海 碑像 檢討」, 『韓國史學論叢』, 西巖趙恒來教授華甲紀念論叢刊行委員會 編(亞細亞文化社, 1992); 이병건, 「渤海時代 寺刹建築研究」, 건국대학교 석사학위논문(1992); 林碩奎, 「東京大 所藏 渤海 佛像의 現狀과 性格」, 『발해건국 1300주년』 高句麗研究 6, 高句麗研究會 編(학연문화사, 1998), pp. 371-398; 同, 「渤海 半拉城 出土 二佛竝坐像의 研究」, 『佛教美術研究』 2(1996) pp. 89-121; 同, 「크라스키노 사원지의 佛像」, 『講座 美術史』 14(1999); 鄭永鎬, 「渤海의 佛教와 佛像」, 『발해건국 1300주년』 高句麗研究 6, 高句麗研究會 編(학연문화사, 1998), pp. 11-17; 車玉信, 「渤海 佛像에 관한 研究」, 이화여자대학교 석사학위논문(1991); 최성은, 「渤海(698-926)의 菩薩像 樣式에 대한 考察」, 『講座 美術史』 14(1999), pp.45-68.

과를 바탕으로 고고학적인 입장에서 접근하거나 분묘미술, 탑, 석등을 중심으로 진행되어왔다. 그러나 이들 유적이나 유물이 유사한 시대인 당이나 통일신라의 미술과는 성격을 달리하고 있어서 그 전후 맥락에 관한 연구가 쉽지 않았던 것이 사실이다. 또 발해가 계승한 것으로 짐작되는 고구려의 불교미술도 그 실체가 불분명한 채로 제한적으로 연구될 수밖에 없었던 상황이기 때문에 발해미술의 역사적 성격 또한 명확하게 규명하기 어려웠던 실정이다.

본고는 우선 현존하는 미술을 통하여 기존의 연구에서 불확실하게 추정되었던 발해 후기의 불교 조각과 그 신앙적 측면을 주로 고찰하고자 한다. 발해 후기라는 시대를 새로이 상정한 것은 본고에서 다루는 조각들이 적어도 8세기 후반에서 9세기에 이르는 시기에 제작된 것으로 추정되기 때문이다. 편년의 근거는 일단 불교 도상과 인접국가의 조상례를 통하여 고찰한 것이다. 이 시기는 발해가 내부적으로 정치적 안정기를 맞아 성숙한 문화적 역량을 발휘할 수 있었던 시기라고 할 수 있다. 한편 발해의 불교는 동경성에서 수습된 몇 구의 이불병좌상으로 인하여 『법화경』에 기반을 둔 법화신앙 내지는 이를 종파적으로 발전시킨 천태신앙이 우세했던 것으로 파악하는 것이 통례였다.[2] 물론 이에만 한정하지 않고 근래에 들어 발해 불교를 다각도로 검토하려는 시도들이 있었다. 신앙의 측면에서는 유가유식(瑜伽唯識)을 비롯한 다양한 종파가 있었다는 추정이 있었고,[3] 보살상의 양식을 검토하여 요·금의 불교미술에 영향을 주었으리라는 추정도 있었다.[4] 본고는 수적으로 그다지 많다고 할 수 없는 발해 불교조각의 특수한 면모에 초점을 맞추어 그 사상적·신앙적 기초를 검토함으로써 기존에 연구되지 않았던 새로운 시각으로 해석하고자 한다. 이를 통하여 한반도 남부를 중심으로 연구되었던 통일신라시대 불상 연구의 지평을 넓히고 주변부문화로 인식되어온 발해 불상 조각의 국제적 위상을 정당하게 평가해 보고자 한다. 이로써 발해 문화가 차지하는 고구려의 계승자로서의 위치와 동북아시아에서 발해가 미친 영향을 명확하게

---

2) 두 구의 불상을 나란히 안치하는 이불병좌의 모티프는 『법화경』 「見寶塔品」에서 나온 것으로 보는 게 통례이기 때문이다. 대부분의 발해 불교 연구자가 법화신앙을 언급하고 있다.

3) 문명대, 앞의 논문, pp. 8-11.

4) 최성은, 앞의 논문, pp. 65-68.

밝히는 데 일조하고자 한다.

II. 발해의 아미타 관련 조각

1. 아미타정인(阿彌陀定印)의 소조불(塑造佛)

전술한대로 기존의 발해 불교미술 연구에서는 주로 『법화경』에 기반을 둔 이불병좌상의 조형과 천불 신앙 등에 관심이 모아졌으나 그간 전혀 주목되지 않았던 것이 아미타신앙이다. 남아 있는 문헌 기록이 영세한 발해 불교에서 불교신앙의 존재 자체는 명확하게 인식되어 있었을 것으로 짐작되지만 구체적으로 어떤 종류의 신앙인가를 밝힐 만큼의 언급은 어디에도 없었다. 특히 아미타신앙은 당과 통일신라에서 모두 융성했던 만큼 당시 동북아시아 일대에서는 아미타상의 조성이 매우 활발하게 이뤄졌고 남아 있는 조상도 상당수에 이른다. 그러나 이와 같은 시기인 발해의 경우에는 전혀 주목받지 못하였다.[5] 이는 한편으로 제한된 연구 여건에 기인하는 것도 있지만 현전하는 발해 조각의 규모들이 작고 대체로 비슷한 도상 특징을 보여준다는 데서도 그 원인을 찾을 수 있다.[6]

아미타신앙과 관련하여 먼저 주목되는 것은 서울대학교 박물관 소장의 소규모 소조 아미타상이다(도 2-24). 이 소조불은 다른 대부분의 소조불과 마찬가지로 작은 규모로 제작되었기 때문에 벽면이나 불감(佛龕)에 가득 메워졌던 천불이었을 가능성이 있다(도 2-25). 이들 소조불이나 보살상 아래쪽에 대개 작은 구멍이 뚫려 있거나 쇠로 만든 꽂이가 달려 있기 때문에 나무 막대나 흙으로 빚어 만든 받침대 위에 고정시켰던 것으로 생각된다. 이 점에 있어서는 이 아미타상도 마찬가지이지만 현재 알려진 예가 한 구에 불과하기 때문에 선정인을 했거나 두 손이 보이지 않는 대부분의 소조상과는 다

---

5) 당의 장안 광택사의 삼존상을 중심으로 한 당대 아미타의 도상과 그 전개 및 신앙에 관하여 김선경, 「당대 아미타삼존불의 도상과 장안 광택사 칠보대 아미타삼존불」, 서울대학교 석사학위논문(1995) 참조.
6) 발해 조각의 개요는 宋基豪, 앞의 논문; 方學鳳, 앞의 책; 車玉信, 앞의 논문 참조.

도 2-24. 〈塑造阿彌陀佛坐像〉, 9세기, 상경성
출토, 서울대학교박물관.

른 전각이나 벽면에 안치되었을 가능성이 크다. 다른 소
형 소조불들이 상경성(上京城) 제4사지, 제5사지에서 발
굴되었으나 이 아미타상의 출토지는 명확하지 않다.[7]

다른 소상(塑像)들처럼 원래는 금박(金箔)을 입혔거나
적어도 채색을 했을 가능성이 크다. 완형으로 남아 있지
못하며 광배 일부가 파괴되었지만 그 손 모양은 명확하
게 보인다. 결가부좌한 무릎 위에 두 손을 올려놓았는데
각각 손의 엄지와 검지손가락 끝을 맞대어 동그랗게 만
들고 두 손을 포개어 미타정인(彌陀定印)을 하였다. 미타
정인은 일명 묘관찰지정인(妙觀察智定印)이라고도 불리
며 아미타불의 서원을 나타낸다.[8] 미타정인은 통상 중생
의 근기에 따라 구품인(九品印)으로 나눈 아미타구품인
가운데 하나로 알려졌다. 구품인은 상품, 중품, 하품의
각 품마다 상생, 중생, 하생으로 나누어 '상품상생'에서
'상품중생'과 '상품하생', '중품상생', '중품중생', '중품하생', '하품상생', '하품중
생', '하품하생'에 이르기까지 모두 9종류로 나누어지는 것이며 각각의 품마다 다른
수인이 정해져 있다. 흥미로운 점은 발해의 소조아미타불은 한 구에 불과하지만 상품
상생인을 맺고 있다는 것이다.[9] 구품의 아미타인 가운데 상품상생인을 하고 있다는
점은 발해의 불교를 이해하는데 간과할 수 없는 점이다.

아미타신앙의 소의경전인 『아미타경』과 『무량수경』에는 상품, 중품, 하품이란 말
대신 상배, 중배, 하배라는 용어를 쓰고 있지만 그 내용은 별 차이가 없다. 어느 쪽이든
아미타불국에 태어나길 원하는 사람은 세 종류로 나누어지는데 상배는 집을 버리고

---

7) 처음부터 다른 소조불들과 섞여 있었기 때문에 명확하지 않지만 팔련성 일대에서 발견되었을 가능성도
   있다. 대표적인 일제시대의 발해 유적 발굴 보고서로는 다음을 참고할 수 있다. 東亞考古學會 編, 『東京
   城−渤海國上京龍泉府の發掘調査』東方考古學叢刊 5(東京: 東亞考古學會, 1939); 齊藤優, 『牛拉城と他の
   史蹟』(발행처 불명: 牛拉城址刊行會, 1978).
8) 秦弘燮, 『韓國의 佛像』(일지사, 1981), pp. 103-107.
9) 〈함화4년명 아미타비상〉은 미타정인을 하고 있지 않다.

사문이 되어 계를 지키고 육바라밀을 행하여 보살의 업을 닦는 사람으로서 일심으로 아미타불을 칭념하여 공덕을 쌓는 사람이라고 설명한다.[10] 계속하여 경전에서는 이처럼 공덕을 쌓으면 명이 다할 때에 아미타불이 성중과 함께 내영하여 칠보 연못의 연꽃 가운데 화생하여 불퇴전지(不退轉地) 보살이 되어 칠보 궁전에서 살게 될 것이라고 설명한다.[11] 이것이 곧 상배가 아미타 신앙으로 얻게 될 연화화생이다.

한편 서방정토에 왕생하는 것을 중생에 따라 상품, 중품, 하품으로 분류하고 각각의 생을 상, 중, 하로 나누어 설명하는 것은 『관무량수경』이다. 『관무량수경』에서는 수행을 하는 선관법(禪觀法)과 아미타불의 불국세계에 대하여 보다 자세하게 설명하고 있다. 그러나 왕생에 대해서는 연꽃을 통하여 화생한다는 것보다 각각의 근기에 해당하는 중생들이 관음보살이나 다른 성중이 잡고 있는 금강대(金剛臺)와 자금대(紫金臺) 등에 올라타고 불국세계에 왕생하는 것을 따로 설명하는 데 주안점을 두고 있다.[12] 연꽃을 통하여 화생한다는 것보다 연꽃 위에 올라 있는 자기 자신을 보게 된다는 식으로 왕생 과정을 설명한다. 이로 미루어 구품으로 분류하고 설명하는 것은 『관무량수경』에 의거했다고 볼 수 있지만 연꽃 위에서 태어나는 모습의 연화화생(蓮華化生)의 모티프 자체는 『아미타경』에서 나온 것으로 짐작된다.

E. Saunders는 정인을 크게 세 가지 형식으로 분류하고 각각의 변형례를 포함하여

---

10) "佛言 十方世界諸天人民 有志心欲生阿彌陀佛刹者 別爲三輩 其上輩者 捨家棄欲 而作沙門 心無貪慕持 守經戒 行六波羅蜜 修菩薩業 一向專念阿彌陀佛 修諸功德 是人則於夢中見佛及諸菩薩聲聞 其命欲終時 佛與聖衆悉來來迎致 卽於七寶水池蓮華中化生 爲不退轉地菩薩 智慧威力神通自在 所居七寶宮宇 在於空 中去佛所爲近 是爲上輩生者." 『阿彌陀經』, T364, 12:337a. "佛告阿難 十方世界 諸天人民 其有至心 願生 彼國 凡有三輩 其上輩者 捨家棄欲 而作沙門 發菩提心 一向專念 無量壽佛 修諸功德 願生彼國 此等衆生 臨壽終時 無量壽佛 與諸大衆 現其人前 卽隨彼佛 往生其國 便於七寶華中 自然化生 住不退轉 智慧勇猛 神通自在 是故阿難 其有衆生 欲於今世見 無量壽佛 應發無上 菩提之心 修行功德 願生彼國." 『無量壽 經』, T360, 12:272b.

11) 『아미타경』에서는 연화 중에서 화생한다고 하였으나 『무량수경』에서는 단지 연못에 있는 꽃 가운데 화생한다 라고 하여 차이를 보인다. 위의 주 인용문 참조.

12) "佛告阿難 及韋提希 凡生西方有九品人 上品上生者 若有衆生願生彼國者 發三種心卽便往生 何等爲三 一者至誠心 二者深心 三者迴向發願心 具三心者必生彼國 復有三種衆生 當得往生 (中略) 阿彌陀如來與 觀世音及大勢至無數化佛百千比丘聲聞大衆無量諸天 七寶宮殿 觀世音菩薩執金剛臺 與大勢至菩薩至行 者前 (中略) 行者見已歡喜踊躍 自見其身乘金剛臺 隨從佛後 如彈指頃往生彼國 生彼國已." 『觀無量壽 經』, T365, 12:344.

모두 7가지의 정인을 제시한 바 있다.[13] 이 분류는 순전히 손의 위치와 손가락 모양만
으로 분류한 것이며 일본에 현전하는 조각과 회화를 중심으로 분류한 것으로서 구체
적인 경전의 언급과는 그다지 관련이 없다. 그의 분류 가운데 세 번째 형식이 아미타
의 정인과 관련 있는 것이다. 그는 이 형식에 관하여 일본 밀교의 아미타상에 표현된
것으로서 인도 조각에서는 나타나지 않는다는 것을 지적하였다.[14] 정인이 기본적으로
인도의 Samādhi(三昧)와 관련 있다는 점은 새삼 언급할 필요가 없지만 특히 미타정인
이 '법'의 완성을 상징한다는 것은 흥미로운 지적이다. 오른손은 부처의 신성한 법을,
왼손은 부처의 인간계의 법을 상징하며 두 손으로 맺은 정인은 두 세계의 신비로운 조
화를 의미한다는 것이다.[15] 그리고 오른손을 위에 두는 것은 불타의 세계가 우위에 있
음을 전제로 한 것이 된다. 밀교의 측면에서는 미타정인을 통하여 태장계와 금강계가
하나의 단일한 체계를 구성하는 것을 의미한다는 지적은 눈여겨볼 만하다.[16]

그런데 상품상생인의 미타정인을 맺고 있는 아미타상은 중국의 경우, 비교적 늦은
시기에 나타난다. 미타정토신앙이 융성했던 당의 경우, 아미타상의 조성이 활발하게
이뤄졌으나 그 도상이 일정하게 나타나지는 않는다.[17] 아미타신앙은 선도가 활동했던
7세기 중엽부터 장안과 낙양을 중심으로 발달했고, 이에 따라 조성활동도 활발하게 전
개되었으나 미타정인의 아미타는 이 시기에 제작된 예가 알려지지 않았다.[18] 요·금
대의 불상 가운데 미타정인을 한 아미타상은 몇 구 알려져 있지만 당대의 상으로는 그
다지 알려진 예가 많지 않다. 대표적인 상으로 9세기작으로 추정되는 일본 가가와현
(香川縣) 개법사(開法寺) 소장의 아미타만다라와 근래에 발굴된 중국 법문사(法門寺) 지
궁 후실 비감에서 발견된 45존상함의 한 면에 있는 아미타상을 들 수 있다(도 2-25). 개
법사의 만다라는 대표적인 후기 밀교 태장계·금강계의 양계 만다라와 계통을 달리

---

13) E. Dale Saunders, *Mudra -A Study of Symbolic Gestures in Japanese Buddhist Sculpture* (New York:
　　 Bollingen Foundation, 1960), pp. 85-93.

14) 위의 책, p. 87.

15) 위의 책, pp. 88-91 및 주 33, 34 참조.

16) 위의 책, pp. 89-90.

17) 김선경, 앞의 논문 참조.

18) 측천무기를 중심으로 당대의 아미타신앙과 그 조상에 관하여 裵珍達, 「7世紀 後半 唐의 佛敎 彫刻과
　　 信仰-皇室과 士族 發願의 造像을 중심으로」, 홍익대학교 박사학위논문(2002), pp. 42-59 참조.

하는 아미타만다라로서 일찍이 주목을 받았다.[19] 그런데 흥미로운 점은 이들이 모두 밀교 도상과 관련이 있다는 점이다. 특히 법문사 45존상함의 도상은 뚜껑에 표현된 금강계인 지권인 비로자나를 중심으로 사불과 그 권속을 안치한 금강계 만달라 성신회도(成身會圖)로 간주되고 있어서 관심을 끈다.[20] 이 45존상함은 바닥에 함통(咸通)12년의 명문이 있어서 871년의 절대연대를 알 수 있는 중요한 상이다.[21]

도 2-25. 〈아미타만다라〉, 9세기, 木造板彫, 縱 13.6cm, 開法寺.

그런데 위에서 거론한 당의 미타정인 아미타상은 독립된 예배상이라기보다는 만다라를 구성하는 존상으로 제작된 것으로서 어느 정도 밀교적인 성격을 지니고 있는 것이 사실이다.[22] 그렇기 때문에 발해의 소조아미타상과 직접적인 관련을 짓는 것이 조심스러운 면이 있다. 독립된 조각 중에는 정확한 제작연대는 알려져 있지 않으나 당말오대에 조성된 것으로 추정되는 이불병좌상 중의 우측 불상이 미타정인에 가까운 수인을 취하고 있는 것이 있다.[23] 특히 이불병좌상의 경우에는 절강

---

19) 본존 아미타의 수인이 上品上生印이기 때문에 『別尊雜記』에 수록된 아미타만다라와의 유사성이 지적되었다. 賴富本宏, 『曼茶羅の鑑賞基礎知識』(東京: 至文堂, 1991), pp. 67-75.

20) 자세한 출토 현황과 도상 분석은 吳立民・韓金科, 『法門寺地宮唐密曼茶羅之硏究』(香港: 中國佛敎文化出版有限公司, 1998), pp. 134-163; 주경미, 『중국 고대 불사리 장엄 연구』(일지사, 2003), pp. 264-297 참조.

21) "大唐咸通十二年十月 十六日遺法弟子比丘智英 敬造眞身舍利寶函 永爲供養." 吳立民・韓金科, 위의 책, pp. 134, 238, 240 참조.

22) 香川 開法寺 소장의 아미타만다라는 보관을 쓴 보관아미타로 밀교계의 아미타상으로 주목받은 바 있다. 井上一稔, 「螺髮寶冠阿彌陀如來像について」, 『美術研究』343(1992), pp. 81-82.

23) 松原三郎, 『中國佛敎彫刻史硏究』, 增訂版(吉川弘文館, 1966), p. 296 참조.

도 2-26. 〈阿彌陀佛坐像〉, 북송 嘉祐年間(1056-1063), 석
조, 높이 38cm, 절강성 金華 万佛塔 출토, 절강성
박물관.

성 금화(金華) 만불탑(万佛塔)에서 발견된 아미타
불(도 2-26)과 비슷한 형식을 보이면서 당 양식이
잔존해 있기 때문에 10세기 중엽 이전에 제작된
것으로 추정된다. 부분적으로 채색의 흔적이 남
아 있는 이 아미타불좌상은 1956년에 만불탑 기
단부에서 출토되었으며 몇 구 안 되는 북송의 기
년작으로 중요한 상이다. 단지 첫째와 검지손가
락을 이용한 발해의 정인 아미타상과 달리 셋째
손가락과 첫째손가락을 맞대고 있는 점에서 차이
를 보인다. 또 요의 상경(上京) 임횡부(臨潢府) 소
재 남탑(南塔), 중경(中京) 흥중부(興中府) 북탑(北
塔), 봉황산(鳳凰山) 대탑(大塔) 상층 벽면에 있는
상들도 있으나 이들은 시기가 10세기 정도로 내
려가고, 역시 명확하게 보관을 쓴 밀교계 조상으
로 생각되기 때문에 본고에서 다루는 발해의 아

미타상과 직접적인 관계는 없다고 생각된다. 이상으로 미루어볼 때, 미타정인 아미타
상의 제작은 중국의 경우, 그 시원은 아무리 일러도 8세기 이전으로 올라가지 않으며
대략 9세기에 들어서야 비로소 본격적으로 조성된다고 할 수 있다. 그렇다면 발해의
아미타상은 양식상의 특징만으로 편년을 하기에는 지나치게 소형이라는 난점이 있지
만 불교 도상의 전개에 맞추어 고찰한다면 9세기경을 상한으로 잡는 것이 가능해진다.
이는 전술한 경전의 한역 및 현존하는 중국의 미타정인 아미타상의 조성 시기에 의하
여 뒷받침되는 사실이다.

한편 통일신라에서도 정인 아미타상의 제작이 이뤄졌는데 현재 남아 있는 조각 중
에는 9세기의 예가 알려져 있다. 신라하대의 조각은 지방성과 다양성이 두드러져 경주
를 중심으로 조상 활동이 이뤄졌던 중대 신라와는 상당히 다른 면모를 보여주고 있다
는 것은 널리 알려진 사실이다. 또 중국이나 일본과의 잦은 접촉으로 인하여 문화적으
로 풍부한 성격을 보여주고 있으며 불상 조성을 보면 도상학적 측면에서 지권인의 비

로자나와 항마촉지인의 불좌상 및 그 변형례들이 활발하게 조성되어 불교 신앙과 의례의 수용이 삼국시대와 다른 차원에서 이뤄지고 있었음을 짐작할 수 있다.[24] 중국 및 일본과 마찬가지로 통일신라에서도 아미타 정토신앙이 융성했고 예배상으로서의 아미타 조성도 적지 않았던 것으로 짐작된다. 통일신라의 아미타로서는 선도산(仙桃山) 마애아미타삼존이나 감산사 아미타상을 대표적으로 꼽을 수 있으나 이들을 비롯한 통일신라 시대의 아미타상에서 공통된 아미타 도상의 특징을 찾아내는 것은 결코 쉽지 않은 문제이다. 감산사 아미타나 선도산 아미타상, 굴불사지 서면의 아미타상은 모두 입상으로, 이 상들을 만들었던 시기인 중대 신라 사람들이 설령 아미타 정인을

도 2-27. 〈阿彌陀如來坐像〉, 9세기, 석조, 높이 1.13cm, 경북 영주 비로사.

알고 있었다 하더라도 그대로 적용하기는 곤란했을 것이다.[25] 정확한 의미에서 발해의 아미타상과 같은 수인인 미타정인의 아미타상은 통일신라에는 몇 구 남아 있지 않아서 이 같은 도상의 아미타가 그다지 적극적으로 조성되지는 않았던 것으로 짐작된다. 대표적인 통일신라의 정인 아미타상으로는 비로사와 성혈암의 예가 알려져 있는데 이들은 모두 지권인 비로자나불과 함께 봉안되었던 조각들이다(도 2-27).[26] 이들 모두 전형적인 신라하대의 조각양식을 보여주고 있으며 함께 봉안된 지권인 비로자나상

---

24) 통일신라 조각의 국제적 성격과 대외 교류에 관하여 김리나, 「통일신라시대 미술의 국제적 성격」, 『統一新羅 美術의 對外交涉』, 한국미술사학회 편(예경, 2001), pp. 9-36(同, 『韓國古代佛敎彫刻 比較硏究』, 문예출판사, 2003 재수록).

25) 이들 신라 중대의 아미타상들이 손가락을 약간 구부린 채, 시무외인을 하고 있기 때문에 아미타 구품인을 수용한 것으로 보고 중대 신라의 아미타상이 중국의 수인을 수용하여 유행시킨 것으로 파악한 견해는 문명대, 「통일신라 불상 조각과 당불상 조각과의 관계」, 『統一新羅 美術의 對外交涉』, 한국미술사학회 편(예경, 2001), pp. 67-72(同, 『원음과 고전미』 한국의 불상조각 2, 예경, 2003 재수록).

26) 신라하대의 비로자나상과 비로사 비로자나에 대하여 강희정, 「新羅 下代의 石造毘盧遮那如來坐像에 대하여」, 서울대학교 석사학위논문(1990) 참조.

과 같은 양식으로 만들어져 있어서 제작시기가 같은 것은 물론 처음부터 의도적으로 함께 조성하여 안치했던 것으로 추정된다. 명확하게 엄지와 검지손가락을 동그랗게 맞대고 오른손을 위로 올려 미타정인을 맺었으며 비로자나와 마찬가지로 나발에 육계가 있는 여래형이다.[27] 이들이 밀교와 관련이 있을 가능성도 있지만 현 단계로서 단정하기는 곤란한 문제이다. 하대에 유행한 비로자나상이 일찍부터 관심의 대상이 된 것에 비하여 미타정인의 아미타상은 주목을 받지 못했으나 발해의 소조불이 비록 작은 규모이지만 미타정인을 한 아미타상이라는 것이 밝혀진 만큼 통일신라의 아미타상에 대해서도 보다 심도 깊은 연구가 필요한 시점이다.

미타정인의 아미타상이 이처럼 늦은 시기에 조성된다는 점은 아미타 정인을 설명한 중요한 경전이 8세기 중엽에 불공(720-774)이 한역한 『무량수여래관행공양의궤(無量壽如來觀行供養儀軌)』라는 점과 관련이 있을 것으로 생각된다.[28] 그러나 이 경전 중에서 정인을 말하고 있기는 하지만 정인을 맺는 자세한 방법이 나오지 않으며 아미타와 관련된 정인에 대한 인식은 이미 이전부터 있었을 가능성이 있다. 한편 아미타 정인을 설한 최초의 경전이 금강지가 한역한 『유가관자재왕경(瑜伽觀自在王經)』이라는 설도 있지만[29] 필자가 확인한 바로는 이 경전에는 정인이 언급되지 않았다. 불공이 한역한 무수한 경전들이 대개 밀교계통의 경전, 특히 금강계밀교와 관련 있다는 점은 잘 알려진 사실이다. 후기 밀교 경전의 집대성이 그에 의하여 이뤄졌는데 그 중에는 의궤를 설한 것이 다수 포함되었으며 기존에 단편적으로 알려졌던 수인이나 의식을 보다 정밀하게 설명하는 것들이 포함되어 있다. 그러므로 그가 한역한 경전에 미타정인이 나온다고 해서 반드시 그가 처음으로 제시한 것은 아닐 수도 있다. 그러나 인도의 조각 가운데 미타정인을 한 불상이 없다는 Saunders의 지적을 기억해둘 필요가 있다. 서방정토에 왕생하는 사람들을 분류하고 그 방법을 설명한 경전은 일찍부터 나타나고 그와 관련된 미술이 제작되었지만 적어도 미타정인의 아미타상이 성당기까지 나타나지

---

27) 毘盧寺像을 화엄종의 주불의 하나로 간주하고 아미타상품상생인을 하고 있다는 지적은 문명대, 앞의 논문, p. 71.

28) 『無量壽如來觀行供養儀軌』, T930.

29) 김선경, 앞의 논문, 주 214 참조.

않는 점으로 미루어 의궤와 조상은 중당기에 비로소 정리되고 만들어졌을 가능성이 크다.

이상의 고찰로 미루어 볼 때, 발해의 정인 아미타상 역시 9세기 이전으로 올라가지 않으며 대략 9세기 중엽 경에 제작되었을 가능성이 크다. 또 아미타구품인 가운데 상품상생의 수인을 하고 있다고 해도 서울대학교 박물관 소장의 아미타상이 상품의 근기를 지닌 출가자를 염두에 두고 그들의 상생을 목적으로 만든 의도적인 조각이었는지는 명확하지 않다.[30] 구품인을 한 다른 아미타상이 발견되지 않는 한 발해의 정인 아미타상이 상품자만을 위한 아미타상이라고 결론짓는 것은 유보해야 할 일이다. 더욱이 다른 소조불과 마찬가지로 소규모의 상이기 때문에 감실이나 벽면을 장식할 의도로 제작되었다고 본다면 본격적인 대형의 공공예배상과는 구분지어 다른 맥락에서 파악해야 할 필요가 있는 것도 사실이다.

2. 연화화생(蓮華化生) 동자상

서울대학교 박물관 소장 미타정인의 소조아미타상보다 흥미로운 것은 실제 연꽃 위에 화생한 동자상의 조각이며 현재 소장처는 명확하게 밝혀져 있지 않다(도 2-28). 지금까지 이 상은 아기처럼 생겼다고 해서 동불(童佛)로 호칭되었을 뿐, 발해의 아미타신앙과 관련되어 연구된 바가 없다.[31] 아미타신앙과 연결되지 않았음은 물론 다른 어떤 신앙적·교리적 배경에 관하여서도 주목되지 않았던 조각이다. 그것은 이 상이 앙련좌 위에 앉아 있는 발가벗은 아기가 활짝 웃고 있는 형상으로 표현되었는데 이와 같은 형상의

도 2-28. 〈化生童子像〉, 발해, 9세기.

---

30) 구품인 중 하나로서의 상품상생인과 미타정인의 관계를 명료하게 설명한 경전은 없다. 양자가 같은 맥락에서 이해되었는지도 현재로서는 불분명하다.

31) 임석규, 앞의 논문, p. 95. 齊藤優의 보고를 기초로 금동불이 발견되었다는 언급만 간략하게 하였다.

불상은 어느 시대, 어느 지역에서도 발견된 바가 없다는 점에 원인이 있었을 것이다. 불상이라고 생각한다면 그 전후 맥락이나 도상적 특징을 찾기가 어려울 수밖에 없기 때문에 연구하기 어려운 상이었다.

이 조각은 발해의 동경(東京) 용원부지(龍原府址)로 추정되는 길림성 훈춘(琿春)시 팔련성(八連城) 내성 외부의 제1사지에서 일제시대에 발굴되었다.[32] 팔련성에서는 마적달촌사지(馬滴達村寺址), 동청촌사지(東淸村寺址)를 비롯하여 제2사지라고도 하는 신생촌사지(新生村寺址)에 이르기까지 모두 8곳의 사지가 조사되었다. 동자상이 출토된 이 사지는 1937년과 1942년 두 번에 걸쳐 발굴되었는데 조각이 발굴된 것은 사이토 츄(齊藤忠)에 의한 두 번째 발굴 때의 일이었다. 사이토 역시 이를 금동불이라고 하였고, 후대의 학자 대부분이 이를 그대로 따랐던 것으로 생각된다.[33] 통통한 모습의 어린아이가 발가벗은 채로 연꽃 위에 앉아 있는데 불상이라고 볼 만한 어떤 도상학적 특징도 보이지 않는데 불상이라고 판단한 근거를 알 수가 없다. 흔히 불상이라면 나발(螺髮)과 육계(肉髻)를 갖추고 백호(白毫)나 삼도(三道)가 있으며 장신구를 걸치지 않은 여래의 형상을 말한다. 그러나 이 동자상에는 그와 같은 여래의 특징이 표현되지 않았다. 동자처럼 만들어지는 탄생상의 경우에도 나발이나 육계가 표현되기 때문에 비교적 다른 존상과의 혼동 가능성은 별로 없는 편이다. 그러므로 여래의 형상을 하지 않은 이 동자상을 불상이라고 볼 수 있는 여지는 거의 없다.

이 동자상과 같은 맥락을 보여주는 조각이 연해주 보리소프카의 절터에서 발굴되었다(도 2-29).[34] 발굴보고서에는 단지 남자를 표현한 소상이며 화재로 인하여 절터가 무너질 때 바로 불을 맞아 적갈색과 검은 색을 띠고 있다고 설명하고 있을 뿐이다. 머리와 두 팔, 다리가 모두 떨어졌고 몸통과 함께 사지가 신체와 연결되는 부위 일부만 남아 있는 정도이기 때문에 원래의 모습을 짐작하기는 곤란하다. 그러나 현전하는 부분만으로 본다면 통통하게 살이 붙은 남자 토르소이며 배가 볼록 나온 사실적인 옆모습

---

32) 일제 때 이뤄진 팔련성 조사 보고는 齊藤優, 앞의 책 참조.

33) 齊藤優은 이 사지를 동남사지라 하였다. 齊藤優, 앞의 책, p. 20.

34) 高句麗硏究會 · 러시아科學院시베리아分所考古民族學硏究所 編, 『러시아 연해주 발해 절터』(학연문화사, 1998), pp. 39-51.

도 2-29. 〈남자 토르소 파편〉, 발해, 9세기, 도 2-30. 〈남자 토르소 실측도〉
　　　　높이 12.4cm, 연해주 보리소프카
　　　　출토.

에서 앞의 동자상과 같은 아기 형상이었던 것으로 추정된다(도 2-30). 이로 미루어 볼
때, 보리소프카의 토르소 역시 원래는 팔련성의 아기 조각처럼 연꽃 위에 앉아 있는 모
습으로 만들어졌던 것으로 생각된다. 기존에는 이 두 구의 조각을 연결시켜 해석한 바
가 없으나 이들은 모두 아미타 정토에 깨끗해진 아기의 몸으로 다시 태어난 중생을 나
타낸 것으로 파악하는 것이 가능하다.

　　이들 동자상을 아미타불의 서방정토에 왕생한 중생의 연화화생상으로 볼 수 있는
것은 당대의 조각에서 같은 예를 찾을 수 있기 때문이다. 7세기 후반에 제작된 것으로
보이는 일본 하마마쓰시(浜松市)미술관 소장의 아미타불비상의 하단부에는 아래쪽에
서 올라온 연꽃 위에 아기들이 있는 연화화생이 묘사된 전형적인 정토도가 표현되었
다(도 2-31).[35] 이 아기들은 예토(穢土)의 더러움을 씻고 깨끗해진 몸으로 연꽃을 통하
여 아미타불의 정토에 태어난 것을 회화적으로 보여주는 것이다(도 2-32). 정토변상도
계열의 미술품 가운데에는 이처럼 연꽃을 통하여 아미타불의 극락세계에 다시 태어나
는 모습을 형상화한 것을 종종 찾아볼 수 있다. 연화화생이 묘사된 정토변으로는 현재
프리어 갤러리 소장의 남향당산석굴 정토변상도가 비교적 이른 시기의 것이며 정토도
의 유행은 당연히 아미타신앙의 부침(浮沈)과 궤를 같이 한다.

　　또 다른 당대의 정토도 중에도 발해의 동자상을 연상시키는 연화화생상이 있어 주

---

35) 松原三朗, 『中國佛敎彫刻史論』(吉川弘文館, 1995), pl. 642b 참조.

도 2-31. 〈阿彌陀佛碑像〉, 7세기 후반, 석회
　　　암, 높이 33.5cm, 하마마쓰시(浜松
　　　市)미술관.

도 2-32. 〈阿彌陀佛碑像〉 부분.

목된다. 용문의 당대굴 중 하나로 8세기 초에 개착된 것으로 추정되는 북시채백항정토
당(北市綵帛行淨土堂) 입구에 있는 부조가 그것이다(도 2-33).[36] 석굴 왼편 동쪽 바깥벽
에 모두 4구의 화생상이 있는데 아래쪽에는 연꽃 위에서 서로 마주보고 서 있는 동자
상이 두 구 있고, 그 위로 상반신만 연꽃 위에 올라온 동자가 또 두 구 있다. 아래쪽의
동자상은 연꽃 위에 서로 마주보고 서서 상대편을 향하여 팔을 내밀고 있는 듯한 모습
을 하고 있다. 머리 부분이 파손되어 얼굴 생김새는 알 수 없지만 체구가 통통한 단구
이기 때문에 아기상이라는 것을 알 수 있다. 흥미롭게도 중간 부분에 있는 상반신만
표현된 화생동자상 사이에 새겨진 '하품상생', '하품중생', '하품하생'의 명문은 『관
무량수경』을 연상시킨다.[37] 이들 동자상은 발해의 동자상이 앉아 있는 아기 모습이라
서 같은 형식이라고 말할 수는 없지만 연꽃 위에 새로 태어나 깨끗해진 사람을 형상화
했으리라는 점에서 공통점이 있다. 북시채백항정토당은 굴 오른편이 없는 구조이고

---

36) 常青, 「龍門石窟 "北市綵帛行淨土堂"」, 『文物』, 1991-8.
37) 주 12 인용문 참조.

맞은편 벽이 파손되었기 때문에 확언하기 어려우나 원래의 반대편 벽에는 '상품상생'의 명문과 앉아 있는 모습의 동자상이 조각되어 있었을지도 모른다.

그러나 북시채백항정토당의 동벽 중단에 있는 상반신만 보이는 연화화생 동자상 역시 팔련성에서 발견된 이불병좌상의 광배에 묘사된 하생상과 유사한 도상을 보여준다. 상반신도 허리까지 전체가 보이는 것은 아니고 얼굴과 어깨 부근까지만 보이는 점은 비슷하지만 연꽃 모양과 동자상의 머리 모양에서 차이를 보인다. 이처럼 어깨 정도만 보이는 연화화생의 모티프는 이미 5세기 중엽에 축조된 집안 장천 1호분 전실 천정 등에서 보였던 것이다.[38] 현전하는 고구려의 7세기 조각이 명확하지 않기 때문에 발해의 조각을 직

도 2-33. 〈北市綵帛行淨土堂洞 입구 부조〉, 용문석굴 北市綵帛行 淨土堂洞 窟門東側.

접 비교하는 것이 조심스러운 반면, 신앙의 측면에서는 고구려의 영향을 반영하고 그 전통을 고수하고 있음을 보여주는 예라고 할 수 있다. 이 같은 아미타 정토 신앙이 팔련성을 중심으로 함경북도 동북부 이북 지역에서 발전했다는 것은 발해인들의 활발한 대외 교류와 관련이 깊은 것으로 보인다.[39] 특히 일본과의 교류에서 험난한 뱃길을 오고 가는 사람들이 많았던 지역에서는 불확실한 위험에 처할 가능성이 많았던 만큼 내세에 불국세계에서 다시 태어날 것을 약속하는 정토 신앙이 융성하기 알맞은 조건을 갖추고 있었던 것으로 추측된다.

---

38) 조선유적유물도감편찬위원회 편, 『북한의 문화재와 문화유적』 2(서울대학교 출판부, 2000), pp. 12-24.
39) 송기호, 『渤海 政治史 研究』(一潮閣, 1995) 참조.

III. 밀교적 성격의 조각

1. 발해와 일본의 교류 가능성–일본 홍파리아미타(紅玻璃阿彌陀)

발해에서 밀교가 있었을 것이라는 추정은 문헌 기록에 의하여 확인된 바 있다.[40] 이는 일본에 『불정존승다라니경(佛頂尊勝陀羅尼經)』을 전해준 사람이 발해 사신 이거정(李居正)이라는 것과 유명한 일본의 밀교 승려인 구카이와 교분을 맺은 발해인에 대한 기록에 근거한다. 흥미로운 점은 홍법대사(弘法大師) 구카이(空海, 774-835)가 지었다는 『무량수여래공양작법차제(無量壽如來供養作法次第)』에 미타정인을 맺은 홍파리아미타의 의궤가 있다는 점이다. 이 경전은 보다 발전된 후기 밀교의 아미타 조상법과 그 의미를 구체적으로 설명하고 있는 보통의 밀교 작법 설명서에 해당한다. 홍파리아미타는 경궤에 의하면 흰색 연꽃 위에 오고저(五鈷杵)를 세우고 그 끝에 붉은 연꽃을 둔 다음 그 위에 정인을 한 아미타상을 안치한 것이다. 불신과 가사를 모두 홍파리색(붉은 유리색)으로 만들기 때문에 홍파리아미타라는 명칭이 붙은 것으로 보인다. 현전하는 일본의 아미타상 가운데 이와 같은 의궤에 따라서 만들었다고 생각되는 것 중에는 10세기경에 조성된 것으로 추정되는 다이마데라(當麻寺) 아미타상이 가장 이른 시기의 것이다. 이후에도 정인의 아미타상은 일본에서 적지 않게 만들어졌다. 그런데 발해의 아미타상과 홍파리아미타상의 의궤는 홍파리아미타가 보관을 쓴 밀교의 아미타상으로 만들어진다는 점에서는 차이를 보이지만 공교롭게도 수인이라는 면에서 일치하고 있다. 물론 아직까지 발해의 정인 아미타상이 밀교적 맥락에서 이해될 수 있는 증거는 밝혀지지 않았다. 그러나 전술한 대로 9세기작으로 알려진 정인 아미타상의 예가 당이나 통일신라에도 남아 있는 예가 몇 구 없다는 점, 구카이와 발해인의 교분을 생각하면 양자의 우연한 관련성은 우리의 관심을 끌기에 충분하다.[41] 현재 남아 있는 발해의 정

---

40) 송기호, 앞의 논문(1992), pp. 709-713 및 王承禮, 『발해의 역사』, 송기호 옮김(한림대학교 박물관, 1987), pp. 172-173.

41) 당과 통일신라에 비하면 일본에는 현전하는 정인 아미타상이 꽤 여러 구 있다. 9세기의 當麻寺 아미타상을 필두로 하여 12 · 13세기까지 지속적으로 만들어진 것은 아마도 空海의 영향력이 컸기 때문인지도 모른다.

인 아미타상은 비록 매우 작은 소조불에 불과하지만 작은 소조불에서 새로운 도상이 발견된다는 것은 단순히 이에 그치는 것이 아니고 이미 독립된 예배상이나 한 전각에 모시는 주불과 같은 도상을 따라서 제작되었을 가능성을 충분히 보여준다고 할 수 있다. 현재로서는 분명한 양자간의 연결 고리가 남아 있지 않지만 발해의 소조아미타상이 밀교 경전상의 의궤를 따르고 있다는 점, 발해인과 구카이와의 친분 등을 고려하면 발해와 일본과의 종교적 교류 가능성을 시사한다는 점에서 그 의의는 간과할 수 없는 중요한 것이라고 하겠다.

2. 후기밀교적 성격의 조각

전술한 『불정존승다라니경』의 소(疏)에 해당하는 『불정존승다라니경적의기(佛頂尊勝陀羅尼經跡義記)』는 불공과 함께 천복사(千福寺)에 있었던 법숭(法崇)의 저작이다.[42] 관정에 대한 자세한 설명과 법수(法水)를 넣어 뿌림으로써 관정의식(灌頂儀式)을 행하는 부분이 나온다.[43] 두행의(杜行顗)가 한역한 『불정존승다라니경』 자체에는 단지 관정의 의식을 통하여 일절 업장을 없애고 지옥으로의 길을 부수어 부처의 길을 열어준다고만 되어 있다.[44] 상경성에서 발굴된 발해 불상이 정병을 들고 있는 모습은 밀교적 의례와 관련 깊은 이같은 관정의식과 연관된 것으로 추정된다(도 2-34).[45] 후기 밀교에서는 수행자가 오상성신관(五相成身觀)을 닦아 아미타여래와 일체가 되면 제불의 관정을 받아 보관을 쓰게 된다고 한다.[46] 그러나 현재까지 알려진 중국의 불상 중에 발해의

---

42) Paul Demiéville et al., comps., *Répertoire du canon bouddhique sino-japonais, édition de Taishō* (Tokyo: Maison franco-japonaise, 1978), p. 255를 따랐다.

43) "灌頂者有其五種 一光明灌頂謂諸佛菩薩放光加持 二者甘露灌頂 謂以部主眞言加持香水 三者種子灌頂 謂部主眞言想布字門遍身分 四者智印灌頂 謂部主所執契印加持 五者句義灌頂 謂部尊眞言及思中義運用 加持 若初修道入眞言門 先訪師主大阿梨 建立道場求灌頂法 入修三密願證瑜伽 猶如世間輪王太子欲紹 王位以承國祚 用七寶瓶盛四大海水 頭灌頂方承王位 如是眞教入密門 同彼軌儀故號佛子 十方佛會五智 成身 從灌頂爲初聞瑜伽教." 『佛頂尊勝陀羅尼經跡義記』, T1803, 39:1030a.

44) "佛逢微笑 告釋提桓因 有佛灌頂清淨諸趣 佛頂尊勝陀羅尼 淨除一切業障 地獄畜生 閻摩盧迦 生死苦惱 破地獄道 升於佛路." 『佛頂尊勝陀羅尼經』, T968, 19:353b.

45) 孫元吉·樊萬象, 「渤海故都上京龍泉府發現金佛」, 『北方文物』, 1991-4, p. 17.

46) 井上一稔, 앞의 논문, p. 81.

도 2-34. 〈佛立像〉, 발해, 9세기, 像 높이 5cm, 상경용천부 내성 서쪽 출토.

도 2-35. 〈六臂菩薩像 실측도〉, 발해, 9세기, 상경용천부 출토, 渤海鎭 발해문물전시관.

예처럼 물병을 들고 있는 예는 매우 드물어서 이 역시 발해 불교의 특수성을 반영하는 것으로 판단된다.

또 여섯 개의 팔이 달린 발해진(渤海鎭) 발해문물전시관 소장의 보살상은 우리나라에서는 발견된 예가 많지 않은 변화관음 중의 하나로서 주목할 가치가 있다(도 2-35).[47] 가운데로 모아 합장을 한 두 손을 빼면 나머지 손은 모두 떨어져 나간 상태이기 때문에 원래 어떤 수인을 했는지, 어떤 지물을 들었는지 알 수 없다. 그런데 가운데 두 손을 가슴 앞에 모아 합장을 하고 있는 다비상은 천수관음을 제외하면 쉽게 찾아볼 수 있는 것은 아니다. 팔이 여러 개 있는 보살은 종류가 다양해서 십일면관음이나 천수관음과 같은 관음을 비롯하여 반야보살(般若菩薩)에 이르기까지 밀교 경전에서 다종다양하게 나온다. 그런데 그 종류만큼이나 들고 있는 지물이나 자세 역시 다양해서 특정한 보살상의 도상을 의궤에 맞추어 판단하고 규정하는 것이 결코 쉬운 일이 아니다. 팔이 여섯 개인 보살은 반야보살과 여의륜관음보살이 있으나 이들은 어떤 손도 합장을 하고 있지 않다. 그러므로 남아 있는 두 손이 합장을 하고 있는 발해의 보살상을 반야보살이나 여의륜관음으로 비정하기에는 무리가 따른다. 오히려 합장수만으로 본다면 다비상 가운데 십일면관음이나 천수관음상에서는 가운데 팔이 합장을 하고 있는 것을 발견할 수 있다. 특히 근래에 발굴된 중국 양주 출토 십일면육비관음상(도 2-36)이나 하남 대해사지 출토 십일면육비관음상을 예로 들 수 있다(도 2-37). 다만 이들은 11개의 소면이 있어서 이와 비교하는 것도 무리인 셈이다. 그렇다 하더라도 발해의 이 육비보살상은 화

47) 연변대학발해사연구실 편, 『발해국의 서울 상경성의 문화유적에 대하여』 발해사연구 3, 방학봉 옮김(서울대학교 출판부, 1993), pp. 239-240.

불도 없고 관음의 표징이 될 만한 다른 증거를 갖추고 있지 않으나 중국에서 제작된 동 시기의 밀교 보살상 가운데 관음 이외의 조각이 제작된 예가 상당히 드물기 때문에 관음으로 판단해도 무방할 것으로 보인다. 물론 막고굴에서 발견된 불화 중에는 다비문수상이 있기는 하지만 조각으로 알려진 경우는 드물다.

현재 머리가 하나이고 팔이 여러 개 있는 변화관음 가운데 합장수(合掌手)가 있는 것은 불공견삭관음(不空羂索觀音)만이 알려져 있

도 2-36. 〈十一面六臂觀音像〉, 당, 9세기, 석회암, 높이 18.5cm, 양주 출토, 揚州박물관.

도 2-37. 〈十一面六臂觀音像〉, 당, 9세기, 석조, 높이 171.0cm, 하남 大海寺 址 출토, 하남박물원.

기 때문에 발해의 육비관음상이 불공견삭일 가능성을 배제할 수 없다. 특히 팔의 위치로 보면 지물을 알 수 없지만 현재 일본 도다이지(東大寺) 산가츠도(三月堂)의 불공견삭관음상이나 『별존잡기(別尊雜記)』의 〈불공견삭관음도〉와 비슷하기 때문에 이들과 같은 도상적 특징을 지니고 있었던 것으로 추정된다. 불공견삭관음은 일찍부터 알려져 있었지만 본격적으로 신앙되기 시작한 것은 당대로 709년에 보리류지(菩提流志)가 『불공견삭신변진언경(不空羂索神變眞言經)』을 한역함으로써 촉발되었다. 그러나 그 조상례는 다른 관음상처럼 많지 않은 실정인데다가 통일신라에는 불공견삭관음의 조성례가 아직까지 알려지지 않았고, 일본의 불공견삭관음상은 통상 팔이 8개라는 점이 문제가 될 수는 있다.[48] 물론 다른 불공견삭관음상 중에는 삼면육비(三面六臂)나 삼면십비(三面十臂), 일면팔비상(一面八臂像) 등 형식도 다양하고 지물의 종류도 매우 다양해서 특정한 한두 가지 도상 형식에 얽매이지 않았다는 특징이 있다. 십일면관음의 의궤도

---

48) 佐和隆研 編, 『佛像圖典』(東京: 吉川弘文館, 1962), pp. 59-76.

팔이 4개 있는 것까지만 경전에 명시되어 있지만 중국에서 6개, 8개의 팔을 가진 십일면관음이 조성되었던 예로 미루어 불공견삭관음의 팔의 개수 역시 융통성이 있었던 것으로 보아도 무방할 것이다. 경전의 한역 시기와 중국, 일본에 남아 있는 조각이 대체로 8세기 이후라는 점에 비추어 발해의 육비관음상도 8세기 중엽 이후에 제작된 것으로 생각된다.

IV. 결어

본고는 기존에 형식 분석과 양식 분류 위주로 이루어졌던 발해의 불교 조각을 다른 각도에서 조명하여 신앙의 측면에서 새로이 해석해 보고자 시도한 것이다. 그 결과, 기존에 관심의 대상이 되지 못했던 소규모의 소조상이 미타정인을 맺은 아미타상임을 알게 되었고, 도상적 특징을 중국 및 통일신라, 일본의 예와 비교하여 9세기 이후에 제작되었음을 밝힐 수 있었다. 또한 기존에 동불이라고 알려져 있었던 동자상이 중국의 정토 미술에서 종종 제작되었던 연화화생상이며 용문의 북시채백항정토당 외벽의 화생상과의 유사성에 주목하여 당대의 화생상과 가까운 도상 형식을 보이고 있음을 알게 되었다. 기존에는 잘 알려지지 않았던 이들 조각을 정토신앙을 배경으로 한 조각이라는 점이 드러남으로써 아미타 정토 신앙이 발해에서 적지 않은 신앙 기반을 갖고 있었던 것으로 추측할 수 있었다. 또한 당을 통하여 발해에 전래되었던 밀교와 관계 있는 조각으로 정병을 들고 있는 소규모의 금동불상과 육비보살상(六臂菩薩像)에 주목하였다. 이들은 당대에 전해진 후기 금강승밀교와 관련된 것으로서 단순히 주술적인 기복적 신앙과 연관된 초기의 밀교상과는 구분되어야 한다.

기존의 발해 조각에 대한 연구가 양식사적 판단에 의하여 고구려를 계승하여 보수적인 경향이 있다고 보았던 것에 비하여 이와는 다른 양상을 보이는 것을 추적한 것이다. 아미타신앙도 당대인 7세기에 매우 융성했던 것이고, 『불정존승다라니경』 역시 두행의에 의하여 당대에 한역되었으므로 그 연대가 뒤지는 것이다. 따라서 발해의 불교와 불교 미술은 8세기에 들어서 보다 다양하게 진전된 면모를 보여주며 오히려 9세기에 더욱 융성한 것으로 생각된다. 또한 당에서는 찾아볼 수 없는 도상의 예로 미루어 당의 영향을 반영하면서도 발해의 독자성을 가진 것으로 이해되어야 한다. 그러므로 발해 미술에는 고구려의 전통을 계승한 부분도 있지만 당이나 일본과의 관련을 암시하는 부분도 도외시되어서는 안 될 것이다. 현전하는 불상이 많지 않기 때문에 확언하기 어려운 점이 있지만 일면적으로는 고구려와는 다른 신앙 내역을 반영한 조각이 있고 일면적으로는 발해의 독자성을 보여주는 점도 있다는 것을 포괄적으로 수용해야 한다. 또 통일신라와 일본을 아울러 7·8세기의 동아시아는 전반적으로 당의 문화적 구심력이 워낙 강하기 때문에 미술에 있어서 당문화의 영향을 적극적으로 반영한 국제주의적 경향이 강하게 드러나는데 현재까지 알려진 발해의 불교 조각에서는 국제적 성격이 두드러지지 않는다는 점도 간과할 수 없다. 같은 시기에는 미술문화를 꽃피울 발해의 역량이 축적되지 않았던 것으로 짐작되지만 이 점에 관해서는 보다 많은 연구가 진행되어야 할 것으로 생각된다. 발해의 경우에는 다른 어느 지역보다도 유적과 유물에 대한 접근이 용이하지 않은 상황인데다 통일신라나 중국과는 사뭇 다른 양상을 보이며 고구려와의 관계, 민족 구성상의 문제 등으로 인하여 불교미술 연구가 어려운 것이 사실이다. 따라서 연구 인력의 증가와 지속적인 관심이 필요하며 앞으로 고고학적 성과를 반영한 새로운 연구가 진척되기를 기대한다.

제3부
불교미술 속의 여성이미지

당대(唐代) 여성 이미지의 재현(再現)
-남북조시대 미술 속 여성상과의 비교를 중심으로

I. 서언

중국 미술의 역사에서 여성은 어떤 역할을 하였는가? 중국미술사가 우리나라에 소개되고, 연구된 지 상당한 시간이 흘렀지만 여성과 미술은 중국미술에서 어떻게 관련되었는가, 혹은 관련될 수 있는가에 관한 논의는 서양미술사에 비하면 충분하게 연구되었다고 보기 어렵다. 특히 대부분의 중요한 연구는 미술 후원자로서의 여성에 초점이 맞춰져 있다.[1] 서양미술사에서 여성을 주제로 하는 연구는 이미 1970년대부터 다

---

1) 중국미술사에서 여성과 관련된 미술 연구는 대부분 여성후원자에 집중되어 있다. 만력황후의 후원으로 제작된 九蓮觀音을 주제로 한 논문으로 마샤 와이드너(Marsha Weidner), 「九蓮菩薩像과 명 萬曆帝 황후」, 『中國史硏究』 35(2005), pp. 245-280 참조. 불교미술 분야에서 가장 널리 연구된 주제 중의 하나는 무측천에 의한 봉선사의 후원과 그와 관련된 각종 조각 및 불화연구이다. 이에 대해서는 대개 걸출한 女帝에 의한 막강한 후원으로 간주되는 경향이 있다. 水野淸一・長廣敏雄, 『龍門石窟の硏究』(東京: 座右寶刊行會, 1941), pp. 71-77; Ning Qiang, "Art, Religion and Politics: Dunhuang Cave 220," Ph.D. dissertation, Harvard University (1997), pp. 158-217; Chen Jinhua, "Sarīra and Scepter: Empress Wu's Political Use of Buddhist Relics," *Journal of the International Association of Buddhist Studies* 25-1/2 (2002), pp. 33-150. 무측천을 주요하게 다룬 글은 아니지만 비구니에 관한 연구도 여성과 미술을 결부시킨 연구의 일환으로 간주할 수 있다. Amy McNair, "On the Patronage by Tang Dynasty Nuns at Wanfo Grotto, Longmen," *Artibus Asiae* 59-3/4 (2000), pp. 161-188. 또 여성을 포함한 누드 모델에 관한 논쟁을 주제로 한 다음 논문은 여성이 어떻게 표현될 수 있는지에 관한 사회적 인식과, 미술 교육, 제도와 관련되는 흥미로운 글이다. 줄리아 앤드류스(Julia F. Andrews), 「1920년대 상해의 미술과 국제적 문화: 劉海粟과 누드모델 논쟁」, 『中國史硏究』 35(2005), pp. 323-372. 독립된 논의는 아니지만 근래 서양에서 간행된 중국미술사 개설서 중에는 남성과의 관계 속에서 여성의 이미지를 해석하려는 시도를 보인 글이 눈에 띈

양한 방식으로 이뤄져 현재는 식상할 정도이지만, 같은 주제가 동양미술사에서는 중요한 연구의 대상이 되지 못했다.[2] 여성과 미술을 논의할 때, 여성미술가, 여성의 시각적 이미지화, 미술의 주체이자 객체로서의 여성을 떠올리게 된다. 그런데 적어도 미술과 관련지어 볼 때, 서양과 달리 동아시아에서는 여성미술가에 대한 조명이나 여성을 시각적으로 재현한 방식과 그 배경에 있는 사회적 인식에 대한 주목이 그다지 이뤄지지 않았다.[3] 본고에서 다루고자 하는 당대 미술에 보이는 여성의 이미지라는 주제는 '여성'에 관한 중국 전통사회에서의 인식과 그 인식이 반영된 조형이라는 문제를 환기시키고자 하는 것이다.

선행연구가 많지 않은 관계로 이러한 문제의식이 심도 깊게 개진되기는 어려울 것이나 동양미술사에서의 연구의 지평을 넓힐 수 있는 계기로 삼을 수 있는 시도가 될 것이다.[4] 당이라는 시대에 주목한 것은 당대에 들어 전례 없이 여성에 대한 평가가 높아

다. 전통적인 중국 사회에서 그림에 재현된 여성, 특히 〈미인도〉로 통칭되는 여성상을 남성에 대한 사적인(private) 존재로 간주하고 여성들이 보다 공공성을 가진 존재로 그려지는 것은 근대 사회에서 이뤄진 일이라고 보는 시각을 예로 들 수 있다. Robert L. Thorp and Richard Ellis Vinograd, *Chinese Art and Culture* (New York: Harry N. Abrams, INC., 2001), p. 372 참조.

2) 미술사에서 다루는 페미니즘 문제는 크게 여성 작가, 여성 후원자, 여성의 시각적 재현이라는 세 가지 범주로 나누어 진행된다고 보고 있다. 양정무, 「이탈리아 르네상스 시각세계의 구성요소-시론(試論)」, 『미술사와 시각문화』 1(2002), pp. 139-140. 페미니즘적 시각이 미술사의 영역에서 중요한 테마로 자리 잡은 것은 1977년 이후라고 한다.

3) 근래에 이뤄진 젠더로서의 여성 이미지와 관련한 동양미술사에서의 논고로 주목되는 것은 일본미술사를 다룬 지노 카오리의 다음의 글이다. 지노 카오리, 「일본의 障壁畵에 나타난 젠더의 구조-전근대의 중국 문화권에서」, 『미술사논단』 4(1996), pp. 135-169; 해당 논문의 일본어 원문은 『미술사논단』 4(1996), pp. 171-198 참조. 지노 카오리는 새로운 미술사(New Art History, 그 자신의 표현을 빌면, '시각적 표상의 역사')를 표방하면서 헤이안시대 이래 제작된 장벽화를 분석하여 공적인 영역에 표현된 남성성과 사적인 영역 중 일부를 대표하는 여성성에 주목하였다. 그의 연구는 지속되지 못했지만 젠더의 구조로 이해한 일본 미술의 특정한 세계에 관심을 가진 테마로 특기할 만하다.

4) 필자는 불교미술에서 오늘날 여성으로 간주되거나 혹은 여성으로 인식되는 보살상이 당대 증가하는 것을 주제로 한 논고를 2005년에 발표한 바 있다. 당시 논고의 주제는 원래 불교경전에서 남성이라고 규정된 보살의 성적 정체성이 어떻게 여성처럼 보이게 만들어졌는가를 다룬 것이었다. 실제 당대 미술과 비교하면 여성처럼 보이는 보살의 실제 모델은 胡女였을 가능성이 높다는 것을 도선의 기록을 통해 규명했으며 보살이 여성처럼 보이게 만들어진 배경을 측천이 만들게 했던 여러 경전에 나오는 '轉女成男說'에 있었을 것으로 추정한 바 있다. 이는 중국 불교미술사에서는 거의 다뤄지지 않은 주제였으며, 불교미술을 주제로 다뤘다는 점에서 본고와 명백한 차별성을 갖는 것이다. 강희정, 「唐代 菩薩像의 여성적 이미지와 그 정체성」, 『美術史學』 20(2006), pp. 7-34 참조. 이 논문은 본서의 3부에 재수록하였다.

졌다고 생각되기 때문이다. 이 점에 대해서는 뒤에 설명하기로 하겠다. 논의에 앞서 본고는 여성의 지위나 위상이 높아졌다거나, 혹은 여성의 사회상, 생활상이 어떻게 변화했으며 그것이 어떤 의미를 지닌다는 것을 논증하기 위한 것이 아님을 밝혀두고자 한다. 그보다는 오히려 미술 속에서 여성이 어떻게 표현되었는가, 여성이 어떤 이미지를 보여주는 사회적 존재로 재현(representation)되었는가에 중점을 둔 것이다. 이는 당대 미술을 바라보는 여러 가지 방식 가운데 하나로, '여성 이미지'를 눈여겨볼 기회를 확장시키려는 의도에 의한 것이다.

먼저 본고에서 주목한 여성 이미지는 즉자적(卽者的)인 존재로서보다는 대자적(對者的) 존재이자, 주변 환경이나 다른 인물, 특정한 이야기 속에서 구현된 미술상의 여성이라는 점을 언급해 두고자 한다. 거창하게 '젠더(gender)'의 개념을 거론하며 페미니즘 미술사를 주창하려 하는 것은 아니지만 '여성의 재현'이라는 범주의 윤곽을 명확하게 하기 위하여 다소 오래된 사회학적 설명을 빌려 보기로 한다. 생물학적인 의미에서의 여성에 대한 정의는 본고에서 별 의미가 없으므로 사회학적으로 거론되는 젠더로서의 여성으로 논의를 좁혀 보겠다. 젠더는 사회적으로 구성되는 남녀의 정체성, 즉 사회적으로, 혹은 문화적으로 길들여진 '성'이라 정의하며 흔히 한 시대, 한 사회에서 여성다움, 남성다움으로 규정된다고 한다. 젠더의 정체성은 사회문화적으로 규정된 성별이 자아의 정체성 형성에 일차적으로 작용하여 그 구성원이 속한 사회가 부여하는 가치와 태도에 맞추어 자신의 성별에 따른 지위와 역할과 동일시하려는 상태를 말한다고 정의된다.[5] 그러므로 사회의 성격에 따라 젠더의 성격은 달라진다고 할 수 있다. 젠더에 관한 이와 같은 대강의 개념을 전제로 하고 논의를 진전시켜 보고자 한다.

---

5) 현택수, 「현대의 성 정체성」, 『경제와 사회』 35(1997), pp. 89-105.

II. 불교미술에 보이는 여성상
–공현석굴 예불도와 막고굴의 여성상을 중심으로

젠더에 관련된 논의에서 여성은 항상 남성의 '타자(他者)'로 인식되고 남성을 중심으로 한 사회의 문화와 상징체계에서 배제되었다고 판단한다. 그러므로 남성, 혹은 여성이라는 젠더는 그들에게 각각 내면화된 일련의 이미지와 기호, 개인 각자에게 부여된 정체성이라는 것으로 규정된다고 볼 수 있다.[6] 젠더의 차별성을 강조하는 입장은 남녀의 차이가 자연적으로 타고난 것이 아니라 사회적으로 만들어지고 학습되어 왔다는 점을 부각시키기에는 유용하다. 하지만 여기에서 유의해야 할 점은 남성과 여성이라는 이분화된 범주를 지나치게 보편화시키며 우리 사회에서 발생하는 모든 문제를 이와 결부시킨다는 지적을 받고 있다는 점이다. 이를 유념하면서 젠더와 관련된 몇 가지 범주를 설정하고 중국미술사에서 여성의 재현을 다양하게 조명해 보도록 하겠다. 당대 미술의 여성이미지를 명확하게 부각시키기 위하여 남북조시대 미술의 여성이미지를 함께 비교해 보고자 하지만 현전하는 남북조시대의 진작이 많지 않은 관계로 이 장에서는 부득이 후대의 모작과 석굴사원의 벽화를 중심으로 살펴보겠다. 장르에 관계없이 여성이 미술에서 구현된 방식은 특히 여성과 마찬가지로 '남성'이라는 젠더로 규정될 수 있는 당시 사회 속의 남성과의 특정한 관계를 보여주고 있으며 이러한 관계 속에서 의미를 갖기도 한다.[7] 그러므로 이 장에서는 주로 남성 이미지와의 비교를 위주로 논의를 전개시키게 될 것이다.

당대 미술에 묘사된 여성 이미지의 성격을 분석하기에 앞서 남북조시대 미술에서의 여성상이 어떻게 표현되었는지를 살펴보는 것이 유용할 것이다. 먼저 남북조시대 미술 중 공현석굴의 〈황제예불도〉와 〈황후예불도〉를 보도록 하겠다. 공현석굴은 북위 말기인 6세기 1/4분기에 황실이나 황실 측근의 봉헌으로 개착된 것으로 알려졌다.[8] 그

---

6) 주디스 버틀러, 「도대체, 누가 여성일까」, 『越鏡하는 지식의 모험자들』, 강봉균 외(한길사, 2003).

7) Robert L. Thorp and Richard Ellis Vinograd, 앞의 책, p. 372.

8) 공현석굴의 개착년대와 발원자에 대해서는 약간의 이견이 있다. 선무제나 효명제가 개착했다고 보는 것은 陳明達, 황실 측근인 정예중이 발원한 것으로 보는 견해는 宿白을 들 수 있다. 이에 관한 간단한 정리

도 3-1. 〈황제예불도〉, 6세기 1/4, 鞏縣石窟 제1굴 남벽 동측.

도 3-2. 〈황제예불도〉, 6세기 1/4, 鞏縣石窟 제1굴 남벽 서측.

가운데 가장 이른 시기에 조성되었다고 보는 공현석굴 제1굴 동벽과 서벽에는 벽면 가득 황제(도 3-1)와 황후예불도(도 3-2)가 각기 부조되었다. 그런데 이들 예불도는 상단의 황제와 황후 무리로 추정되는 인물군을 제외하면 유사한 패턴의 인물상들이 반복적으로 묘사되어 있다. 얼굴과 복식, 자세가 천편일률적이기 때문에 벽면을 메운 인물군상들에서 남성

도 3-3. 〈황제예불도〉 부분.

과 여성, 혹은 황제와 황후라는 구분은 사실상 별로 의미가 없다. 황제나 황후를 구분할 수 있는 것은 면류관의 유무, 복식의 차이, 산(傘)의 크기 정도이다(도 3-3). 이들 부조의 일률적인 표현법은 사람이나 인물의 초상적 성격은 물론 남성과 여성이라는 신체상의 차이를 분간하기도 어려울 정도이다. 여기서 중요하게 간취되는 것은 이들이 예불하러 가는(혹은 오는) 장면이며, 이들 간의 신분의 차이이다. 다른 무엇보다도 인

는 마쓰창(馬世長) 외, 『중국 불교석굴』, 양은경 옮김(다홀미디어, 2006), pp. 307-308; 강달송, 「北魏 鞏縣 石窟寺 四壁下部와 中心柱 基壇의 浮彫像」, 서울대학교 석사학위논문(1996), pp. 4-11.

물들의 계급적 위치(Hierarchy)가 중요하게 여겨지고 있어서 그에 따라 인물의 규모에 차이를 두었다. 즉, 부조를 형상화하는 데 있어서 인물들 상호 간의 관계는 누가 여성이고, 남성인가에 관계없이 무엇보다 사회적 신분이 일차적으로 중요하게 작용했던 것이다. 공현 제1굴보다 약간 늦은 시기에 조성된 공현 제3굴과 제4굴에 묘사된 부조도 조각 솜씨는 제1굴보다 떨어지지만, 여성과 남성 간의 구별이 거의 불가능에 가깝다는 점은 마찬가지이다.[9] 얼굴이나 머리 모양, 체구 등 어느 쪽을 보아도 성별을 알아내기가 어려우며, 단지 사회적 신분을 환기시키는 보관과 산, 인물의 크기 등에 주로 관심을 두고 만들었을 뿐이다.

공현석굴의 조성 배경을 생각하면 당연한 일이겠지만 〈황후예불도〉가 묘사되었다는 점에서 공현은 다른 석굴 사원보다 나은 편이다. 다른 석굴이나 조각상에는 여성이라는 성별을 구별할 수 있는 인물이 표현된 경우가 많지 않기 때문이다. 이는 공현석굴보다 앞선 시기에 조성되기 시작했던 돈황 막고굴과 운강석굴의 예를 보면 알 수 있다.[10] 이들 석굴에서는 석가모니의 전생이나 본생을 주제로 한 벽화나 조각에서 여성이 반드시 등장해야 하는 필연적인 부분을 제외하면 거의 여성을 묘사한 예를 찾기 힘들다. 특히 남북조시대의 돈황 막고굴에 묘사된 여성은 대부분 공양자로서의 여성에 불과하다.[11] 다시 말해서 생활상의 모습이나, 종교적인 행위 등 어떤 행동을 취하거나 감정을 드러내는 여성이 표현되지 않았다는 것이다. 예컨대 막고굴 제249굴 북벽 하단부에 작은 규모로 그려진 〈공양인 행렬도〉에도 여성이 묘사되어 있기는 하지만 이들을 승려들과 구분할 수 있는 것은 오직 길게 끌리는 치마를 입었다는 점뿐이다.[12] 공양인 여성의 긴 치마를 제외하면 인물의 성별을 구별할 수 있는 아무런 표시나 특징이 전혀 보이지 않는다. 막고굴에도 공현석굴의 〈황제예불도〉와 유사한 그림이 그려져 있

---

9) 이들 굴은 1굴보다 약간 늦은 517-527년에 조성된 것으로 추정된 바 있다. 마쓰창 외, 양은경 옮김, 위의 책, p. 308.

10) 현재 공개되고 출간된 돈황 막고굴 벽화를 중심으로 필자가 살펴본 바에 따른다. '실제로 몇 부분의 벽화가 그렇고 그렇지 않은 그림이 몇 부분이다'를 거론하는 확률적인 것은 의미가 없다고 본다.

11) 막고굴 벽화는 敦煌文物研究所 編, 『中國石窟 敦煌莫高窟』 1(東京: 平凡社, 1980); 敦煌文物研究所 編, 『中國石窟 敦煌莫高窟』 2(東京: 平凡社, 1984); 敦煌文物研究所 編, 『中國石窟 敦煌莫高窟』 3(東京: 平凡社, 1987) 참조.

12) 敦煌文物研究所 編, 위의 책(1980), 도 94 참조.

도 3-4. 〈공양인행렬도〉, 西魏 大統4년(538), 돈황 막고굴 제285굴 북벽.

는데, 화면의 구성법은 공현의 경우와 크게 다르지 않다. 머리에 쓴 관과 복식에서 신분이 높은 남성이라는 점을 추측할 수 있을 뿐이며 그 밖에는 아무런 정보도 알려주지 않는다. 오히려 신분의 차이에 대한 보다 명확한 강박관념을 갖고 있음을 주인공 남성 뒤에 서 있는 시동(侍童)들을 통해 보여주고 있다.

같은 공양인 행렬도 중에 서위 대통(大統)4년(538)의 제기가 있는 막고굴 제285굴 북벽의 공양인 그림은 남성과 여성이 마주 서 있는 구성으로 보여주고 있어서 양자를 비교하기 좋은 예이다(도 3-4).[13] 좌측에 그려진 한족 복식의 여성들과 우측에 그려진 호복 차림의 남성들은 가운데 제기를 중심으로 서로 마주 선 모습이다. 각 인물마다 원래 직위와 이름을 적었음직한 방제를 두었던 것처럼 보이는데 현재 글씨는 잘 보이지 않으며, 머리 장식과 복식을 제외하면 이렇다 할 성별 표시가 뚜렷하지 않다. 다만 여기서 주목되는 것은 비슷한 공간 내에 여성을 좀 더 촘촘하게 배치함으로써 보다 독립적으로 여유 있는 자리를 차지하고 두 다리를 벌리고 선 모습의 남성에 비하여 상대적으로 덜 중요하게 보인다는 점이다. 그러나 제285굴의 공양인 그림을 제외하면 남성과 여성의 성별 구분이 불분명한 인물 군상을 그리는 것은 북주는 물론 수대에도 계속되었다. 제305굴에 그려진 공양인 행렬도는 이를 잘 보여주는 예이다.[14]

---

13) 위의 책, 도 128 참조.
14) 敦煌文物研究所 編, 앞의 책(1984), 도 24, 26 참조.

도 3-5. 〈여성공양자들〉, 초당, 돈황 막고굴 제375굴 西龕外.

그러나 막고굴에 보이는 여성의 이미지는 당대에 들어서면 조금씩 변화를 보이기 시작한다. 초당기에 조성된 막고굴 제375굴의 여성공양자들은 복식이나 머리 장식도 전 시기와 달라졌지만 무엇보다 눈에 띄는 것은 그녀들의 사회적 지위가 전에 없이 높아 보인다는 점이다(도 3-5).15) 이전의 벽화에서 분명히 외형적으로 크게 차이를 보이지 않았던 시자(侍者)들의 모습이 달라져서 분명히 여성과 남성으로 구별이 가능한 두 명으로 표현되었고 인물들의 크기도 주인 격인 공양인 여성보다 월등히 작게 그려져 이들 상호간의 신분의 차이가 극명하게 드러난다. 고대 회화가 보이는 그대로를 그리지 않았다는 것은 새삼 거론할 필요도 없는 것이지만 막고굴 제375굴의 공양인 행렬도에서 시자는 더욱 위축되어 보인다. 물론 시자들의 모습은 단지 복식을 통해서만 성별을 구별할 수 있는 정도에 불과하지만 그 차이가 보다 명확하게 부각되었고, 시자들 앞에 서 있는 여성 공양자의 독립성이 더욱 두드러진다는 점에 주목할 필요가 있다.

다음으로 막고굴 당대굴에서 눈에 띄게 변화한 점은 제209굴, 제329굴 등에서 볼 수 있는 것처럼 여럿이 함께 어울려 다니면서 설법을 듣거나 조용히 앉아 있는 모습의 여성 공양자 그림이 두드러지게 증가했다는 점이다.16) 당대에 들어 경전을 도해한 경변상도들이 늘어나는 만큼 각종 변상도 중에 여성의 모습이 늘어난 것은 쉽게 이해할 수

---

15) 敦煌文物硏究所 編, 앞의 책(1987), 도 4 참조.

16) 당대 막고굴에는 경변상도가 중요한 벽화의 소재가 되며, 경변의 내용에 따라 여성이 반드시 그려져야 하는 대목들이 있다. 다양한 경변상도에도 여성들이 등장하지만 본문 중에 거론한 벽화는 경변상으로 알려진 것들은 아니다. 경변상도의 여성상까지 포함하면 막고굴 당대굴의 여성상은 상당히 많겠지만 변상은 약간 다르다고 생각해서 본고에서 다루지 않았다. 敦煌文物硏究所 編, 앞의 책(1987), 도 38, 39, 48 참조.

있다. 그러나 변상도라고 판단되지 않는 그림에서도 여성 표현이 증가하는 원인을 찾는 것은 쉽지 않다. 이러한 현상은 이전의 남북조시대 막고굴 벽화에서는 지극히 보기 드문 일이며 그만큼 정적인 여성의 모습보다는 훨씬 능동적이고 활동적인 여성의 모습이 자연스럽게 여겨졌음을 의미하는 것으로 보인다. 물론 불교적인 주제를 다루는 석굴사원의 벽화이므로 불법을 경청하는 여성의 모습은 당연한 것으로 보이지만 의외로 남북조시대의 벽화에서는 그와 같은 여성의 모습은 찾아보기가 매우 어렵다. 불법을 듣는 여성이 남북조시대에는 적었던 것인지, 아니면 그 시대에는 막고굴 벽화의 소재로 적절하지 않다고 생각되었던 것인지 현재로서는 확인할 길이 없다. 그러나 어느쪽이든지 당대에 들어 여성들의 움직임을 묘사하려는 생각이 자연스럽게 받아들여진 것이라고 생각된다.

III. 회화 속에 재현된 여성의 모습

1. 〈낙신부도(洛神賦圖)〉와 〈여사잠도(女史箴圖)〉를 통해 본 남북조시대의 여성상

전술한 바와 같이 남북조시대의 독립된 회화 작품으로 남아 있는 예가 거의 없기 때문에 부득이 후대의 모작들을 통해서 이 시기 회화 속의 여성 이미지를 짐작할 수 있다. 우선 대표적인 남북조시대 회화의 예로 손꼽히는 〈낙신부도〉와 〈여사잠도〉를 살펴보도록 하겠다(도 3-6). 제목에서 알 수 있듯이 이들 그림은 '이야기'가 있는 그림이며, 이 '이야기'의 주제는 여성과 관계된 것이다. 〈여사잠도〉의 주제와 낙신부 이야기는 널리 알려진 것이므로 장황하게 설명할 필요가 없다고 생각한다.[17] 간단하게 말해서 두 그

---

17) 〈여사잠도〉는 西晉의 張華(232-300)가 당시 賈后의 행실을 풍자하여 여인이라면 마땅히 지켜야할 도리에 관하여 서술한 글을 고개지가 그렸다고 한다. 〈낙신부〉는 삼국시대 魏의 시인이었던 曹植(192-232)이 낙수의 여신과의 이루지 못한 사랑을 노래하여 지은 유명한 賦이다. 이들 두 그림에 대해서는 기존의 연구가 적지 않으나 근래 발표된 논고로 조향진, 「明帝의 〈洛神賦圖〉를 통해 재조명한 顧愷之」, 『중국사연구』 39(2005), pp. 1-40; 同, 「동진 명제와 〈낙신부도〉-〈낙신부도〉의 출현 배경에 대한 일고찰」, 『미술사의 정립과 확산』 1, 항산안휘준교수정년퇴임기념논문집간행위원회 편(사회평론, 2006), pp. 622-637.

도 3-6. 傳 고개지, 〈女史箴圖〉 부분, 東晉, 絹本彩色, 24.8×348.2cm, 대영박물관.

림 모두 원래 문학작품에 기반을 둔 것이며 양쪽 모두 여성과 남성과의 관계를 고찰하
기에 적합한 주제이며 그림이라고 할 수 있다. 〈여사잠도〉는 주제 자체가 여성으로서
마땅히 해야 할 도리이므로, 그 도리에 따라 지켜야 하는 여성들의 규범은 상대방 남성
을 위한 것들이다. 각각의 장면마다 원래의 글이 쓰이고 다음에 그림이 이어지는 형식
을 취했으며 세부적인 항목은 언급하지 않겠지만, 그림에 보이는 여성들은 한편으로는
여성스러운 매력을 지닌 아름다운 면모를 보여주기도 한다. 하지만 이들은 상대방 남
성에 대하여 순종적으로 보이거나, 그를 위하여 희생하는 모습을 보여주는 등 남성과
의 관계에 있어서 종속적인 모습으로 묘사되었다. 〈여사잠〉이라는 글의 내용을 떠나
서 때로는 자신의 외모를 가꾸는 모습으로, 혹은 남성을 위하여 교양을 쌓는 듯한 모습
으로 그려졌다.[18] 남북조시대의 회화가 기본적으로 감계화에 기반을 두었다는 점은 이
미 잘 알려진 점이다.[19] 여성이미지에 있어서도 유교적 가치관에 따라 순종적이거나,
유교적 덕목에서 교훈이 될 만한 여성상이 그려진 것으로 보이며, 〈여사잠도〉역시 감

이 글에서는 고개지 전칭작으로서의 그림의 위상과 특징보다는 〈낙신부〉라는 문학작품이 출현하게 된
사회적 분위기와 문학적 가치에 중점을 두었다. 한편 〈낙신부도〉에서 시간의 흐름에 따라 반복적으로
묘사되는 인물과 배경 등에 관해 주목한 것으로 Chen Pao-chen, "The Goddess of the Lo River: A Study
of Early Chinese Narrative Handscroll," Ph.D. dissertation, Princeton University (1987) 참조.

18) 거울을 들고 단장하는 여인의 앞 글에는 "사람들이 얼굴은 다듬을 줄 알지만, 심성은 닦을 줄 모른다" 라
고 쓰여 있으며 침상이 있는 그림 앞에는 "하는 말이 선하면 모두 이를 따르지만 그렇지 않으면 하물며
부부 사이라고 하더라도 의심을 받는다"는 내용이 있다. 이들 장면에 대해서는 박은화 편, 『중국회화감
상』(예경, 2001), p. 35를 참조하였다.

19) 회화에 일정한 감계가 있어야 한다는 曹植, 陸機 등의 繪畵效能論에 대해서는 葛路, 『中國繪畵理論史』,
姜寬植 옮김(미진사, 1989), pp. 70-74.

도 3-7. 傳 고개지, 〈洛神賦圖〉 부분, 東晉, 絹本彩色, 27.1×572.8cm, 북경 고궁박물원.

계화를 그리던 한대 이래 전통을 충실히 따른 것이라 할 수 있다. 이와 비슷한 그림의
구도와 소재를 보여주는 것이 대동(大同) 사마금룡묘(司馬金龍墓)에서 발굴된 채색병풍
이다. 당시 널리 알려졌던 효자, 열녀에 관한 고사를 기반으로 그린 것으로 남녀의 성별
보다 등장 인물들의 계급적 위치가 중시되었다.

〈낙신부도〉의 모습은 〈여사잠도〉와는 성격이 달라서 남녀간의 이루어질 수 없는
사랑을 주제로 한 일종의 로맨스이기 때문에 낙수(洛水)의 여신인 여성은 상대적으로
남성보다 높은 지위로 생각하는 것이 보통이다(도 3-7).[20] 그러나 실제로 여신이나 선
비나 모두 로맨스라는 이야기에 걸맞지 않게 감정이 별로 드러나지 않는 냉정한 얼굴
로 묘사되고 있어 흥미롭다. 시간의 흐름을 따라 사건의 전개를 묘사한 이 두루마리
그림 속에서 여성과 남성간의 애틋한 관계를 암시하는 장치는 그다지 보이지 않는
다.[21] 사랑이야기임에도 불구하고 심지어 둘이 함께 묘사된 부분도 많지 않다. 로맨스

20) 현재 고개지의 이름으로 6가지 다른 모사본이 전해진다고 한다. 박은화, 앞의 책, p. 36. 현존하는 모사
    본들을 남송대 것들로 추정된다고 하며 『역대명화기』에 보이는 화가가 명제라는 점에 착안하여 처음
    그려진 〈낙신부도〉는 명제가 직면한 역사적 상황에 대한 회한을 담고 있다고 해석한 글은 조향진, 앞의
    논문(2005), pp. 22-26.
21) 이와 같은 형식의 그림을 連環畵라고도 하며 인도에서 불화나 벽화를 그리던 방식이 불교와 함께 중국
    으로 전래되어 소개되었다고 보는 견해도 있다. Patricia E. Karetzky, *Early Buddhist Narrative Art -
    Illustrations of the Life of the Buddha from Central Asia to China, Korea and Japan* (Lanham, New York
    and Oxford: University Press of America, 2000), pp. 72-73. 그는 연속적인 내러티브 방식 회화
    (continuous narrative illustration)가 불교의 중국 전래 이전에 제작되었다는 증거가 없음을 지적했다. 連
    環畵라는 역어는 박은화, 앞의 책, p. 37을 참조하였다. 불교 전래 이전으로 올라가는 이른 시기의 회화
    가 남아 있지 않기 때문에 이를 불교의 영향 아래 도입된 것이라고 단정하기는 어렵다고 생각한다. 인도

의 주인공인 낙수의 여신은 자신의 권위에 어울리는 마차를 타고 다니며 그 주위에 어룡들이 시위(侍衛)하는 것으로 그의 신분과 권위가 표현되었을 뿐이다. 그림 속에 묘사된 낙신은 남성과의 관계 속에서 자신의 생각이나 감정을 드러내는 능동적인 인물로 보이지는 않는다. 바람에 날리는 여신의 옷자락과 천의, 옷을 묶은 띠는 남북조시대 미술에서 종종 보이는 전형적인 시대양식을 반영한 것이다. 이것들은 낙신부의 내용에 걸맞는 환상적인 분위기를 주는데 성공적이기는 하지만 동시에 "잡을 수 없는, 가벼운, 쉽게 변하는" 여성의 속성을 은유한 것처럼 보이기도 한다. 이 점은 늘 땅을 딛고 살아야 하는 인간 조식이 판에 박힌 모습으로 딱딱하고 정지된 이미지로 묘사된 것과 좋은 대조가 된다.

2. 당 회화에 보이는 여성상

남북조시대 회화에 묘사된 여성상의 한 단면을 잘 알려주는 〈낙신부도〉와 〈여사잠도〉에 나타나는 특징은 당대 회화에서 그대로 계승되지 않는다. 당대 미술에서는 오히려 특정한 '관계' 속에서 자신을 드러내고, 자기 자신의 외형을 통해, 혹은 감정을 내보임으로써 여성으로서의 자신을 자각한 얼굴이 조금씩 나타나기 시작한다. 특히 당대 회화에서 여성은 남성과 대등하게 묘사되거나, 혹은 현실적인 남성상에 비해 보다 중요하게 처리된 것처럼 보인다. 초당기의 독립적인 회화가 남아 있지 않은 관계로 고분 벽화 속의 여성을 먼저 살펴보기로 하겠다. 대표적인 고분 벽화로 장회태자묘, 영태공주묘, 의덕태자묘의 벽화를 들 수 있다.[22] 대체로 706년경에 그려진 것으로 추정

의 벽화들이 반드시 시간의 흐름에 따라 사건을 전개시키는 방식으로 그린 것도 아니며, 한대 화상석이나 화상전을 생각해 보면 이야기 그림 속에 시간의 개념은 어떻게든 반영되었어야 하기 때문에 동일인물이 반복되는 상황도 충분히 있었을 것으로 추측된다.

22) 章懷太子 李賢은 고종과 무측천의 둘째 아들로 무측천을 비판하여 자살하게 되었고, 永泰公主 李仙蕙는 그들의 손녀로서 무측천에 의해 701년에 살해되었다. 이들은 모두 중종이 즉위한 이후인 706년에 다시 乾陵 가까이 이장되어 무덤을 다시 꾸몄다. 그러므로 새로 만든 무덤에는 연도에서 묘실에 이르기까지 出行圖, 客使, 儀仗隊, 侍者 등이 그려졌으며 벽화는 706년으로 통상 편년된다. 박은화 編, 앞의 책, pp. 51-53; 百橋明穗·中野徹 責任編集, 『世界美術大全集 東洋編』 4(東京: 小學館, 1997); 당대 고분벽화에 대해서는 Mary Fong, "Tang Tomb Murals Reviewed in the Light of Tang Texts on Painting,"

되는 이들 고분의 연도에는 〈시녀도〉가 그려져 있다.[23] 이들 고분의 〈시녀도〉에는 각각 여러 가지 물건을 들고 묘실 쪽으로 걸어가는 한 무리의 시녀들이 그려졌다(도 3-8). 서로 바라보거나, 이야기를 하거나 혹은 듣고 있는 등 자유롭게 움직이는 자세로 그려진 시녀들은 각자의 개성과 성격이 조금씩 다르게 묘사되어 흥미롭다. 이전 시기 그림이나 부조의 여성들이 천편일률적인 모습으로 비슷비슷하게 묘사된 것과 현격한 차이가 있다. 〈시녀도〉에 그려진 서로 두런두런 웅성거리는 군상의 표현은 마치 실제 모

도 3-8. 〈侍女圖〉, 706년경, 176×196cm, 陝西省 乾縣 永泰公主墓 前室 東壁 南側, 陝西歷史博物館.

델을 앞에 두고 그린 것처럼 생동감을 준다. 구체적으로 묘사된 개개인의 심리상태와 개성은 여성 자신의 정체성이 어느 정도 반영된 것으로 볼 수 있다.

〈시녀도〉는 묘주가 황실 일가라는 점과 고분벽화라는 그림의 성격으로 인해 여성의 이미지를 시각적으로 형상화하는 데 제약이 있었을 것이다. 반면 〈여사잠도〉나 〈낙신부도〉처럼, 진작은 아니더라도 8세기 당대 사녀화(仕女畵)의 전형을 잘 보여준다는 평가를 받는 주방(周昉, 약 780-810)과 장훤(張萱, 8세기 전반)의 그림으로 알려진 예들은 여성들의 모습을 보다 적극적으로 보여준다. 당대 궁중의 여인들을 세밀하게 묘사한 것으로 전해지는 이들의 그림처럼 이 시기 여성상을 잘 보여주는 예는 없을 것이다.[24] 주방과 장훤의 전칭작에 그려진 사녀들을 보면 화가는 인체를 드러내고 묘사하는 일에 대해서는 그다지 관심을 보이지 않았다. 그녀들은 통통한 얼굴에 이목구비가

　　Artibus Asiae 45-1 (1984), pp. 35-72.

23) 보는 사람에 따라서 〈宮女圖〉라고도 하고, 〈女侍圖〉, 혹은 〈女官圖〉라고도 한다.

24) 주방의 전칭작인 〈쌍육도〉는 북송대의 모사본으로 추정되며 〈잠화사녀도〉도 이와 가까운 시기에 그려졌을 것으로 보인다. 박은화 編, 앞의 책, pp. 46-48.

도 3-9. 傳 周昉, 〈雙六圖〉, 絹本彩色, 30.7×69.4cm, 프리어 갤러리.

아주 작으며, 섬세하게 묘사된 비단옷과 장신구에 감싸인 풍만한 몸집의 여성들이다.

아무런 배경 없이 쌍륙놀이에 몰두하고 있는 궁정 여인들의 모습을 그린 〈쌍륙도(雙六圖)〉에는 지체 높은 두 명의 풍만한 여인이 쌍륙을 두고 있는 가운데 또 다른 한 명이 가까이서 그것을 지켜보고 있다(도 3-9). 약간 멀찍이 떨어진 곳에는 남녀 시종 한 쌍이 역시 이를 바라보고 있다. 인물들 상호간의 비례는 비교적 현실적인 편이지만 반대편에 액체가 담긴 큰 항아리를 들고 오는 두 명의 어린 시녀들은 실제 작기도 했겠지만 상대적으로 낮은 그들의 신분을 말없이 전해준다. 남성을 포함하여 그림 속의 시자들은 미소를 띠는 듯, 마는 듯 거의 무표정에 가까운 얼굴로 그려져 무료한 표정으로 쌍륙에 몰두한 여성들과 사뭇 다르게 보인다. 중앙의 여인들은 비단 복식과 머리 장식, 풍성한 몸매만이 아니라 시자들에게 무관심한 자세에서도 '여성'이면서 또한 '높은 신분'에 있는 그들의 사회적 위치를 내보인다. 이 점은 〈잠화사녀도(簪花仕女圖)〉에서도 마찬가지로 보이는 특징이다. 강아지를 희롱하는 귀부인의 모습에서 한껏 치장하고 유희에 몰두하는 궁정 여인의 모습을 볼 수 있다. 주방과 장훤의 전칭작들에서는 여성과 남성, 사회적 신분이 서로 엇물려 있어서 높은 신분의 여성과 낮은 신분의 남성으로 대별되는 시각적 재현을 볼 수 있다.

그려진 사람들 사이의 명백한 사회적 격차, 즉 신분의 차이를 보여주는 또 다른 그림으로 〈괵국부인유춘도(虢國夫人遊春圖)〉를 들 수 있다(도 3-10). 요녕성 박물관 소장의 장훤 전칭작인 이 그림은 당대의 진작은 아니지만 당의 원본을 충실히 모사한 그림으로 알려졌다. 두보의 시 〈괵국부인(虢國夫人)〉에는 "괵국부인 주군의 은총을 입어 동틀 무렵 말을 타고 들어온다"는 구절이 있다.[25] 양귀비의 언니였던 괵국부인은 양귀비의 위세를 등에 업고 지체 높은 귀부인으로 영화를 누렸고 현종의 총애를 받았다고 한다. 위세 높았던 괵국부인의 행세를 노래한 두보의 시는 장훤 전칭작인 〈괵국부인

도 3-10. 傳 張萱, 〈虢國夫人遊春圖〉 부분, 絹本彩色, 52.0×148.7cm, 요녕성박물관.

유춘도〉가 보여주는 당시 정황과 일치한다. 역시 당대 사녀화 계통의 여성 이미지를 그대로 재현한 이 그림에서 괵국부인을 비롯하여 풍만한 몸매의 귀부인들은 한눈에 명마로 보이는, 다종다양한 말을 타고 어딘가로 가고 있다. 장훤의 다른 전칭작과 같이 아무런 배경이 그려지지 않았기 때문에 이 장면이 두보의 시에서처럼 궁으로 들어가는 모습인지는 확인할 수 없다. 그러나 풍채도 당당한 여성들의 높은 지위와 그에 걸맞는 얼굴 표정 및 태도는 확연하게 드러난다.

여성들이 말을 타고 다니는 것은 어느 시대의 여성 누구에게나 보편적으로 가능했던 일은 아니다. 남북조시대 말기부터 중국 북부 호족의 풍습이 전해져 궁정 여인들을 중심으로 여성들이 승마를 하기 시작했다고 하며, 이것이 당대 여성들에게도 보편적인 풍습은 아니었다고 생각된다.[26] 역시 당대 들어 여성의 사회적 지위가 높아지면서 새로운 풍습으로 말을 타고, 외출하는 여성이 늘어났다고 볼 수 있다. 실제로 당대 이후, 오대와 송대에는 진작도 적지 않고, 다양한 소재와 화법으로 회화의 비약적인 발전이 이뤄졌음에도 불구하고 그림 가운데 말을 탄 여성의 모습은 좀처럼 찾아보기 어렵다.

25) "虢國夫人承主恩 平明騎馬入宮門 却嫌脂粉浣顏色 淡掃蛾眉朝至尊." 뒷부분은 "화장이 얼굴색을 더럽힐까 두려워 눈썹을 엷게 하고 황제에게 문안하다"라고 해석할 수 있다.
26) 이시다 미키노스케, 『장안의 봄』, 이동철·박은희 옮김(이산, 2004), pp. 192-194.

IV. 당대 여성에 대한 인식의 변화

1. 풍습의 변화와 당의 도용

당대 들어 그림 속에 묘사된 여성의 이미지가 보다 탄탄한 현실성을 띠고, 구체적인 여성 개인의 개성과 정체성을 보여주는 것은 여성에 대한 인식이 변화한 데 기인한 것으로 생각된다. 여성들의 지위가 향상된 것으로 추정되는 것은 〈괵국부인유춘도〉에서 볼 수 있듯이 승마 풍습에서도 알 수 있다. 여성의 지위 향상은 승마 풍습뿐만이 아니라 복장의 변화에서도 나타난다. 특히 눈에 띄는 것은 승마와 관련된 복장의 변화인데 일반적인 여성의 복장으로는 말을 타기가 편하지 않았기 때문에 남자의 복장을 착용하게 되었다고 한다.[27] 말 등에 걸터앉기 쉽도록 남장을 한 것이다. 남장은 그 편의성 때문에 승마와 관계없이 도입 초기부터 아마도 쉽게 퍼졌던 듯 하며 고분벽화 등에서 어렵지 않게 남장한 여인의 모습을 찾아볼 수 있다. 통상적인 당대 사녀들이 반팔 저고리에 긴 치마, 숄처럼 생긴 백(帛)을 어깨에 걸친 모습으로 묘사된 것과 달리, 남장 여인들은 목 부분의 옷깃이 둥근 원령(圓領)의 호복, 또는 목 부분을 여학생 교복처럼 풀어 젖힌 번령(翻領)의 호복 차림이다(도 3-11).[28] 남장이지만 한족 복식이 아니라 호족의 복식인 것이다. 효문제에 의한 '호복금지령(胡服禁止令)'이 내려진 이후 북위 후기 미술에서부터 종종 등장하는, 우리나라 남자 두루마기같이 생긴 전통 한족의 남성 복과는 전혀 다른 복장이다.[29] 이처럼 당 사회에서 남녀를 불문하고 이민족의 복장과 모자인 호복을 입고, 호모(胡帽)를 쓰는 서역풍이 크게 유행하였다는 것은 잘 알려진 것이다.[30] 그렇다고 해서 모든 여성들이 호복을 입었거나, 호복 차림으로 묘사된 것은

---

27) 이시다 미키노스케, 이동철·박은희 옮김, 위의 책, p. 194.

28) 沈衆文·王㐤, 『中國服飾史』(西安: 陝西 師範大學出版社, 2004), pp. 90-91.

29) 죽림칠현 등의 남조 미술은 원래부터 한족의 복식을 보여주지만 돈황 막고굴 북위시대 굴의 공양자상과 운강석굴 9동, 10동에 표현된 불전부조에 보이는 인물상 등 낙양 천도 이전의 북방 미술에 묘사된 인물은 대체로 호복을 입은 남성 인물상들을 주로 표현했다.

30) 장안을 중심으로 당 사회 전반에 이국 취향이 팽배했다는 것은 잘 알려져 있다. 복식뿐만 아니라 화장법 역시 서역풍이 풍미했다고 한다. 이시다 미키노스케는 백낙천의 시 〈時世粧〉에서 장안에서 유행한 것이 중화풍 화장이 아니라는 것이 암시되어 있다고 하였다. 이시다 미키노스케, 이동철·박은희 옮김, 앞

물론 아니다. 호복 남장을 한 여성은
이를테면 당시 유행했던 실용적인 패
션을 능동적으로 따른 것이며, 그런 의
미에서 여성의 관심사가 미술에 적극
적으로 반영되었다고 볼 수 있다. 사
녀를 포함하여 귀족 여인들은 분단장
을 곱게 하고 비단옷을 입은 여성으로
묘사되기도 하였고, 때로는 호복 차림
으로 표현되기도 했다. 실제로 장안

도 3-11. 〈남장여인〉, 서안 南里王村 출토 石刻 도면.

지역에 유전하는 미술품에는 신분이 낮은 것으로 보이는 보다 작은 크기의 여성들이
주로 호복 남장을 한 모습으로 표현된 것으로 보인다. 이것은 여성들의 사회적 신분과
그에 따라 정해진 사회적 규정과 그들의 정체성을 암묵적으로 시사하는 것으로 생각
된다.

　당 초기에 이르기까지 원래 여성들은 집 바깥으로 외출할 때, 일종의 장옷 같은 '멱리
(羃羅)'라는 것을 머리부터 뒤집어쓰거나, 혹은 '유모(帷帽)'라고 부르는 모자에 얇고 비
치는 베일 같은 것을 덧붙인 것으로 얼굴을 가리고 다녔다고 한다.[31] 얼굴을 외부인에
게 내보이고 싶지 않았던 것이다. 그런데 초당 이후, 여성들의 외출이 점차 잦아지고, 그
들의 지위가 더욱 높아지게 되면서 현종대에 이르게 되면 여성들은 아예 얼굴을 가리지
않은 채, 점차 맨 얼굴을 드러내고 외출하게 되었다고 한다.[32] 주목되는 것은 이러한 복
장과 풍습의 변화가 미술에도 거의 그대로 반영되었다는 점이다. 특히 〈괵국부인유춘
도〉의 여성상이나 말을 타고 유모를 쓴 여인상, 호복을 입은 여인상들은 복식이나 장신

　　의 책, pp. 342-346 참조. 그는 또 "사녀(士女)들이 다투어 호복을 입는다"고 쓴 『舊唐書』와 "사족과 庶
　　人들은 호복을 입고, 부인들은 步搖를 꽂았다"는 『安祿山事蹟』을 인용하여 호복과 호풍이 매우 유행했
　　음을 지적했다. 같은 책, pp. 60-62.
31) 여자들의 기마용 복장인 멱리는 토욕혼의 풍습과 관련이 있으며 남자들도 썼다고 한다. 이시다 미키노
　　스케, 이동철 · 박은희 옮김, 앞의 책, p. 191.
32) 이시다 미키노스케, 이동철 · 박은희 옮김, 앞의 책, pp. 190-192. 당대 여성의 복식에 관해서는 다음의
　　책을 참고하였다. 華梅, 『中國服裝史』(天津: 天津人民美術出版社, 1989), pp. 36-46; 沈從文 · 王㐨, 앞의
　　책, pp. 80-95.

구에서의 이국 취향과 당대
풍속의 변화를 그대로 보여준
다. 초당기에 만들어진 것으
로 생각되는 도용이나 당삼채
에서 이러한 경향이 여실히
드러난다. 신장 위구르자치구
의 투르판 아스타나 187호분
에서 발굴된 기마여용은 말을
타고 모자에 부착시킨 유모로
얼굴을 가린 귀부인 형상이다
(도 3-12). 이것은 흙을 빚어 형
상을 만들고, 그 위에 채색을
한 후, 헝겊을 덧붙인 것이
다.33) 또 723년으로 편년되는
섬서성 서안 선우정해묘(鮮于

도 3-12. 〈騎馬女俑〉, 7세기 말, 높이 39cm, 신장
위구르자치구 투르판 아스타나 187호분
출토, 新疆維吾爾自治區博物館.

도 3-13. 〈唐三彩女俑〉, 723, 높
이 45.5cm 섬서성 서안
鮮于庭誨墓 출토, 중국
국가박물관.

庭誨墓)에서 발굴된 당삼채 여용은 호복 저고리를 어깨에 걸친 풍만한 여인의 모습을 보
여준다(도 3-13).34) 풍만한 체구의 여성은 8세기 당 미술의 전형적인 모습을 보여주는 것
이다. 이들은 당삼채나 도용으로 만들어진 남성상들이 무장(武將) 형상이거나 낙타와
함께 있는 이국인(異國人) 이미지를 보여주는 것과 대조적이다.35) 금속공예품에 표현된
한족 남성은 관복을 입은 모습이거나 재래의 신선 도상과 관련된 모습으로, 특별한 남
성성을 보여준다기보다 당대의 이국 취향과 도가적 이미지를 재현했다고 볼 수 있다.

---

33) 1973년 발굴되었는데, 함께 발견된 묘지에 매장연도는 없지만 무측천이 제정한 한자가 씌어 있어 7세
기경에 제작된 것으로 추정되고 있다. 曾布川寬·出川哲朗 監修, 『中國☆美の十字路展』(東京: 大廣,
2005), p. 203. 그러나 유모를 쓴 점이나 투르판이 장안에서 거리가 있는 점을 감안하면 700년대 이후일
가능성도 있다고 본다.

34) 曾布川寬·出川哲朗 監修, 위의 책, pp. 210-211.

35) 선우정해묘 출토의 낙타를 타고 있는 악단이라든가, 쇼소인 소장 비파에 그려진 악단은 당시 유행했던
일종의 도상으로 정형화되었다고 생각된다. 법문사 출토 각종 공예품에 보이는 남성 이미지들도 마찬
가지이다.

이미 당대의 여성상들이 중국의 이전이나, 혹은 이후의 전형적인 미인 이미지와 상당히 거리가 있다는 점은 지적된 바 있다.[36] 당 이전이나 송대 이후 중국 미인은 마르고 섬세하며 우아한 모습을 보여주는 것이 사실이다. 유모를 쓰거나, 호복을 입고 승마를 하거나 폴로 경기를 하는 여인들의 자유로운 모습은 신체적인 건강을 전제로 하고, 이를 긍정하는 것이다. 또 당대 여성들이 자율적인 삶을 살았음을 보여주는 것이기도 하다.[37] 여인의 어깨에 걸쳐진 호복은 앞섶이 삼각으로 젖혀진 자연스러운 형태로 묘사되어 일률적으로 정형화된 모습이 아니라 현실적이고 구체적인 특정 여성의 이미지를 구현한 듯하다.

2. 여성에 대한 인식의 변화

여성에 대한 당대 인식의 변화는 무측천 시대를 거치면서 급속도로 변화하게 되었다. 여기에는 무엇보다도 무측천의 집권이 결정적인 계기가 되었을 것이다.[38] 정치적으로 당 중기(655-763)로 규정된 시대에는 권력을 둘러싼 여성들의 정쟁이 만만치 않았던 시대이다.[39] 정치에 깊이 관여했던 여성들로 인하여 이 시기를 전형적인 '여화(女禍)의 시기'로 간주하기도 하지만 정치권의 전면에 나섰던 이들로 인해 여성에 대한 저변의 인식은 큰 영향을 받았을 것이다.[40] 정치적 성향이 강했던 황실 여성들만이 아

---

36) Jennifer W. Jay, "Vignettes of Chinese Women in Tang Xi'an 唐西安(618-906): Individualism in Wu Zetian, Yang Guifei, Yu Xuanji and Li Wa 巫則天, 楊貴妃, 魚玄機, 李娃," *Chinese Culture* 31-1 (1990), pp. 77-78.

37) Jennifer W. Jay, 위의 논문, p. 77.

38) 무측천과 당대 초기 및 중기의 여성 권력자와 그들을 둘러싼 정쟁에 대해서는 아서 라이트 · 데니스 트위체트, 「서론」, 『唐代史의 조명』, 아서 라이트 · 데니스 트위체트 편, 위진수당사학회 옮김(아르케, 1999), pp. 17-18; 스탠리 바인스타인, 「당대 불교 종파 형성 과정에서의 황실 후원」, 위의 책, pp. 403-404 참조.

39) 무측천과 중종의 위황후, 그리고 무측천의 막내딸인 태평공주 등이 정쟁의 핵심인물이었으며 이들이 당 중기 정치사에 미친 영향은 막대한 것이었다. 이 시기의 성격을 '무위(武韋)의 화(禍)'라는 말로 규정할 수 있을 정도이다. 도나미 마모루, 「당 중기의 정치와 사회」, 『수당오대사』, 도나미 마모루 외, 임대희 옮김(서경, 2005), pp. 265-267.

40) 도나미 마모루 외, 임대희 옮김, 위의 책, pp. 283-285.

니라 여류 문인이나 기생들 또한 인구에 회자되는 일이 적지 않을 정도였다.[41] 그들의 삶이 행복했는지, 불운했는지에 관계없이 그들은 자신의 의지대로 살려고 했다는 점에서 여느 유명한 남성과 다를 바 없었다.

무측천이 자신의 황권 찬탈과 주의 건국을 합리화하는 일련의 시책을 진행한 것도 잘 알려진 일이다.[42] 그 중에는 불교 경전의 새로운 해석과 찬술도 포함되어 있었는데, 『대운경(大雲經)』과 『보우경(寶雨經)』은 여성이 불타가 된다는 내용도 있다.[43] 무측천과 중종의 비인 위황후, 그리고 무측천의 막내딸인 태평공주 등 권력의 핵심에 도전했던 여성들과 미모로 현종의 총애를 받았던 양귀비에 이르기까지 권력자이자 세도가로서의 여성들이 사회적 인식의 변화에 중요한 역할을 했을 것이다. 실제로 중국 역사상 적지 않은 경국지색(傾國之色)에 관한 이야기가 알려져 있었고, 대개 나라를 망쳤다는 식의 안 좋은 이미지이기는 했지만 경국지색의 미녀들은 종종 인구에 회자되는 이야깃거리가 되었다. 그녀들 자신만이 아니라 일부는 가족들까지 미색(美色)으로 인한 영화를 누렸던 사실도 잘 알려진 것이다.

이와 같은 권력 지향의 여성들만이 아니다. 한편으로는 당 사회 전반에서 여성들의 활동이 두드러졌던 일도 주목할 만하다. 이를테면 당대 문학계에서 이름을 높였던 여성들도 있다. 무측천의 총애를 받았다는 소용(昭容) 완(婉)을 비롯하여 어현기(魚玄機), 설도(薛濤), 화애부인(花蘂夫人) 등의 여류문인들도 이름을 떨쳤던 시기이기 때문에 당대는 전반적으로 이전 시대보다 여성의 지위가 상대적으로 높아졌던 시대이다. 소용 완은 박식했기 때문에 무측천의 총애를 받아 상당한 권력을 가질 수 있었고, 어현기와 이와는 기생 출신으로 글을 잘 지었던 것으로 유명했다. 백행간(白行簡)이 지은 이와의 일생은 가공의 이야기가 많이 섞여 있다고 하지만 드라마틱한 이야기의 주인공인 이

---

41) 특히 Jennifer W. Jay가 거론한 네 명의 여인 중에 포함된 어현기와 이와는 비천한 신분에 있었으면서 여성으로서의 자신의 능력을 이용하여 자기 개인의 야망을 추구한 것으로 알려졌다.

42) 武則天이 자신을 정당화시키기 위해 행했던 일련의 방편들에 대해서는 任大熙, 「則川皇帝 통치시기의 정치와 인물」, 『東아시아의 人間像』, 黃元九敎授定年紀念論叢刊行委員會 編(혜안, 1995), pp. 282-288 참고.

43) 무측천이 관여한 『보우경』 및 『대운경』의 찬술과 재역경에 관련하여 돈황 막고굴의 〈보우경변〉을 武則天의 정치적 상징으로 시각화되었다고 보는 견해는 김혜원, 「돈황 막고굴 제321굴 〈보우경변(寶雨經變)〉에 보이는 산악 표현의 정치적 의미와 작용」, 『미술사와 시각문화』 1(2002), pp. 70-99.

와는 실존했던 기생이다. 이와 역시 신분이 낮은 기생이었다가 헌신적인 태도로 남편을 뒷바라지하고 마침내 현모양처로 인정을 받기에 이르렀다.[44]

　백거이는 〈장한가(長恨歌)〉(806년)에서 "마침내 하늘 아래 부모의 마음이 사내 낳는 것을 중히 여기지 않고 딸 낳는 것을 중히 여기게 하였네(遂令天下父母心, 不重生男重生女)"란 부분을 남겼다.[45] 백거이의 이 시구는 원래 당시 널리 알려져 있었던 『사기(史記)』의 한 대목으로, "사내를 낳는 것은 즐거울 것이 없고, 계집애를 낳는 것은 멸시당할 일이 없네"라는 부분을 그대로 가져온 것이라고 한다.[46] 짧은 시구에 불과하지만 한 사회의 일면을 당과 비유한 이 시는 당시 사회에서 여성과 남성에 대한 생각이 어떻게 변화했는지를 단적으로 보여준다. 분쟁이 잦았던 변방에 군인으로 출정하여 쉽게 생명을 잃는 아들보다 차라리 뛰어난 미모를 무기 삼아 권세를 얻고, 가족들에게 부귀를 가져다줄 예쁜 딸을 낳는 것이 훨씬 낫다는 인식이 당대에 팽배했음을 알려준다. 전통적으로 남아를 선호함으로써 결코 긍정적이지 않았던 딸의 출산이 이제 더는 장점이 보이지 않는 아들에 비해 훨씬 가치가 높다고 인식된 것이다. 무측천 이후 점차 여성에게 유리한 방향으로 고양된 사회 분위기가 이와를 비롯하여 그녀와 비슷한 무수한 모델을 등장시켰고, 이는 당시의 많은 사람들에게 딸을 통한 사회적인 신분상승의 기대를 야기하는 결과를 낳았다고 보는 견해도 눈여겨볼 만하다.[47] 이러한 성별에 대한 선호도의 변화는 결과적으로 미술에 있어서 여성의 재현에 대한 거부감을 없애고, 보다 적극적이고 현실적으로 여성을 묘사할 수 있도록 당대 미술 영역의 지평을 넓히는 역할을 했다.

---

44) 이와의 일생과 백행간의 글에 대해서는 Jennifer W. Jay, 앞의 논문, pp. 84-85.

45) 〈長恨歌〉 제25, 26구절. 원문은 http://cafe202.daum.net/_c21_/bbs_ search 참조. 또 장한가와 백거이 관련 개설은 http://www.sungshin.ac.kr/~byyoo/career/changhenge1.htm 참조.

46) 『史記』 卷49, 13b. 백거이는 현종의 총애를 등에 업고 양귀비가 세도를 누린 것을 한 무제의 위(衛)황후와 그 일족이 권세를 잡은 것에 빗대어 표현했다고 한다. 데이비드 라티모어, 「引喩와 唐詩」, 아서 라이트 · 데니스 트위체트 편, 위진수당사학회 옮김, 앞의 책, pp. 604-609.

47) Jennifer W. Jay, 앞의 논문, pp. 81-83. 마치 과거를 통해 신분 상승을 이룰 수 있는 것처럼 딸을 통한 신분 상승도 가능하게 여겨졌을 것이라 추정했다.

V. 결어

본고는 여성에 대한 인식이 중국미술상에서 어떻게 구현되었는가에 관한 문제를 환기시켜보고자 하는 의도에서 시작되었다. 여성에 대한 사회화된 시선이 어떻게 시각화되었는지를 논의하는 것은 어려운 주제임에 분명하다. 남북조시대 미술에 나타나는 즉자적 존재로서의 여성은 실제로는 존재할 수 없다. 젠더의 개념을 빌려오지 않더라도 인간은 기본적으로 사회적 관계 속에서 자기 자신의 정체성이 형성되고, 스스로를 정의할 수 있으며, 또한 의미를 갖기 때문이다. 여성에 대한 생각이 이전 시기보다 더욱 긍정적이고, 구체적으로 시각화되기까지 당 사회는 끊임없이 변화했다. 여성의 가치를 높이 평가하는 인식이 형성되기까지 여성들의 극적인 성공담이 큰 힘을 발휘했던 것으로 생각된다. 특히 다른 시대보다 권력 지향의 여성들이 역사 전면에 부각된 것과 외래 문화를 긍정적으로 수용하던 개방적인 사회 분위기가 여성들에 대한 구조적인 인식의 틀을 바꾸는데 적지 않은 역할을 했다.

당대 미술 속에서 여성들은 이제 남성과 대등하거나 오히려 새로운 정치 문화의 향유층이자, 다양한 시선으로 구상되는 대상이자, '그려지는' 대상이 되었다. 반면 남북조시대 미술에 묘사된 여성은 개성이나 감정이 표현되지 않은 '즉자적'인 존재에 가까웠다. 남성도 여성과 크게 다를 바 없었지만 역사적으로 항상 지배자였던 까닭에 남성을 시각화하는 일은 언제나처럼 자연스러운 일이었다. 또한 남성들은 미술 속에서 표현된 빈도도 훨씬 잦았을 뿐만 아니라 묘사된 당사자의 사회적 신분을 명확히 의식하고 그들의 계급적 위치를 분명하게 드러내는 방식으로 그 남성성을 드러냈다. 그런데 당대로 들어서면 풍속적인 요소들이 적극적으로 반영된 생활도 성격의 그림이나 도용들이 만들어지면서 여성들의 자유로운 활동상이 미술의 주제로 채택되었다. 처음에는 여성에 대한 호의적인 인식과 시선이 조금씩 미술에 드러나는 정도였으나 점차 사회적으로 권력을 지닌 여성들의 두드러진 활동이 적잖은 영향을 주게 되었던 것으로 생각된다. 대부분의 당대 여인상들은 화려하게 분단장하고 비단옷을 걸친 궁정 여인의 모습으로 알려졌지만, 그 자체가 중요한 소재가 될 수 있었던 것은 여성들의 지위가 높아진 당 사회의 개방성에 기인한 것이다.

당 미술에 보이는 여성의 이미지를 통해 본다면 당 사회에서 여성이 여성다워야 한다는 식의 고정된 인식이 만연했던 것으로 보이지는 않는다. 어떤 방식으로든 미술이 당대(當代) 사회와 문화를 반영한다고 보면 당에서 여성은 틀에 박힌 방식으로, 고정된 이미지로 확대재생산되지는 않았다. 당의 미술에 보이는 여성은 호복이나, 한족 복식이나 어느 쪽이든 자신들이 선호하는 것을 고를 수 있었고, 말을 타는 것도 이상한 일이 아니었으며, 유모를 쓸 수도 있었고, 동시에 벗을 수도 있었다. 한껏 치장을 하고 멋을 낼 수도 있었고, 남장을 할 수도 있었다. 한 마디로 당대 여성에게는 선택의 여지가 있었으며, 그런 의미에서 남북조시대의 여성들에 비하여 훨씬 능동적인 삶을 살았고, 그들의 생활 방식이 그대로 미술에도 반영되었다. 송대 들어 미술의 여성상이 다시 변화를 보이는 것을 감안하면 당대 미술에 나타난 여성의 재현(representation)은 중국미술사에 있어서 특징적인 것은 분명하다.

당대 보살상의 여성적 이미지와 그 정체성

I. 여성의 정체성과 동양미술사에서의 여성

　당대 불교조각은 동양조각사의 한 정점으로 거론될 만큼 뛰어난 조각기술로 완벽지향의 미의식을 구체화한 것으로 평가받는다.[1] 주제와 형식이 다양한 당의 불교조각 가운데 보살상은 유연한 인체의 굴곡, 섬세한 양감 처리, 부드럽게 미소 짓는 상호 표현으로 주목받았다. 당대 보살상의 외형적 특징은 이 시기 보살상을 묘사함에 있어 '여성적' 이라는 수식어를 적용하는 한 원인이 되었다. 이때 쓰이는 '여성적' 이라는 형용어는 현대 사회에서 이야기되는 '젠더(Gender)' 의 관점에서 분명한 정체성을 갖는 것은 아니다.[2] 이론적으로 말하자면 대승불교에서 보살(Bodhisattva)이라는 존재가 갖는 성적인 정체성은 오히려 '남성' 이다. 그럼에도 불구하고 당대에 조성된 보살상은 여성적 이미지를 구현한 것으로 이해되며 이는 하나의 사회적인 산물로 간주할 수 있다. 본고에서는 우선 당대 보살상에 대하여 '여성적' 이라고 형용하는 것이 과연 타당한 것인지, 여성에 대한 당시의 인식은 어떻게 변화된 것인지를 살펴보고, 소위 '여

---

1) Laurence Sickman and Alexander Soper, *The Art and Architecture of China*, 3rd ed. (New York: Penguin Books, 1981), pp. 143-154. 완벽하다는 형용사를 쓰지는 않았지만 唐代, 특히 8세기의 환조가 매우 성공적인 발전을 이뤘다고 극찬하였다.

2) 흔히 정의하는 대로 젠더(gender)를 사회적으로 구성되는 남녀의 정체성, 즉 사회적, 문화적으로 길들여진 성이며 여성다움, 남성다움을 통칭한다고 할 때, 당대의 보살상에 대하여 '여성적' 이라는 말로 형용하는 것은 '여성의 정체성' 이라는 인식 하에 쓰는 수식어는 아니라고 생각하기 때문이다.

성적' 이미지가 어떤 맥락에서 해석될 수 있는지를 알아보고자 한다.

서양미술사의 영역에서는 일찍이 여성의 정체성을 주제로 한 학문적 접근이 이어졌지만 동양미술사에서는 이러한 접근이 시도된 바가 없다.[3] 이는 미술사라는 학문이 서양미술에 대한 이해에서 구체화되어 그 연구의 폭과 깊이를 오랜 기간 동안 다양하게 넓혀왔던 것에 비하여 동양은 상대적으로 연구자도 적고 역사가 짧은 데 기인하는 바가 크리라고 생각된다. 또한 미술 창작의 주체라는 측면에서 볼 때, 숫자는 적지만 서양미술사에서는 이름을 남긴 여성미술가가 존재하는 데 비하여 동양에서는 근대 이전의 여성미술가가 비교적 드물다는 것도 애초에 페미니즘 미술 영역을 따로 설정하거나 그와 유사한 문제의식을 가지고 접근하는 일을 난감하게 만들었다고 볼 수 있다. 동양미술의 영역에서 이름을 남긴 여류미술가는 대부분 화가들이며 문학 분야보다 미술 창작에서 여성이 활동할 수 있는 영역은 훨씬 더 좁았을 것으로 추정된다.[4] 오히려 동양 사회에서 여성은 전통적으로 예술 창작의 주체나 향유층이라기보다는 단순한 감상의 대상으로 시각화되기가 더 쉬웠다.

흔히 젠더의 정체성은 사회문화적으로 규정된 성별이 자아의 정체성 형성에 일차적 변수로 작용하여 자신의 성별에 따른 지위와 역할을 사회가 부여하는 가치와 태도에 맞추어 스스로 동일시하는 상태를 말한다고 정의된다.[5] 젠더에 관한 논의에서 통상 여성은 항상 남성의 '타자(他者)'로 인식되고 남성이 중심인 사회의 문화, 상징의 질서에서 배제되었다고 판단한다. 그러므로 남성, 혹은 여성이라는 젠더는 한 시대, 한 사회에서 통용되는 일련의 내면화된 이미지, 기호, 개인에게 부여된 정체성이라는 것으로 성격지워진다고 볼 수 있다.[6] 이상에서 간략하게 살펴본 젠더라는 개념에 근거한

---

3) 페미니즘이 미술사의 영역에서 하나의 테마로 자리 잡은 것은 1977년에 있었던 조안 켈리-가돌의 문제 제기 이후라고 한다. 미술사에서 다루는 페미니즘 문제는 크게 여성 작가, 여성 후원자, 여성의 시각적 재현이라는 세 가지 범주로 나누어 진행된다고 보고 있다. 양정무, 「이탈리아 르네상스 시각세계의 구성요소-시론(試論)」, 『미술사와 시각문화』 1(2002), pp. 139-140.

4) 조선의 여류화가로는 신사임당, 기생 죽향 등이 있고 근대화가로는 나혜석을 들 수 있다. 우리나라의 여류미술가에 대해 주목한 최초의 본격적인 글로 이성미 교수의 다음 논고가 좋은 참고가 된다. 이성미, 「朝鮮時代 女流畵家硏究」, 『美術資料』 51(1993); Sŏng-mi Yi, *Fragrance, Elegance, and Virtue -Korean Women in Traditional Arts and Humanities* (Seoul: Amorepacific, 2002).

5) 현택수, 「현대의 성 정체성」, 『경제와 사회』 35(1997), pp. 89-105.

다면 여성에 대한 정체성과 관련된 인식이 동양미술에서 얼마나 시각적으로 구상화될
수 있었는지, 혹은 여성에 대한 사회화된 시선이 어떻게 조형화되었는지를 논의한다
는 것은 어려운 주제임에 분명하다. 따라서 동양미술사에서 여성과 관련된 주제를 다
루는 것은 서양미술사에서 다룰 수 있는 것보다 기본적으로 제한될 가능성이 있으며
본고는 이와 관련한 시론의 성격을 지닌다는 점을 미리 밝혀둔다.

II. 당대의 여성 이미지와 보살상

1. 당대 보살상의 소위 '여성성(女性性)'

당대의 보살상을 여성적이라고 평가하거나 설명한 것은 비록 단편적이지만 여러 곳
에서 간단하게 언급되었으며 단순히 '여성적'이란 수식으로 묘사했을 뿐 이 문제를
본격적으로 다룬 논저는 매우 드물다. 이와 관련하여 당 보살상의 여성성에 주목한 연
구가 있었다. '여성적'이라는 인상을 강조한 일반적인 서술과 달리 '여성성' 자체를
주제로 전면에 내세운 그 연구는 당의 보살상이 보여주는 중요한 특징을 여성적인 모
습이라고 정의하고 이를 북제, 북주, 수의 남성적인 모습과 대별되는 것으로 파악하였
다.[7] 그런데 이 글에서 거론한 '여성성'은 여성의 정체성을 포괄하는 개념이라기보다
주로 보살상의 외형적인 측면에 초점을 두었다. 그에 있어 당대 보살상의 여성성은
'관능적으로' 보인다든지, '현실의 여성을 환기시킨다'는 것을 의미한다. 당대 조각
을 언급한 대부분의 글에서 '관능적', '육감적', 혹은 '농염함'으로 설명하는 것의 연

---

6) 주디스 버틀러, 「도대체, 누가 여성일까」, 『越鏡하는 지식의 모험자들』, 강봉균 외(한길사, 2003). 한편으
   로는 젠더를 강조하는 입장이 남녀의 차이가 자연적인 것이 아니라 사회적으로 만들어져 왔다는 점을 강
   조하는 데는 유용하지만 남성과 여성이라는 이분화된 범주를 보편화시킨다는 지적을 받고 있음을 기억
   할 필요가 있다.
7) 대표적인 글로 정예경, 「唐菩薩像의 女性性에 대하여」, 『東國歷史教育』 7·8(1999), pp. 327-353을 들 수
   있다. 이를 본격적인 여성의 성적 정체성 문제를 다룬 연구로 생각하기는 어렵다. 외형적으로 '여성스러
   운' 조각을 하나의 현상으로 다루고 있기 때문이다. 그럼에도 불구하고 현재 동양조각사에서 거의 다루
   지 않았던 여성성의 문제를 제기하였다는 점에서 그 의의를 무시할 수 없다고 본다.

도 3-14. 〈보살입상〉, 성당, 돈황 막
고굴 제45굴 西龕內 北側.

도 3-15. 〈쌍보살상〉, 700년 전후, 대리석, 높
이 164cm, 메트로폴리탄 미술관.

장선상에 있다.[8] 분명하게 여성이라는 단어를 쓰지 않았더라도 부드러운 육체 표현이 요염하다고 하거나 유연하게 잘록 들어간 허리에 주목한 것도 여성적인 이미지의 묘사라고 할 수 있을 것이다.[9] 이와 같은 설명을 단순히 '보이는 그대로' 묘사하는 것으로 받아들일 수도 있지만 무의식중에 쓰는 언어 자체의 정치성을 생각한다면 이는 여성에 대한 암묵적인 성격 규정을 전제로 한다. 게다가 이러한 방식의 서술은 '여성'의 정체성에 대한 사회적인 합의를 전제로 한 것이 아니고, 단순히 외적으로 표현된 방식에 주목한 것으로서 위의 형용사는 모두 여성의 특징 가운데 시각적으로 두드러지는 일부만을 외화(外化)하고 대상화(對象化)한 것이다. 감각적인 묘사가 두드러지는 성당의 보살상에 대해 이보다 더 직접적으로 표현한 경우도 있다. 대표적인 성당 조각 가운데 하나인 돈황(敦煌) 막고굴(莫高窟) 제45굴의 보살입상을 성숙한 여성을 모델로 만든 것으로 추정한 것이다(도 3-14).[10] 조각의 모델 자체가 여성이었다고 생각하는 것은 그 조각의 외적 특징을 완전히 여성으로 인식한 데 기인한다. 이와 유사한 서술은 다른 책에서도 찾을 수 있다. 역시 성당대의 조각으로 추정되는 메트로폴리탄 미

8) Laurence Sickman and Alexander Soper, 앞의 책, pp. 146-151 참조. 이 글에서도 직접적으로 여성적이라는 설명을 하는 대신에 관능적이라는 뜻의 'voluptuous'라는 단어를 여러 번 반복해서 사용하였다.
9) 구노 미키, 『중국의 불교미술-후한시대에서 원시대까지』, 최성은 옮김(시공사, 2001), p. 106.
10) 구노 미키, 최성은 옮김, 위의 책, p. 108. 근래에 발간된 다음의 책에서도 구노 미키와 같은 방식으로 "성숙한 여성을 모델로 하여 만든 것이 아닌가 하는 착각마저 들게 한다"라고 서술하였다. 배진달, 『중국의 불상』(일지사, 2005), p. 303.

술관 소장의 쌍보살상에 대한 설명에서 존귀해 보이는 이들 모습이 젊고 우아한 궁정 여인들과 거의 같은 수준이라고 비유함으로써 이들 보살상을 여성적인 이미지로 환기 시켰다(도 3-15).[11]

이상과 같은 당대 보살상에 관한 서술은 보살상이 보여주는 어떤 특징에 대한 '인상'을 '여성성'이라는 관념에 빗대어 묘사한 것이다. 즉, 이때의 여성성은 젠더로서의 '여성'의 개념에 내포된 사회적 가치와 그에 따라 부여된 역할을 배제한 것이다. 당대의 보살상이 여성처럼 보이도록 제작된 원인에 대해 무측천(武則天)이 집권한 이후에 보살의 여성화가 이뤄졌다고 보고 이를 무측천의 영향에 의한 것으로 보는 견해가 있다.[12] 이를 고찰하기에 앞서 먼저 살펴보아야 할 것은 당대 사람들이 여성을 어떻게 인식하고 있었는지의 문제이다. 당대 보살상에 시각적으로 여성성이 부여되었다고 판단할 수 있는가? 당대의 여성관은 다양한 측면에서 접근할 수 있겠지만 여기서 확인해야 할 것은 미술상의 여성이다.[13] 다양한 당대의 미술에서 여성이 어떻게 형상화되고 있었는가를 확인함으로써 당시 사람들이 보살을 '여성적'이라고 인식하고 있었는지를 확인할 수 있을 것이다. 또한 이때의 여성적인 보살상이 어떤 사회적 맥락에서 조성되었는지를 살펴보는 것도 의미 있는 논의가 될 것이다. 당대의 여성에 대한 대표적인 이미지 재현을 당삼채와 고분 벽화에서 찾을 수 있다. 당의 미술은 크게 초당과 성당, 중당, 만당으로 나누어 그 전개과정을 살펴보지만 여성 이미지의 형성과 재생산에 초점을 두어 세세한 시대구분은 접어두기로 하겠다.

당삼채(唐三彩) 여용(女俑)과 영태공주묘(永泰公主墓), 장회태자묘(章懷太子)의 묘도

---

11) Laurence Sickman and Alexander Soper, 앞의 책, pp. 149-150. 이 부분은 Alan Priest, *Chinese Sculpture in the Metropolitan Museum of Art* (New York: Metropolitan Museum of Art, 1944), pp. 35-37을 인용하여 설명한 것이다.

12) William Willette, *Foundations of Chinese Art* (London: Thames and Hudson, 1965), p. 181.

13) 당대만의 문제는 아니지만 여성의 이미지에 관한 부분적인 언급이 Ning Qiang, "Art, Religion and Politics: Dunhuang Cave 220," Ph.D. dissertation, Harvard University (1997), pp. 158-217, 276-278 에 있다. 그는 용문의 유마경변에 나오는 천녀를 중국 불교미술상의 의미 있는 여성 이미지로 간주하고 이를 비구니 승단과 연결지었다. 또 사리불을 교육시키는 천녀의 모습은 사회적으로 인정받았던 여성의 탁월함을 상징하는 것이라고 보았다. 그러나 유마경변의 천녀상을 대상으로 한 그의 설명이 어느 시대에나 불교미술에서 여성상이 항상 표현되었던 것과 어떤 차별성이 있는지 알 수 없다.

도 3-16. 〈당삼채 여용〉, 당, 7세기 말, 높이 43.7cm, 동경국립박물관.

도 3-17. 〈당삼채 여용〉, 당, 8세기 후반, 높이 49.2cm, 동경국립박물관.

도 3-18. 〈女侍圖〉 부분, 당 神龍2年(706), 懿德太子墓 前室 西壁 南側, 陝西歷史博物館.

에 그려진 시녀상, 주방과 장훤의 사녀도들은 당대 궁정에서 접할 수 있는 궁정 여인들의 표준적인 이미지를 재현한 것으로 역시 당대 여성상의 좋은 기준이 된다. 당삼채 여용과 도용은 대략 7세기 정도까지 어깨 폭이 좁고 가녀린 편으로 비교적 날씬하게 만들어졌다(도 3-16). 머리는 위로 높이 틀어올렸으며 달걀형의 갸름한 얼굴에는 선이 가는 이목구비가 단정하게 표현되었다. 당삼채 여용들의 복식에는 차이가 있지만 머리 모양과 인체는 양식적으로 유사성을 보인다. 그런데 8세기 이후가 되면 여용은 점차로 풍만해지는 경향을 보이며 중당으로 갈수록 비만해지기까지 한다(도 3-17). 얼굴도 이마보다 뺨이 더 넓을 정도로 통통해져서 이전 시기의 여용보다 눈·코·입이 파묻힌 인상을 주며 뺨에는 붉은 칠을 해서 진한 화장을 한 것을 알 수 있다. 이와 같은 경향은 회화에서도 그대로 드러난다. 706년에 축조된 것으로 추정되는 영태공주묘 동벽과 의덕태자묘의 시녀도, 같은 영태공주 석곽의 시녀도는 당삼채 도용과 장르가 다르지만 여성에 관한 인식과 표현은 같은 방식으로 이뤄졌음을 잘 보여준다(도 3-18). 역시 710년에 축조되었다고 보는 절민태자묘 동벽의 시녀도에 이르기까지 700년을 전후한 시

도 3-19. 〈광택사 칠보대 십일면관음상〉, 8세기 초, 보스턴 미술관.

도 3-20. 〈女侍圖〉, 唐 景雲1年(710), 節愍太子墓 第2過洞東壁, 섬서성 고고연구소.

도 3-21. 〈광택사 칠보대 십일면관음상 頭部〉, 8세기 초, 보스턴 미술관.

기에 당의 여성 이미지는 여전히 좁고 가파른 어깨에 날렵한 몸매를 지닌 단정한 모습으로 묘사되었음을 알 수 있다. 이와 유사한 시기의 불교조각으로 비교할 수 있는 것은 역시 광택사 칠보대의 조상들이다(도 3-19). 이들은 모두 당 황실과 관련 있는 회화이며 조각이므로 각각 당시를 대표할 만한 예들이다. 칠보대의 십일면관음상과 의덕태자묘의 시녀도를 비교하면 외형적으로 유사해 보이기는 하지만 몇 가지 차이점이 눈에 띈다. 우선 의덕태자묘의 시녀도는 저고리가 짧아서 상대적으로 치마 속에 가려진 하체가 훨씬 길어 보이며 어깨가 좁고 인체가 드러나지 않아서 다소곳하게 보인다. 반면 칠보대의 십일면관음은 어깨가 넓고 당당하게 보이며 가슴이 약간 융기되었고 허리가 가늘어서 도전적으로 보이며 인체를 과감하게 내보이고 있다. 상호 처리에 있어서도 차이는 명확하다(도7). 코와 입이 작은 것은 마찬가지이지만 절민태자묘 시녀도(도 3-20)의 눈썹은 굵고 검게 그려졌는데 비해 칠보대 관음상은 둥근 호형의 가는 눈썹이 강조되었고, 콧날과 눈썹이 연결된 것이 인도 조각을 연상시킨다(도 3-21). 이를 회화와 조각의 차이로, 혹은 지역이나 작가의 차이로 치부하기에는 석연치 않은 점이 있다.

도 3-22. 〈보살상〉, 당, 675년경, 높이 13.25m, 용문석굴 봉선사동.

당의 보살상이 '여성적' 이라고 말해지는 특징을 갖게 된 것은 7세기 중엽 이후라고 생각된다. 675년경에 완성된 용문 봉선사의 협시보살을 보면 어깨가 넓고 허리가 가늘기는 하지만 북제·북주와 수대 조각에서 크게 탈피하지 못한 모습이다(도 3-22). 7세기 말에 들어서서야 비로소 인체의 굴곡을 과감하게 드러내고 인체와 복식, 장신구가 각각 분리되어 표현되는 등의 변화를 보인다. 성당 양식으로의 전개는 세부의 사실적인 묘사, 인체 각 부위의 유기적인 연결과 함께 앞에 거론한 여성적이라는 수식으로 대변되는 특징이 본격화됨으로써 비로소 이뤄졌다고 할 수 있다. 성당과 중당은 미술에 있어서 여성의 이미지가 매우 풍만하게 재현되었던 시기이다. 이 점은 회화에서도 마찬가지로 8세기에 활동한 장훤(張萱, 8세기 전반)의 〈도련도〉나 주방(周昉, 약 780-810)의 〈쌍륙도(雙六圖)〉(도 3-9), 〈잠화사녀도(簪花仕女圖)〉를 통해서도 확인된다. 이들 그림은 주방과 장훤의 진작은 아니지만 원본을 충실히 모사하여 8세기 궁정화의 전형을 잘 반영한 것으로 여겨진다.14) 성당대 궁중의 여인들을 세밀하게 묘사한 것으로 추정되는 주방과 장훤의 그림처럼 이 시기 여성상을 잘 보여주는 예는 없을 것이다. 섬세하게 묘사된 비단옷과 장신구에 감싸인 사녀들은 이목구비가 아주 작게 보일 만큼 통통한 얼굴에 풍만한 몸집을 가졌으며 인체에 대한 관심은 전혀 보이지 않아서 팽만한 신체를 그대로 드러낸 당대(當代) 보살상과 차이를 보인다. 천룡산 석굴로 대표되는 성당의 조각들은 사모트라케의 니케를 연상시킬 만큼 얇은 옷 위로 탄력 있는 인체를 과시한다(도 3-23). 이 점은 돈황 막고굴 제45굴의 보살상이나 보스턴 미술관 소장의 보살상 등과 비교했

14) 〈도련도〉는 현종 황실에서 활동했던 장훤의 그림이지만 북송 휘종 황실에서 다시 모사한 것으로 알려졌다. 마이클 설리반, 『중국미술사』, 한정희·최성은 옮김(예경, 1999), p. 130. 주방의 그림 역시 마찬가지로 〈쌍육도〉가 북송대의 모사본으로 추정되므로 〈잠화사녀도〉도 이와 가까운 시기에 그려졌을 것으로 보인다. 박은화 편, 『중국회화감상』(예경, 2001), pp. 46-48.

을 때 그 차이가 더욱 명확하게 드러난다. 화려한 비단옷으로 감싼 사녀도와 옷주름의 사실적인 묘사까지도 인체를 드러내기 위한 한 방편이 된 보살상의 차이가 단지 회화와 조각이라는 장르, 혹은 사녀와 보살이라는 주제의 차이에 기인한다고 볼 수 있는지 의문이다.

시대양식이 조각과 회화, 공예에서 두루 발현된

도 3-23. 〈보살상〉, 당, 사암, 높이 98cm, 천룡산 전래로 추정, 리트베르크 미술관.

도 3-24. 〈보살상〉, 7세기 초, 날란다 제3사당지.

다는 것을 전제로 하면 이들 사이에 유사한 재현이 반복되는 것은 당연히 이상하지 않다. 당삼채나 회화를 통해 본 당대의 여성 이미지 변화는 장르에 관계없이 일관성이 있으며 같은 시대의 보살상과 비교했을 때, 훨씬 전통적이고 동양적으로 보인다. 그에 반하여 보살상들은 오히려 인체는 중성적인 이미지가 강하며 상호는 보다 이국적으로 보인다. 이국이라는 것은 당시로 보면 당연히 인도적이거나 서역적인 것을 의미한다. 중성적이고 이국적인 보살상의 이미지는 굽타시대 사르나트에서 시작되어 날란다에서 정점에 달한 양식과 관련이 있다(도 3-24). 굽타 마투라 양식이 넓은 어깨와 팽창한 가슴에서 강한 남성적 이미지를 보여주고 있다면 굽타 사르나트와 날란다의 조각은 가늘어진 팔, 다리와 곡선적인 인체 묘사에서 얼핏 여성적인 느낌이 들 만큼 중성적인 이미지가 강하다. 이 양식은 날란다를 왕래한 현장, 의정 등의 구법승과 날란다에서 수학하고 중국으로 온 금강지 등 전법승에 의해 이식되었을 것이다.[15] 당의 보살상들이

---

15) 구법승들의 활동과 중국으로의 귀환, 그들에 의한 인도 문화의 새로운 유입에 대해서는 서울대학교 문화유산연구소에서 〈인도 불교유적과 동아시아의 구법승〉이라는 프로젝트로 수년간 연구된 바 있다. 그 성과 일부가 『미술사와 시각문화』에 부분적으로 발표되었다. 특히 보드가야와 날란다의 불교유적과 미

날란다의 조각양식과 동일하다고 말하는 것은 아니다. 기원은 인도에 있는 양식이지만 이미 어느 정도 중국화가 이뤄졌기 때문에 인도 미술의 영향만으로 설명할 수는 없다. 날란다의 미술이 당대 보살상에 직접적인 영향을 주었는지는 확실하지 않지만 개연성은 충분하다.

2. 보살의 성적(性的) 정체성

다음으로 보살에 대한 인식이 어떤 식으로 변화했는가를 살펴볼 필요가 있다. 대승불교에서 보살은 위로 보리를 구하고 아래로 중생을 제도하는 '상구보리 하화중생(上求菩提 下化衆生)' 수행자로 알려졌다. 보살 자체에 대한 논의는 또 다른 철학적·종교학적 범주에 대한 본격적인 연구가 필요하므로 본고에서는 보살의 성적 정체성에만 주목하도록 하겠다.[16] 보살의 '性'을 주제로 한 경전은 특별히 알려지지 않았지만 보살이 과연 남성인지, 여성인지를 구별해야 한다면 기본적으로 보살은 남성이라고 할 수 있다. '여성이 성불할 수 있는가' 라는 논쟁적인 주제와 관련하여 비교적 자주 언급되는 『법화경』을 살펴보자. 『법화경(法華經)』「제바달다품(提婆達多品)」 뒷부분에는 『묘법연화경(妙法蓮華經)』을 지니고 외운 공덕으로 성불하게 되는 용녀 이야기가 있다.[17] 용왕의 딸인 용녀에게 사리불은 "여자의 몸으로 이룰 수 없는 다섯 가지가 있다. 첫째, 범천왕이 되지 못하며 둘째, 제석천왕이 되지 못하며 셋째, 마왕이 되지 못하며 넷째, 전륜성왕이 되지 못하며 다섯째, 부처가 되지 못한다"라고 말하는 대목이 나온다.[18] 이

술은 당 문화에 적지 않은 영향을 주었을 것으로 생각된다. 이에 관해서는 주경미, 「날란다의 불교유적과 구법승」, 『미술사와 시각문화』 4(2005), pp. 128-165; 강희정, 「보드가야의 불교유적과 구법승」, 『미술사와 시각문화』 4(2005), pp. 88-127 참조.

16) 보살에 대해서는 불교학에서 상당히 연구가 많이 되어 있고, 그것들을 일일이 거론하는 것은 본고의 논지를 흐릴 위험이 있으므로 상세히 다루지 않겠다. 우리말 개설서 가운데 보살에 대한 설명으로 다음의 글을 참조할 수 있다. 목정배 편, 『불교교리사–대승불교의 사상, 신앙, 실천』(지양사, 1987), pp. 65-68, 74-90, 211-218.

17) 본문 중의 『法華經』은 역본으로 김성규 옮김, 『妙法蓮華經』(이사금, 1991), pp. 210-216을 참조하였다. 원문은 『대정신수대장경』 卷9의 鳩摩羅什 역본 『妙法蓮華經』을 따른다.

18) "又女人身猶有五障 一者不得作梵天王 二者帝釋 三者魔王 四者轉輪聖王 五者佛身中村元." 『妙法蓮華經』, T262, 9:35c.

에 용녀는 자신이 신통(神通)으로 부처가 되는 것을 보여주겠다고 하고서 눈 깜짝할 사이에 남자로 변하여 보살행을 갖추고 연꽃 위에 앉아 부처를 이루니 32상(相) 80종호(種好)가 원만하게 갖추어졌다고 『법화경』에 나온다. 도를 깨우친 『법화경』의 용녀이야기는 대승불교의 발전에서 여성의 성불에 관한 상당히 중요한 의미를 지닌다. 여성이 성불할 수 있는가 하는 문제는 전통적으로 여성을 비하(卑下)하고 천시했던 인도에서도 간단하지 않은 문제였던 것으로 보인다. 초기에 성립된 불전인 『중아함경(中阿含經)』, 『증일아함경(增一阿含經)』, 『오분률(五分律)』에 모두 여성의 몸으로 될 수 없는 다섯 종류를 위와 같이 쓰고 있다. 여성의 몸으로 이루지 못하는 이 다섯 가지를 오위(五位)라 하고, 이를 여인이 성취할 수 없는 다섯 가지[五不成就]로 설명하며 여성이 오위에 이르지 못하는 이유로 여성은 본질적으로 선한 힘이 열등하고 약하기[善力劣弱] 때문에 오위에 오르지 못한다고 한다.[19] 『증일아함경』(第27)에는 여성이 오위에 오르지 못하는 이유로서 여성이 지닌 다섯 가지 나쁜 점, 즉 예악(穢惡), 양설(兩舌), 질투(嫉妬), 진에(瞋恚), 무반복(無反復)을 들고 있다.[20]

그러나 대승불교가 발달하면서 모든 사람에게 부처가 될 수 있는 불성(佛性)이 있고, 모든 사람에게 도(道)를 담을 그릇이 있다는 도기(道器)의 평등성이 주장되면서 여성이 불타(佛陀)가 될 수 없다는 주장은 일견 모순이 되었다. 이에 대한 절충적인 해결책이 여성이 남성으로 변하여 성불한다는 '전녀성남(轉女成男)' 설이다. '전녀성남' 설이 갑자기 등장한 것은 아니며 이미 석가모니의 전생이야기에서도 그 예가 나온다. 이 본생담은 석가모니가 전생에 모니옥녀(牟尼王女, 혹은 獨母)로 태어나 불타가 되리라는 수기(授記)를 받고자 하였으나 '예체(穢體)'를 버리고 청정신(淸淨身)을 얻어야 한다'는 얘기를 듣는다. 이에 모니옥녀는 상구보리(上求菩提) 하화중생(下化衆生)의 서원(誓願)을 세우고 투신하여 남자로 다시 태어남으로써 부처가 되리라는 수기를 받는다는 내용이다.[21]

---

19) 여인의 五位, 五不成就에 주목한 것은 中村元, 「東西文化の交流」, pp. 144-145 라고 한다. 田賀龍彦, 「法華論における授記の硏究-女人授記作佛について」, 『法華經の中國的展開: 法華經硏究』, 坂本幸男 編 (京都: 平樂寺書店, 1972), p. 663 에서 재인용.

20) "夫爲女人有五種惡 云何爲五 一者穢惡 二者兩舌 三者嫉妒 四者瞋恚 五者無反復." 『增一阿含經』 第27, 僧伽提婆 譯, T125, 2:700c.

21) 이 본생담은 『六度集經』과 『賢愚經』에 실려 있으며 『增一阿含經』에는 보이지 않는다고 한다. 불타와 관

전녀성남의 이론은 대승불교계에서 중요한 논쟁거리였음이 분명하다. 『유마경(維摩經)』과 『수능엄삼매경(首楞嚴三昧經)』에는 여인이 성불할 수 있는가와 관련하여 사리불이 천녀와 나눈 문답이 실려 있다. 천녀는 여성은 득도할 수 없다는 사리불에게 신통력을 부려 사리불을 여인의 몸으로 만들고, 자신은 사리불이 되게 하여 일체제법(一切諸法)은 남자도 없고 여자도 없다는 것[非男非女]을 설한다.[22] 천녀의 이야기는 전녀성남을 보여준 것은 아니지만 여성의 성불 가능성을 제시했다는 점에 의미가 있다. 이와 비슷한 예가 『법화경』 「제바달다품」에 나온다. 「제바달다품」에서는 용녀(龍女)가 남자로 변하는 변성남자(變成男子) 이야기가 실려 있는데 이는 불법(佛法)이라는 것이 실체적인 남녀를 구분하여 성별에 차별을 두는 것이 아니라는 것을 보여주기 위한 이론이라는 평가를 받는다.[23] 일체중생(一切衆生) 실유불성(悉有佛性)을 기본으로 대승불교가 발달하면서 '여인불성불(女人不成佛)' 론은 약화되고 전녀성남의 이론 또한 경전이나 다라니에 관계된 공덕이 더욱 중시되는 쪽으로 발전한다.[24]

결국 성도와 관계된 전녀성남의 이론은 여인이 성불할 수 있는가를 둘러싼 논쟁에서 비롯된 것으로 보이지만 한편으로는 보살의 성별에 대해 중요한 시사점을 던져주기도 한다. 전녀성남설의 골자는 여인이 성불할 수 있다는 것이지만 여기서 주목해야 할 것은 성불의 전제 조건이 남성으로 변하고 난 후라는 것이다. 이는 결국 남성으로 변하여 수기를 받아 부처가 되는 것이기 때문에 여성의 몸으로는 수기를 받을 수 없다는 것이나 마찬가지이다. 앞에서 모니옥녀의 예로 들었던 대로 '상구보리 하화중생'의 서원을 세우고 남자로 변하여 부처가 되리라는 약속은 서원을 세운 것도, 수기를 받

계 없이 여자가 남자로 化하는 이야기는 『中阿含經』, 『長阿含經』에 모두 실려 있다. 여기에는 釋女 瞿毘(Gopikā)가 여자인 자신을 증오하여 남자가 되기를 원하여 명이 다한 후에 삼십삼천에 태어나 Gopakadevaputta, 즉 瞿毘天子가 되었다는 이야기이다. 田賀龍彦, 앞의 논문, pp. 665-667.

22) "天曰舍利弗 若能轉此女身 則一切女人亦當能轉 如舍利弗非男而現女身 一切女人亦復如是 雖現女身而非女也 是故佛說一切諸法非男非女 卽時天女還攝神力 舍利弗身復如故." 『維摩詰所說經』 卷中 「文殊師利問疾品第五」, T474, 14:548c. 거의 같은 이야기가 『首楞嚴三昧經』에는 堅意菩薩과 瞿域天子와의 문답이라는 형식으로 전해진다고 한다. 田賀龍彦, 위의 논문, pp. 673-674.

23) 田賀龍彦, 위의 논문, p. 674.

24) 역사가 이 사실을 증명한다고 볼 수 있는데 다양한 불전이 한역되면서 중국적인 변용이 일어난 것도 한 원인이 될 것이다. 또한 무측천의 전륜왕설, 혹은 미륵설도 이러한 변화를 말해준다.

은 것도 남자로서의 보살을 전제로 했다고 생각된다.[25]

불교가 중국에 전래된 이후, 보살이 남성이라는 인식은 중국 전역에서 보편적으로 받아들여졌을 가능성이 크다. 이전의 기록에서 중국인들이 보살의 성별을 남성, 혹은 여성 중 어느 쪽으로 이해하고 있었는지를 찾기는 쉽지 않다. 그런데 이와 관련하여 승려 법림이 태종에게 바친 헌사(獻辭)는 그 실마리를 제공한다. 당이 건국 이후 황실이 노자와 같은 이씨라는 점을 강조하고 그 친연성을 기반으로 도교 우선 정책을 썼다는 것은 잘 알려진 사실이다.[26] 626년에 당 고조는 배불 정책을 썼으며 이에 대항하여 승려 법림은 불교를 옹호하는 내용의 『파사론(破邪論)』과 『변정론(辯正論)』을 쓴 바 있다. 뿐만 아니라 법림은 지실(智實)과 함께 도교 도사의 우선권을 인정하는 태종의 조칙에 대해 반대하는 주장을 펼친다. 639년 태종 당시 황실의 도사였던 진세영(秦世英)은 황실에 대한 명예훼손을 들어 법림을 고소했고, 법림은 자진출두하여 구금되었다. 구금된 그에게 조정에서는 관음을 염송하면 다치지 않는다고 그가 쓴 『변정론』의 한 부분을 인용하여 법림 스스로 관음을 불러보도록 하였다.[27] 그러나 법림은 관음을 칭념하는 대신 대당의 위업을 찬양하는 탄원서를 썼다. 그는 탄원서에서 태종에게 만물을 자식처럼 길러주는 이가 곧 당 태종이니 그가 곧 관음이며 관음과 태종은 완전히 일치한다고 주장하여 사형을 면하고 대신 유배형을 선고받았다.[28] 태종과 관음을 비교하고 심지어 동일하다고 주장했다는 사실은 권력에 영합하려는 의도가 있었지만 태종

---

25) 『廣博嚴淨不退轉法輪經』에서 師子童女가 신통력을 발휘하여 여성의 몸을 보여주는 것은 미래세에 여인들이 憐愍饒益함을 위해서 라고 하고 『寶星陀羅尼經』에서도 다수의 보살이 여인의 형상이 되는 것은 여인들의 제도를 위해서라고 하였다. 田賀龍彦, 앞의 논문, p. 674. 그러나 이 대목은 보살이 '여성으로 보인다' 는 것을 전제 하에 이를 설명하기 위한 의도라고 생각한다.

26) 케네쓰 첸, 『중국불교(상)』, 박해당 옮김(민족사, 1991), pp. 234-237.

27) "勅云所著辯正論 信毀交報篇曰 有念觀音者 臨刃不傷 且赦七日令爾自念 試及刑決能無傷不." 『續高僧傳』, T2060, 50:638b.

28) "免淫刑於都市琳於七日已來 不念觀音 惟念陛下 勅治書侍御史韋悰問琳 有詔令念觀音 何因不念 乃云惟念陛下 琳答 伏承觀音聖鑒塵形六道 上天下地皆爲師範 然大唐光宅四海 九夷奉職八表刑清 君聖臣賢不爲狂濫 今陛下子育恒品如經 卽是觀音 旣其靈鑒相符 所以惟念陛下." 『續高僧傳』, T2060, 50:638c. 『全唐文』과 『續高僧傳』의 기사를 종합하여 법림과 그가 간여한 사건의 개요를 설명한 것으로는 아서 라이트, 「唐太宗과 불교」, 『唐代史의 조명』, 아서 라이트·데니스 트위체트 편, 위진수당사학회 옮김(아르케, 1999), pp. 348-351를 참조하기 바란다.

당시에 관음이라는 존재를 남성적인 존재로 인식하고 있었음을 확인시켜준다. 이는 당시 보살을 남성으로 인식했던 경전상의 서술과도 부합된다. 관음은 무수한 보살 가운데 한 예에 불과하지만 가장 대표적인 대승불교의 보살이므로 관음을 남성으로 인식하고 있었다는 것은 보살을 정확하게 남성으로 인식하고 있었음을 말해준다.

III. 당대의 보살 이미지와 이국인 여성

1. 보살상의 이미지와 모델

초당기의 승려 도선(道宣, 596-667)은 보살이 기녀처럼 생겼다고 한탄했다.[29] 『석씨요람(釋氏要覽)』 서(序)에 실린 이 도선의 한탄이 실제로 도선이 그가 한 말인지는 확인할 길이 없다.[30] 그는 더 나아가 사람들이 본질을 추구하지 않고 법식을 잊어버렸으며 오로지 길이의 장단만을 따질 뿐, 귀와 눈이 제대로 갖추어졌는지도 묻지 않는다고 탄식했다.[31] 실제로 보살상에 여성적 이미지가 강하게 보이는 것은 7세기 이후에 두드러지는 것이기 때문에 도선이 말했을 가능성은 많지 않다고 보아야 한다. 7세기 중엽에 조성된 보살상이 그다지 많이 남아 있지 않기 때문에 명확하지 않지만 용문 봉선사의 협시보살을 보더라도 아직까지 신체의 굴곡이 사실적으로 표현되지 않아서 여성적이라고 형용하기는 곤란하다. 화려한 보관과 각종 영락장엄으로 장식한 것만으로 여성적이라고 볼 수는 없다. 화려하게 장엄한 보살상은 이미 동위부터 시작되어 북제대에는 상당히 두드러지게 나타나기 때문이다(도 3-25). 이들은 앞서 거론한 관능적이고 농염하다는 수식으로 설명되는 당대의 보살상과는 상당한 거리가 있다. 오히려 북주와 수대

---

29) "不犯□宣律師云 造像梵相 宋齊間皆唇 厚鼻隆目長臣頁 挺然丈夫之相 自唐來筆工皆端嚴柔弱似妓女之貌故今人誇 宮娃如菩薩也." 『釋氏要覽』 序, T2127, 54:288b.

30) 『釋氏要覽』은 錢塘의 道誠이 편찬한 것이나 서문은 崔育林이 撰한 것이므로 그가 실제 도선의 말로 전해지는 것을 채록했을 가능성도 있지만 후세에 윤색된 것일 수도 있다.

31) "又云今人隨情而造 不追本實 得在信敬 失在法式 但論尺寸長短 不問耳目全具." 『釋氏要覽』 序, T2127, 54:288b.

에 조성되었던 보살상들처럼 4 내지 5등신의 체구에 인체의 움직임이 거의 없고 뻣뻣한 모습에 가깝다.

성당시기에 이르러 비로소 본격적으로 관능적인 보살상이 조성된 것은 어느 정도 사실이다. 기녀처럼 생긴 보살이라는 도선의 인식이 성당 조각에 관한 것이라면 수긍이 갈 만하다. 그러나 그와 같은 보살상도 당대 사람들이 보고 만들어낸 당 여성의 이미지와는 거리가 있다. 앞에서 살펴본 바와 같이 당의 여성 이미지는 대개 사녀도 계통으로 화려하게 분단장하고 비단옷을 걸친 전형적인 궁정 여인의 모습으로 알려졌다. 그런데 당 사회에서 남녀 복식에 호복(胡服), 호모(胡帽) 등의 서역풍이 크게 유행하였다고 알려졌다.[32] 비단 호복, 호모, 호장의 복식만이 아니고 실제로 이국인들, 특히 페르시아나 소그드, 위구르인 등이

도 3-25. 〈석조보살입상〉, 北齊, 높이 110cm, 산동성 청주 용흥사지 출토, 靑州市博物館.

중국에 상당히 들어와 있었던 것은 주지의 사실이며 서역 계통 무희나 기녀가 당 황실에 진상되거나 어떤 다른 경로로 유입되었던 것도 특기할 만하다. 장안이라는 도시의 국제적인 성격은 이미 잘 알려진 것이지만 호복을 입은 중국인이나 호인 여성 어느 쪽도 쉽게 접할 수 있었던 당시 사회 모습은 우리에게 시사하는 바가 있다. 개원(開元) 6년(718)에 소그드에서 호족의 춤인 호선무를 추는 호선녀(胡旋女)를 조공했다는 기사가 『책부원귀(冊府元龜)』 卷971에 있으며, 『당서(唐書)』 卷221 〈미국(米國)〉 조에도 729년에 호선녀 3명을 조공했다는 기사가 있다. 727년에도 사국(史國)에서 호선녀와 포도주, 표범을 진상했다는 기사가 실려 있어서 호선녀, 즉 호선무를 추는 여자는 적지 않은 조공의 대상으로 공식, 혹은 비공식적으로 당 황실 및 세도가에 바쳐졌으며 이들 자체가 진귀한 이국 풍물 중 하나로 대상화되었음을 알 수 있다.[33]

---

32) 복식뿐만 아니라 화장법 역시 서역풍이 풍미했다고 한다. 이시다 미키노스케는 백낙천의 시 〈時世粧〉에서 장안에서 유행한 것이 중화풍 화장이 아니라는 것이 암시되어 있다고 하였다. 이시다 미키노스케, 「수당시대의 이란 문화」, 『장안의 봄』, 이동철·박은희 옮김(이산, 2004), pp. 342-346 참조.

그런데 어떤 방식으로든 중국에 유입된 이국 여성들 중에 상당수는 기녀였던 것으로 보인다. 손계(孫棨)의 『북리지(北里志)』를 인용한 연구에 의하면 장안에는 가무를 기본으로 하고 때로는 시문에도 능숙한 기녀들이 적지 않았다.[34] 이백(李白)도 그의 유명한 시 〈소년행(少年行)〉에서 오릉(五陵)의 공자가 호희의 술집으로 들어간다는 내용을 노래하고 있다.[35] 이백만이 아니다. 성당대의 하조(賀朝)도 〈증주점호희(贈酒店胡姬)〉라는 오언율시를 썼으며 중당대의 양거원(楊巨源) 역시 〈호희사(胡姬詞)〉를 지었다. 당시(唐詩) 가운데 호희가 나오는 예는 이 밖에도 상당히 많다.[36] 문학작품인 이들 당시의 경우는 공식적인 사서와는 다르지만 호희가 이들 시의 소재로 종종 언급되었다는 것 자체가 당 사회의 일면을 짐작하게 해준다.

장안을 중심으로 당 사회 전반에 이국 취향이 팽배했다는 것은 잘 알려져 있다. 『구당서(舊唐書)』에는 '사녀(士女)들이 다투어 호복을 입는다' 라 하였고, 『안록산사적(安祿山事蹟)』에도 '사족과 서인(庶人)들은 호복을 입고, 부인들은 보요(步搖)를 꽂았다' 라 하여 호복과 호풍이 매우 유행했음을 알려준다.[37] 이를 보면 도선이 말한 기녀는 단지 중국인 기녀라기보다 호인 여성이었거나 혹은 호복을 한 중국 여인이었을 가능성이 크다. 당대의 보살상들이 같은 시기에 재현된 중국 여성 이미지와 차이를 보인다고 하더라도 호희를 말한 것이라고 하면 훨씬 이해가 쉬워진다.

---

33) 소그드는 康國이며, 미국은 Mâimargh, 사국은 Kesh이다. 이상의 호선무 관계 사서 기록의 정리와 당대 호선무, 호선무를 추던 여자 무희에 관해서는 이시다 미키노스케, 「호선무에 대한 짧은 글」, 위의 책, pp. 33-47을 참조하기 바란다.

34) 기녀 중에는 궁에 소속된 宮妓를 비롯하여 官妓, 家妓가 있었는데 가기의 수는 관직의 위계에 따라 제한을 두었다가 751년의 조칙에서 제한이 해제되었을 정도로 보편적이었다고 한다. 특히 가기는 다른 사람에게 선물로 줄 수 있었을 만큼 거의 물건이나 다름없는 대우를 받았다. 당대의 기녀들에 대해서는 이시다 미키노스케, 「당대의 풍속」, 위의 책, pp. 104-130 참조. 또한 라리슈카(839-890)라는 쿠챠의 기생이 장안에 흘러들어가 겪은 이야기도 흥미롭게 읽을 수 있다. 라리슈카는 실존했던 기생이지만 그 이야기는 가상의 예이다. 수진 휫필드, 「기생이야기: 라리슈카」, 『실크로드이야기』, 김석희 옮김(이산, 2001), pp. 183-202.

35) "五陵年少金市東 銀鞍白馬度春風 落花踏盡遊何處 笑入胡姬酒肆中." '오릉의 공자' 라는 말은 장안의 부잣집 자제를 일컫는 관용어이다.

36) 예컨대 施肩吾의 〈戱贈鄭申府〉, 章孝標의 〈少年行〉, 張祜의 〈白鼻騧〉 등에는 어김없이 호희이야기가 나오기 때문에 적어도 당대 문인들의 풍류에 호희가 한몫했던 것은 분명하다 하겠다.

37) 이시다 미키노스케, 앞의 책, pp. 60-62에서 재인용.

이와 관련하여 흥미로운 기사가 있다. 단성식(段成式)의 『사탑기(寺塔記)』 중 장안 〈보응사(寶應寺)〉조에 그 절의 벽화를 그린 한간(韓幹)의 이야기가 실려 있다.[38] 한간의 일화가 소개된 말미에 절 안에 있는 석범천녀(釋梵天女)가 모두 제공(齊公)의 기녀 소소(小小)의 모습을 베껴낸 것이라는 내용이 실려 있다.[39] 제공이 정확히 누구를 지칭하는 것인지도, 기녀 소소는 누구인지, 기녀를 실제 모델로 썼는지도 알 수 없으나 이는 기녀라는 존재가 당대 여성의 시각적 이미지 형성에 특정한 역할을 했으리라는 것을 뒷받침해준다. 기녀를 모델로 한 것이 비단 석범천녀에 국한한 것인지도 확인할 길이 없다. 물론 범위를 좀 넓혀서 보살상도 이에 해당했을 것으로 보아도 무방할 것이다. 한편으로는 이것이 당

도 3-26. 〈호선녀〉, 당, 돈황 막고굴 제112굴 남벽 동측.

시 세간에 널리 알려진 소문에 불과한 것일 수도 있다. 그러나 그와 동시에 소소가 '기생'이라는 점에서 인구에 회자(回刺)된 것이며 단순한 귀부인을 모델로 했다면 이러한 기록도 어쩌면 남아 있지 않았을 것이라고 짐작된다. 어느 쪽이든지 인물상의 조형에 있어서 여성 이미지가 중요한 모델 역할을 했으리라는 가설이 성립된다. 호희의 이미지가 과연 어떤 식으로 조형화되었는지를 확인하기는 어렵지만 당대 본격적으로 대두된 경변상도에 묘사된 호선녀는 호희의 좋은 예가 된다(도 3-26). 그런데 돈황 막고굴에

---

38) 신분이 미천했던 한간이 왕유를 만나 그림 공부를 하게 된 잘 알려진 일화이다. "道政坊寶應寺韓幹 藍田人 少時常爲貰酒家送酒 王右丞兄弟未遇 每一貰酒漫遊 幹常徵債於王家 戲畫地爲人馬 右丞精思丹靑 奇其意趣乃成 與錢二萬 令學畫十餘年." 『寺塔記』, T2093, 51:1023b.

39) "今寺中釋梵天女 悉齊公妓小小等寫眞也." 『寺塔記』, T2093, 51:1023b.

그려진 호선녀의 이미지가 당삼채나 사녀도 계통의 당대 회화에서 보이는 여성의 이미지보다 오히려 보살상에 가깝다는 점은 보살상의 모델이 호희였을 가능성을 시사한다. 또 호희들의 이국적인 자태를 보살상의 모델로 삼게 된 것에는 중성적인 이미지의 인도 조각의 유입이 계기가 되었을 것으로 생각된다.

8세기 여성의 이미지는 비단 당에서만이 아니라 주변 국가로도 전파되었다. 일본 정창원 소장 〈조모입녀병풍〉의 〈수하미인도〉(도 3-27)는 장안 위가묘(韋家墓) 묘실 서벽의 여성상(도 3-28)과 같은 이미지를 거의 그대로 재현하고 있다.[40] 두 그림에서 여성은 풍만한 인체와 후덕해 보이는 얼굴에 이마 위에 앞으로 떨어질 듯

도 3-27. 〈樹下美人圖(鳥毛立女屛風 畵面 第4扇)〉, 天平時代, 754년경, 128.0×53.5cm, 正倉院 北倉.

도 3-28. 〈수하미인도〉, 8세기 후반, 韋家墓 墓室西壁, 섬서역사박물관.

묶은 머리 모양까지 비슷하게 묘사되어 당삼채와 사녀도의 여성상이 같은 이미지를 공유하였음을 보여준다. 이는 당대에 두드러지는 국제양식의 맥락에서 이해될 수 있는데 호류지(法隆寺) 금당벽화도 같은 범주에 속한다(도 3-29). 남아 있지는 않으나 호류지 금당의 아미타정토도는 이국적인 분위기가 강한 대표적인 그림인데 일본의 예이지만 보살상의 상호에서 전통적인 중국 사녀화와의 차이가 매우 잘 보이기 때문에 눈여겨 볼 만하다. 아미타정토도의 관음보살상(도 3-30)과 〈수하미인도〉(도 3-31)의 얼굴을 비교하면 이중턱이 있는 풍만한 얼굴은 마찬가지이지만 눈썹과 눈매, 콧날의 처리

---

40) 陝西省 長安縣 南里王村에 위치한 위가묘는 開元 天寶年間(713~756年)에 축조된 무덤으로 추정된다. 이에 관하여 百橋明穗·中野徹 責任編集, 『世界美術大全集 東洋編』 4(東京: 小學館, 1997)을 참조하기 바란다. 〈조모입녀병풍〉은 중국적인 색채가 워낙 강하여 중국회화로 오해되기도 했지만 그림 배면에서 대략 752년경에 해당하는 연도가 쓰인 일본의 문서를 발견하여 중국화법을 익힌 일본화가가 그린 것으로 추정된다. 아키야마 데루카즈, 『일본회화사』, 이성미 옮김(예경, 1992), pp. 38-41.

도 3-29. 〈아미타정토도〉, 7세기 말~8세기 초, 土壁彩色, 313 도 3-30. 〈관음보살도〉, 法隆寺 금당 아미타정토도 부분.
×267cm, 法隆寺 금당 6호벽.

에서 현격한 차이를 보인다. 이들을 모두 '여
성', 혹은 '여성적'이라고 설명한다고 하더라
도 실제 사녀화 계통의 여성상과 불교미술에
서의 여성 이미지는 전혀 다른 방식으로 재현
되고 재생산되었음을 알 수 있다.

2. 여성에 대한 인식의 변화

무측천 시대를 거치면서 여성에 대한 사회
적 인식이 변화하게 되었다. 여기에는 몇 가지
이유가 있었던 것으로 생각된다. 무엇보다도

도 3-31. 〈수하미인도(鳥毛立女屛風)〉 부분.

무측천의 집권이 결정적인 계기가 되었을 것이다. 정치사적으로 당 중기로 알려진 시
기(655-763) 중 전반기는 '무위(武韋)의 화(禍)'라는 정치적 사건으로 규정된 시기였다.
이때의 무위란 무측천의 '무'와 중종의 황후 '위'를 말하는 것으로 이 두 여성이 권력

을 둘러싼 정쟁의 핵심인물이었으며 이들이 당 중기 정치사에 미친 영향은 실로 막대한 것이었다. 이들 외에 무측천의 막내딸인 태평공주 역시 당 황실의 세력자로서 만만치 않은 권력을 쥐고 있었다. 태평공주는 713년 현종에 의해 죽임을 당했으므로 그 영향력은 무측천과 위황후보다 다소 약했을 것이다. 하지만 대략 655년부터 태평공주가 살해된 713년까지의 약 50여 년을 '무위의 화'로 지칭한 것은 정치에 깊이 관여하고 권세를 잡았던 이들 여성들 때문으로 이는 유교적인 사관에서 보면 전형적인 여화(女禍)의 시기로 간주되었기 때문일 것이다.[41) 비단 권력자이자 세도가로서의 여성만이 아니라 어현기(魚玄機), 설도(薛濤), 화애부인(花蘂夫人) 등의 여류문인들도 이름을 떨쳤던 시기로 당대는 전반적으로 이전 시대보다 여성의 지위가 높아졌던 시대이다.

널리 알려진 대로 무측천은 자신의 황권 찬탈과 주(周)의 건국을 합리화하는 일련의 시책을 진행했다.[42) 그런데 그 중에는 불교 경전의 새로운 해석과 찬술도 포함되어 있었다. 690년 무후가 주를 건립했을 당시 그녀는 여성으로서 황제의 지위에 오르는 것을 정당화하기 위하여 『대운경(大雲經)』을 다시 해석하여 『대운경소(大雲經疏)』를 저술하게 하였고, 이를 필사(筆寫)하여 천하에 배포하게 하였으며 전국 각 주마다 대운사를 세우게 하였다.[43) 『대운경소』에서는 『대운경』의 내용 가운데 정광천녀(淨光天女)가 남인도의 공주로 태어나 왕위에 오르고 자기 왕국을 극락으로 만든다는 부분이 일층 강조되었다. 무측천은 이에 그치지 않고, 『보우경(寶雨經)』을 이용하여 자신의 권력을 정당화하기도 하였다.[44) 그녀는 이전에 두 번이나 번역된 바 있었던 『보우경』을 보리류지(菩提留志)로 하여금 다시 번역하게 하였는데, 그 첫 번째 권에 정광천녀 이야기와 유사

41) 도나미 마모루, 「당 중기의 정치와 사회」, 『수당오대사』, 임대희 옮김(서경, 2005), pp. 265-267, 283-285.
42) 황제로서의 武則天이 자기 자신을 정당화시키기 위해 행했던 일련의 방편들에 대해서는 任大熙, 「則川皇帝 통치시기의 정치와 인물」, 『東아시아의 人間像』, 黃元九敎授定年紀念論叢刊行委員會 編(혜안, 1995), pp. 282-288이 좋은 참고가 된다.
43) 아서 라이트 · 데니스 트위체트, 「서론」, 아서 라이트 · 데니스 트위체트 편, 앞의 책, pp. 17-18; 스탠리 바인스타인, 「당대 불교 종파 형성 과정에서의 황실 후원」, 아서 라이트 · 데니스 트위체트 편, 앞의 책, pp. 403-404 참조.
44) 돈황의 보우경변에 보이는 산악을 武則天의 정치적 상징을 시각적으로 표현했다고 보는 견해에 대해서는 김혜원, 「돈황 막고굴 제321굴 〈보우경변(寶雨經變)〉에 보이는 산악 표현의 정치적 의미와 작용」, 『미술사와 시각문화』 1(2002), pp. 70-99.

한 여왕의 이야기를 추가하였다. 『보우경』
에서는 『대운경』의 정광천녀 대신 일월광
천자(日月光天子)라는 남자가 여성으로 마
하지나국(摩訶支那國)에 태어나 전륜성왕
이 되고 다시 도솔천에 태어나 미륵이 될
것이라는 내용이 덧붙여졌다. 여기서 주목
되는 것은 『대운경』보다 일보 전진하여 남
성이 여성으로 바뀌어 태어나고 마침내 미
륵이 된다는 부분이다. 이는 『법화경』의
용녀이야기에 보이는 전녀성남설을 뛰어

도 3-32. 傳 장훤, 〈虢國夫人遊春圖〉, 8세기작 모사본, 요녕성박물관.

넘어 남자가 거꾸로 여자가 되어 예토를 구원할 미래불 미륵이 되는 것이기 때문에 오
늘날의 가치관에 견주어 보더라도 상당히 혁명적인 발상이라고 할 수 있다. 무측천 자
신의 정치적인 정당성을 확보하려는 시도에 의한 것이지만 당 사회 전반에 걸쳐 엄청
난 반향을 불러 일으켰음에 틀림없다.

당에서 여성의 사회적 지위가 높아진 것은 복장과 승마 풍습에서도 알 수 있다. 당
초기에는 '멱리(冪羅)', 혹은 '유모(帷帽)'라고 부르는 얇은 베일 같은 것으로 얼굴을
가리고 다니던 여자들이 현종대에 들어 점차 맨 얼굴을 드러낸 채로 외출했다고 한
다.[45] 사회 풍습의 변화 중에는 남북조시대 말기부터 대두된 여성들의 승마 풍습이 궁
정 여인들을 중심으로 유행한 것을 들 수 있다.[46] 이것이 당대 여성들의 보편적인 풍습
은 아니었음은 분명하다. 일반적인 현상이었으면 시와 그림으로 남길 이유가 없기 때
문이다. 두보가 〈괵국부인(虢國夫人)〉이라는 시에서 '괵국부인 주군의 은총을 입어 동
틀 무렵 말을 타고 들어온다'고 노래한 것은 장훤 전칭작 〈괵국부인유춘도〉가 보여주
는 당시 정황과 일치한다(도 3-32).[47] 유모를 쓴 당삼채 여인상이나 〈괵국부인유춘도〉

45) 이시다 미키노스케, 앞의 책, pp. 190-192. 당대 여성의 복식에 관해서는 다음의 책을 참고하였다. 華梅,
　　『中國服裝史』(天津: 天津人民美術出版社,1989), pp. 36-46; 沈衆文 · 王㐀, 『中國服飾史』(西安: 陝西 師
　　範大學出版社, 2004), pp. 80-95.
46) 이시다 미키노스케, 앞의 책, pp. 192-194.
47) "虢國夫人承主恩 平明騎馬入宮門 却嫌脂粉浣顏色 淡掃蛾眉朝至尊." 또 요녕성 박물관 소장의 장훤 전

의 여성상들은 앞에서 살펴본 당대의 사녀화 계통 여성 이미지를 그대로 재현하였으므로 이들 역시 복식이나 장신구에서의 이국 취향을 그대로 보여준다.

무측천만의 영향이 아니지만 당시 당에서는 여자어린이를 선호하는 사회적인 분위기가 형성되어 있었다. 이를테면 중국에서도 뿌리 깊었던 남아선호사상이 잠시 수그러졌던 것이다. 한 예를 들면 백거이는 현종과 양귀비의 사랑을 주제로 한 그의 유명한 시 〈장한가(長恨歌)〉(806년)에서 "마침내 하늘 아래 부모의 마음이 사내 낳는 것을 중히 여기지 않고 딸 낳는 것을 중히 여기게 하였네(遂令天下父母心, 不重生男重生女)"란 부분을 남겼다.[48] 백거이의 이 시구는 당시 널리 알려져 있었던 『사기』의 한 부분을 그대로 가져온 것이다.[49] 같은 시의 다른 부분에서 백거이가 당 현종을 각각 한(漢) 무제에 비유하였던 것처럼 이 부분도 현종의 총애를 등에 업고 양귀비가 세도를 누린 것을 한 무제의 위(衛)황후와 그 일족이 권세를 잡은 것에 빗대어 표현한 것이다.[50] 무제의 위황후나 현종의 양귀비 모두 절세가인으로 황제의 총애를 입고 그로 인해 그들의 일족이 영화를 누렸다는 데 공통점이 있다. 이와 같은 문학작품에서의 비유는 결국 잦은 분쟁이 일어났던 변경 지방에서 생명을 잃게 되는 아들보다 차라리 출중한 미모로 가족들에게 권세를 가져다줄 예쁜 딸을 낳는 것이 훨씬 낫다는 인식이 당대에 팽배했음을 알려준다.[51] 이유가 어디에 있었던 간에 성적 정체성에 있어 현저하게 열등하게 인식되었던 딸이 이제 더 이상 장점이 부각되지 않게 된 아들에 대해 상대적인 가치가 높아지게 된 것을 반영한 것이다. 이러한 성당기의 성적 정체성에 대한 가치 판단의

칭작 〈곽국부인유춘도〉는 당대 진작은 아니지만 당의 원본을 충실히 모사한 그림으로서 그 풍습을 보여주기에 충분하다.

48) 〈長恨歌〉 제25 · 26구절 참조.

49) "사내를 낳는 것은 즐거울 것이 없고, 계집애를 낳는 것은 멸시당할 일이 없네." 『史記』 卷49.

50) 그러나 백거이는 현종이나 무제의 이름을 직접적으로 거론하지 않고 문장의 인유를 통해 암시했다고 한다. 데이비드 라티모어, 「引喩와 唐詩」, 아서 라이트 · 데니스 드위체트 편, 앞의 책, pp. 604-609.

51) 이러한 인식은 그다지 새로울 것도 없었을 것이다. 이미 역사적으로 여러 명의 傾國之色으로 인해 그들의 일가가 영화를 누렸던 사실은 잘 알려져 있었기 때문이다. Jennifer W. Jay, "Vignettes of Chinese Women in Tang Xi'an 唐西安(618-906): Individualism in Wu Zetian, Yang Guifei, Yu Xuanji and Li Wa 巫則天, 楊貴妃, 魚玄機, 李娃," Chinese Culture 31-1 (1990), pp. 81-83. 그는 무측천 이후 고양된 이러한 분위기가 무수한 비슷한 모델을 포함하여 당시의 많은 사람들에게 딸을 통한 사회적인 신분상승의 기대를 야기했다고 보았다.

변화는 성스러운 예배대상인 보살상조차 여성, 혹은 기녀를 모델로 조성하거나 이들에 견주어 외형을 평가하는 사회적 의식이 성립하게 된 요인으로 보인다. 이는 결과적으로 여성의 이미지에 대한 반감을 줄여주고, 보다 적극적으로 여성을 묘사하거나 모델로 하는 등 당대 미술의 영역을 넓히는 작용을 했다고 생각된다.

IV. 맺음말

현대의 우리가 마주하는 당대의 보살상은 다른 미술 장르 속의 여성상과 비교해 본다면 당대의 전형적인 '여성' 이미지와 맥을 같이 하지 않는다. 엄밀히 말하면 보살상에서는 여성적이라기보다 오히려 중성적인 묘사가 두드러지며 다른 여성상과 달리 이국적으로 보이기까지 한다. 이는 당대의 여성 이미지가 사녀 계통의 궁정여인과 중성적인 이미지의 이국 여성으로 이원화되어 조형되었음을 의미하다. 중국 사람들은 불교가 전래된 이후 줄곧 불교가 이국의 종교라는 인식을 하고 있었기 때문에 보살상의 조형에 실제 모델이 있었다면 이국인 여성이 중국 여성보다 중요한 역할을 했을 것이다. 보살상에 보이는 중성적 이미지는 한편으로는 인도 불교조각의 중성화와 맥을 같이 하는 것이고 한편으로는 무측천 이후 높아진 당대 여성의 지위를 반영한 일종의 메타포로 생각된다. 이 점은 이미 역사상 실존했던 석가모니와 다른 여래들을 조각한 불상이 분명하게 남성적인 이미지로 조성된 것과 좋은 대조가 된다. 원래 '남성'인 보살의 성적 정체성이 이 시기 들어 은연중에 여성화 경향을 보여주는 것이다. 여기에는 남성이 여성으로 태어나 다시 미륵이 된다는 『보우경』의 내용과 딸을 선호한 당대 사회 분위기가 영향을 주었을 것이다. '여성적'으로 보이는 당대의 보살상에서 사회화된 의미에서의 여성적인 자의식이나 정체성을 찾아내기는 어렵지만 여성의 성불과 관련한 보다 진보적인 인식이 반영되었다고 볼 수 있다.

조선 전기 불교미술의 여성 후원자

I. 머리말

조선 전기에 왕실을 중심으로 한 지배층 여성들이 불교를 후원한 일은 널리 알려져 있지만 그들의 신앙과 종교활동에는 역사적 의미가 정당하게 부여되지 못했다.[1] 역사상의 사실 자체만 강조되었을 뿐, 그에 관한 역사적·불교적 가치가 충분히 논의되지 않았다는 것은 한 시대의 역사적 행위에 관한 해석이 결여되어 있음을 반증한다. 조선시대는 고려시대에 비하여 여성의 권리와 제반 활동이 크게 제한되기 시작하면서 여성들이 자기의 정체성을 인식하고 그것을 드러낼 수 있는 통로가 크게 줄어들었던 시대이다.

본고는 조선시대 불교와 여성에 대해 두 가지 문제에 주목하고자 한다. 조선 초기 나라의 기틀을 잡기 위하여 강력하게 억불숭유 정책을 시행했음에도 불구하고 여성들이 불교를 후원할 수 있었던 이유는 무엇이며, 그와 같은 여성의 불교 후원이 역사적으로 무엇을 의미하는 것인가 하는 점이다. 여성들의 불교 후원이 가능했던 중요한 이유로 우선 조선시대 불교의 후원자로 나섰던 여성의 신분이 상대적으로 높았다는 것을 들 수 있다. 대개 명문이나 조성기가 남아 있는 불화와 조각 가운데 여성이 불교미술의 후원자로서 적극적으로 개입하고 있는 사례가 적지 않다. 그 발원자 중에는 비, 빈

---

1) 조선시대 왕실 여성을 중심으로 한 불교 신앙의 양태에 관하여 楊萬雨, 「李朝妃嬪崇佛小考」, 『全州教育大學論文集』 2(1967), pp. 81-103 참조.

이나 문정왕후와 같은 왕후, 혹은 대비의 신분이거나 사대부 집안 여인들이 포함되어 있다. 즉 이들 여성들은 어느 정도 정치적인 탄핵으로부터 자유로웠던 신분이었던 것으로 풀이된다. 적극적인 봉불(奉佛) 활동을 했던 문정왕후의 경우 정치적으로 쟁점이 되기도 했지만 대체로 조선 전기 여성들이 불교 신앙을 지킬 수 있었던 것은 유가(儒家)의 정치적 비판을 비껴갈 만한 상류사회 신분이었다는 점에 주목할 필요가 있다.

이런 의미에서 봉건 사회의 여성으로서 자신의 종교적 신념을 굽히지 않고 불화와 불상을 봉헌하도록 지원함으로써 억불숭유의 상황을 헤쳐나간 조선시대 전기 여성의 종교적 역할을 규명하는 작업은 조선시대 역사는 물론 우리 전체 여성사의 누락된 고리를 찾는 일이기도 하다. 이들은 출가하여 비구니로서 수행의 길을 걷는 직접적인 종교 활동보다는 그들의 경제적 여건이 허락하는 한 불사(佛寺)를 신축, 보수하거나 불상을 봉헌함으로써 자신들의 신앙을 우회적으로 표현한 것으로 생각된다. 특히 이 가운데 눈에 띄는 것은 왕실과 사대부, 즉 양반층의 여성들이 지원한 불교미술이다. 본고에서는 현전하는 조선 전기의 불교미술 가운데 명문이나 조성기를 통하여 여성들이 관여한 것이 확인되는 작품을 통하여 억불숭유를 국치로 내세웠던 조선의 상류계급 여성들이 불교를 지원하고, 또 그렇게 할 수 있었던 까닭과 그 역사상의 의미를 고찰하고자 한다.

II. 조선 전기 불교조각의 여성 후원자

조선이 유교를 국시로 하는 국가체제를 확립하는 과정에서 개국세력인 신진 유학자들의 배불책을 배경으로 사원경제의 정비를 통하여 확고하게 국가재정의 기반을 다지기 위하여 적극적인 억불책을 시행하였음은 주지의 사실이다.[2] 그런데 정권 차원의 강력한 억불책 아래에서도 불교 사원의 보수와 새로운 불상 및 불화의 조성은 여전히 지속되었다. 사대부 중심의 숭유정책을 시행하여 미술에서도 산수화가 새로이 각광받기는 하였지만 불교미술의 자취가 완전히 사라진 것은 아니었다. 흔히 조선시대에는

---

2) 安啓賢, 「佛敎抑制策과 佛敎界의 動向」, 『韓國史』 11, 국사편찬위원회 편(국사편찬위원회, 1981), pp. 149-151.

이전의 전통적인 화려한 불교미술이 쇠퇴한 것으로 알려
졌으나 근래에 들어 조선 전기에도 지속적인 불상과 불화
조성이 이뤄졌으며 그 수준 역시 세간에 알려진 대로 낮은
차원의 것이 아니었음을 알려주는 연구가 이뤄졌다.[3] 또한
기존에 밝혀지지 않았던 새로운 조선 전기의 불상과 불화
들이 속속 알려지는 실정이다. 이와 같은 근자의 연구에 의
하여 조선 전기의 불교미술을 강력한 억불책에 의하여 쇠
퇴한 것으로만 파악하지 않고 보다 객관적으로 조명하는
것이 가능해진 것은 고무할 만한 사실이다. 본고에서 주목
하고자 하는 것은 여전히 화려한 빛을 발한 조선 전기 불교

도 3-33. 〈乾漆菩薩坐像〉, 1395, 높이 76.8cm,
경북 영덕 장륙사.

미술에서 가장 중요한 후원자층을 형성한 여성들이다. 이
들은 대개 신분이 높은 왕실이나 사대부 집안의 여성으로서 사회적 지위에 걸맞는 경
제력을 기반으로 그들의 불교신앙을 지속할 수 있었던 것으로 생각된다.

　　조선 전기의 불교미술 가운데 여성 후원자가 밝혀진 최초의 예는 영덕(盈德) 장륙사
(莊陸寺) 소장의 건칠관음보살좌상(乾漆觀音菩薩坐像)이다(도 3-33). 홍무(洪武)28년, 즉
태조4년(1395)의 연대가 있으며 현재 영덕 장륙사 대웅전에 봉안되어 있다. 1971년 단
국대학교 박물관에서 처음 조사한 이후, 1974년의 개금불사(改金佛事) 때에 복장발원

3) 조선 전기 불교미술에 관하여 다음의 논문 참조. 金廷禧, 「朝鮮前期의 地藏菩薩圖」, 『강좌 미술사』
　　4(1992), pp. 79-118; 同, 「朝鮮朝 明宗代의 佛畵硏究」, 『역사학보』 111(1986), pp. 145-173; 同, 「朝鮮前期
　　佛畵의 傳統性과 自生性」, 『韓國美術의 自生性』, 한국미술의 자생성 간행위원회 편(한길아트, 1999), pp.
　　173-212; 同, 「文定王后의 中興佛事와 16세기의 王室發願 佛畵」, 『미술사학연구』 231(2001), pp. 5-39; 문
　　명대, 「朝鮮 前期 彫刻樣式의 硏究(1)」, 『梨花史學硏究』 13·14(1983), pp. 53-57(同, 『삼매와 평담미』 한
　　국의 불상조각 4, 예경, 2003 재수록); 同, 「한국의 중·근대(고려·조선) 조각의 미의식」, 『韓國美術의 美
　　意識』, 韓國精神文化硏究院 編(한국정신문화연구원, 1984), pp. 118-119(同, 『삼매와 평담미』 한국의 불
　　상조각 4, 예경, 2003 재수록); 문현순, 「조선 전기의 새로운 불교 도상−천은사 舊藏 금동불감의 동판부조
　　와 불좌상을 중심으로」, 『미술사연구』 15(2001), pp. 195-224; 박은경, 「日本 梅林寺 소장의 朝鮮初期 〈水
　　月觀音菩薩圖〉」, 『미술사논단』 2(1995) pp. 391-414; 同, 「朝鮮前期의 기념비적인 四方四佛畵」, 『미술사
　　논단』 8(1998.9), pp. 111-139; 유마리, 「水鐘寺 金銅佛龕 佛畵의 考察」, 『미술자료』 30(1982), pp. 37-55;
　　同, 「朝鮮時代 彫刻」, 『한국미술사』, 大韓民國藝術院 編(대한민국 예술원, 1984), pp. 448-451; 同, 「麗末
　　鮮初 觀經十六觀變相圖」, 『미술사학연구』 208(1995), pp. 5-35; 李銀洙, 「朝鮮初期 金銅佛像에 나타나는
　　明代 라마불상양식의 영향」, 『강좌 미술사』 15(2000), pp. 47-76.

문이 발견되어 조성경위가 밝혀졌다.[4] 상당히 긴 발원문을 통하여 조선 개국(1392년) 직후인 1395년에 조성되었고 1407년에는 개금불사가 이루어졌음을 알 수 있다. 발원문 끝부분의 묵서명에 영락(永樂)5년(1407)의 개금 연대와 '□長寺'란 절의 명칭이 있는 것으로 미루어 처음부터 장륙사에 안치된 것은 아니었던 것으로 판단된다.[5] 복장기에는 다양한 계층의 시주자 명단이 포함되어 있는데 그 중 관직이 있는 사람의 경우에는 관직과 성씨를 함께 적고 자필 수결(手決)을 했다는 점이 주목된다.[6] 또, 관직이 없는 사람들은 단순히 이름만 적었으며 현재 관직에서 물러난 전(前)관직자의 경우에는 전관직명을 적었다. 그런데 제작연도 자체가 조선 건국 4년이기 때문에 이때의 전관직명은 고려시대의 관직명으로 추정할 수도 있을 것이다.

발원자들은 각계각층의 다양한 성원이 포함되어 있는 것으로 보이며 뒤에 '여(女)' 자가 붙어 있는 경우는 대개 여성이었던 것으로 판단해도 무방할 것이다.[7] 이 가운데 단지 '여' 자만 있어서 다른 정보를 알 수 없이 여성이라는 사실만을 확인할 수 있는 사람들은 논외로 하고, 특별히 '군부인(郡夫人)'이라는 특별한 명칭이 있는 여성에 주목하고자 한다. '군부인'이라는 호칭은 대군이나 군의 부인, 즉 왕실의 며느리에 주어지는 호칭이다.[8] 발원자 명단 중에는 밀양군부인(密陽郡夫人) 朴□, 단양군부인(丹陽郡夫人) 박씨(朴氏), 옥천군부인(玉泉郡夫人) 전씨(全氏), 개성군부인(開城郡夫人) 왕씨(王氏) 등 4인의 군부인이 포함되어 있어서 적어도 이들 4명은 다른 여성 발원자들보다 어느

---

4) 鄭永鎬, 「莊陸寺菩薩坐像과 그 腹藏發願文」, 『고고미술』 128(1975), pp. 2-4.

5) 문명대는 이를 茅長寺였을 것으로 추정하고 寧海 葦長寺의 관음상으로 파악하였다. 문명대, 「세종조 전후의 조선전기 조각 양식의 변천」, 『세종시대의 미술』(세종대왕기념사업회, 1986), p. 111, 주 7.

6) "衆生親見彌勒自他一時同成佛道者/ 主上殿下萬萬歲/ 顯妃殿下壽齊年/ 世子殿下壽千秋/ 諸王□室各保天年兩府百官福壽無疆干戈永/ 息四海波安各父母離苦趣生淨土立願/ 洪武二十八年九月初吉/ 幹善比丘信庵 勝浮/ 功德主六閨居士海栓俗號前判事白瑠/ 同室密陽郡夫人朴 □/ (중략) /丹陽郡人朴氏 福生女 所文伊/ 前典書尹□ 菜師女 祿成/ 玉泉郡夫人全氏 上佐 靑加女/ (중략) 丹陽郡夫朴氏 黃思 銀莊女/ 前司字少監朴 莫莊女 三莊女/ (중략) /開城郡夫人王氏 仍邑莊女 處甫/ (하략)."

7) '女' 앞의 명칭은 이름인 경우도 있겠지만 맡은 바 소임이나 직업, 佛家에서의 명칭, 혹은 담당한 물자를 지칭하거나 때로는 거주지를 보여주는 것으로 생각된다(靑龍女, 瑟奇女, 於火伊女, 福生女, 採師女, 靑加女, 龍莊女, 嚴珍女, 雪莊女, 守德女, 金莊女, 夢伊女, 嚴德女, 加猪伊女, 今音莊女, 池歸女, 猪加伊女, 盈德女, 徑貴女, 銀莊女, 莫莊女, 三莊女).

8) 郡夫人에 관하여 미술의 후원자로서 주목한 최초의 글로 李東洲, 「麗末, 鮮初 佛畵의 特性-晝夜神圖의 제작연대에 대하여」, 『季刊美術』 6(1980), pp. 173-186 참조.

정도 높은 지위에 있었던 것으로 추정된다.[9] 조선 건국 직후라는 점을 감안하면 이들 군부인은 고려 말에서 조선 초에 걸쳐 얼마간의 경제력과 사회적 지위를 지니고 있었던 것으로 짐작된다. 개별적으로 역사상의 어떤 인물과 관련 있는 것으로 밝혀지지 않은 이상, 이 장륙사 건칠관음보살좌상을 봉헌하는 데 결정적인 영향력을 발휘한 성별과 계층을 말하기는 어렵다. 그러나 조선 초기에 적어도 지체 있는 집안의 여성 신도들이 불상 조성에 관여하고 있었다는 사실을 확인하기에는 부족함이 없다.

한편 명문의 내용 가운데 조선 초기에 두드러지게 나타나는 현상 중의 하나로 왕의 천수를 기원하는 것을 들 수 있다. 주상과 현비, 제 왕실과 백관의 복수(福壽)를 기원하는 이 장륙사 건칠관음보살좌상의 발원문도 마찬가지이다.[10] 여기 보이는 주상전하는 태조를 지칭하는 것으로, 현비(顯妃)는 그의 계비(繼妃)인 신덕왕후(神德王后)를 의미하는 것으로 간주할 수 있다. 정책적으로 강력한 억불책을 썼던 태조도 개인적으로는 호불(護佛) 경향을 지니고 있었다는 점은 널리 알려진 것으로 1397년에는 현비(顯妃) 강씨(康氏)의 명복을 빌기 위하여 정릉에 흥천사(興天寺)를 세우기도 하였다. 단지 조선 초기인 것을 감안할 때, 보다 후대의 발원문들에 비하여 미륵을 친견하여 일시에 성불하고자 한다는 불교 보편적인 기원이 섞여 있는 것은 일반적인 기원의 내용에서 벗어나지 않는 것이다.[11] 통상 임금의 만수무강을 비는 발원은 어느 시대에나 존재하였고 주요한 기원으로 간주된 것이 사실이다. 그러나 대개 그와 비슷한 비중을 둔 다른 기원 역시 적지 않게 다루어진다. 대개 부모, 친지의 명복을 빈다든가, 사해대중이 불법을 듣기 바란다거나 하는 것이 그것이다. 하지만 조선 전기 발원문은 주상전하의 안녕과 만수를 기원하는 내용을 중심으로 이뤄져 있다고 해도 과언이 아니다.

이보다 약 60년 가량 늦은 시기인 세조 4년(1458년)에 조성된 흑석사(黑石寺) 목조아미타불좌상(木造阿彌陀佛坐像)의 화주(化主)인 명빈 김씨(明嬪 金氏)도 현전하는 조선 전기 불교 미술의 후원자 가운데 빼놓을 수 없는 중요한 인물이다. 1992년에 시행된 조사에 의하여 흑석사 목조아미타불좌상에서 복장기와 함께 각종 복장 유물이 발견되

---

9) 密陽郡夫人朴氏는 2번 적혀 있어서 동일 인물인지 모르겠으나 현재로서는 확인하기에 어려움이 있다.

10) "主上殿下萬萬歲/ 顯妃殿下壽齊年/ 世子殿下壽千秋/ 諸王□室各保天年兩府百官福壽無疆干戈永."

11) "衆生親見彌勒自他一時同成佛道者."

도 3-34. 〈黑石寺 木造阿彌陀佛坐像〉, 1458, 높이 72cm, 경북 영주 흑석사.

었다(도 3-34). 그 중에는 보권문(普勸文), 백지묵서 불조삼경합부(白紙墨書佛祖三經合部), 금은사묘법연화경(金銀寫妙法蓮華經) 등의 전적류와 각종 직물류, 금동사리함, 사리, 오곡, 오향, 칠보 등이 포함되어 있다.12) 보권문(普勸文)에는 천순원년(天順元年)(1457)에 정암산 법천사에 봉안하려는 목적으로 뜻을 모아 다음 해인 세조 4년(1458)에 성철, 성수, 극인, 혜총 등의 승려를 化主로 하여 태종의 두 후궁인 의빈(懿嬪) 권씨와 명빈(明嬪) 김씨, 효령대군 등 275인이 참여하여 아미타삼존을 조성하였다는 내용이 담겨 있다.13) 이 중에서 효령대군 외에 왕실과 관련 있는 인물은 세종의 둘째 딸인 정의공주(貞懿公主)와 결혼한 광덕대부 연창위 안맹담으로서 그는 워낙 호불(好佛)을 하여 집안에서 승복을 입고 독경하기도 하였다고 한다.

이 보권문을 따르면 채색(彩色)과 칠(柒)을 보시한 중요한 인물 가운데 세 명이 여성인 셈이다. 의빈 권씨와 명빈 김씨, 그리고 명빈 김씨 다음의 유인(孺人) 신씨가 그들이다. 유인은 원칙적으로 정구품(正九品) 종사랑(從仕郎)이나 종구품(從九品) 장사랑(將仕郎)의 부인에게 내려지는 외명부(外命婦) 상의 품계이며 보통 일반 부인들에게도 쓰였던 호칭으로 추정된다. 채색과 칠은 특히 다른 무엇보다도 비용이 많이 들기 때문에 아무나 쉽사리 보시하기 어려운 품목이다. 이들이 그 비용을 감당할 수 있었던 것은 그들의 신분과 지위가 이를 가능하게 했기 때문이라는 것을 충분히 짐작할 수 있다. 그런데

---

12) 崔素林, 「黑石寺 木造阿彌陀佛坐像 硏究-15世紀 佛像形式의 一理解」, 『강좌미술사』 15(2000), pp. 77-100.
13) 복장기 전문 「白紙墨書 法泉寺 阿彌陀佛三尊造成普勸文」 "井巖山法泉寺堂主彌陀三尊願成諸緣/ 普勸文/ 西方主彌陀佛此娑婆別有救度衆生之緣/ 一稱彼佛則接引九蓮臺上/ 觀音者聞聲濟苦速脫衆生之苦惱也/ 地藏者常住冥間之中救拔衆生之苦/ 三尊威德奚可量哉/ 是故貧道欲成尊像力微難辦普告/ 尊卑須植無漏勝善爲幸廻玆勝因壽/ 君福國萬姓無憂者蘇南謹扣/ 天順元年二月日 誌/ 幹善道人/ 擧目/ 供養/ 布施/ 彩色/ 柒/ 懿嬪宮 權氏/ 明嬪宮 金氏/ 孺人 辛氏(印記)/ 孝寧大君(印記)/ 大施主 李□(手決)/ 大施主 池湧泉兩主/ 大化主性哲."

이들 세 명의 여성 중, 의빈 권씨는 태종이 승하한 후에 비구니로 출가를 한 것으로 알려져 있다.

시주자로 알려진 세 명의 여성 가운데 주목되는 것은 명빈 김씨이다. 명빈 김씨는 이 흑석사 목조아미타불좌상의 발원자 중 한 사람이기도 하지만 수종사 팔각오층석탑에서 발견된 석가여래좌상을 비롯하여 다른 조선 초기의 불화에도 그 이름이 종종 거론된다. 조선 왕실의 비·빈이 왕의 사후 비구니로 살았던 일이 종종 있었지만 명빈이 비구니로 출가했다는 기록이 역사상 발견되지 않는 것으로 미루어 출가하지 않은 재가신도로서 적지 않은 불사에 직·간접적으로 관여하고 있었음을 확인할 수 있다.

보권문으로는 알 수 없는 발원 목적은 복장기를 통하여 보다 명확하게 드러난다.[14] 후원자의 명단과 그 순서는 앞의 보권문과 흡사하다. 다만 여기서는 아미타불과 관음, 지장보살의 삼존이라는 각 존상의 명칭을 명확히 밝히고 있으며 구체적인 조상공덕으로서 주상과 왕비의 만세, 세자의 수가 천추(千秋)를 누리기를 빌면서 동시에 부처님의 빛이 날로 빛나고 불법이 항상 전해지기를 기원하고 있다. 흥미로운 점은 복장기에 각 부문의 제작담당자 이름이 실려 있다는 것이다.[15] 예컨대 화원으로서 이중선(李重善), 부금을 입힌 것은 한신(韓信), 금박 담당은 이송산(李松山), 각수(刻手) 황소봉(黃小奉), 마조(磨造) 김궁동(金弓同)과 같은 식이다.[16]

명빈 김씨가 관여된 또 다른 중요한 불사로 수종사(水鐘寺) 금동상(金銅像) 조성을 빼놓을 수 없다. 수종사에서는 1957년과 1970년 모두 두 차례에 걸쳐 약 30여 점의

---

14) 「阿彌陀三尊腹藏記」 "天順二年 (중략) 阿彌陀佛觀世音菩薩地藏菩薩腹藏記/ 夫阿彌陀佛 諸佛之本師/ 觀世音菩薩 諸菩薩本師/ 地藏菩薩 苦海衆生之本師/ 此是三尊 非他佛之比也 是故/ 敬造肖像 願我世世 生生永離/ 三惡途 奉祝/ 主上殿下壽萬歲/ 王妃殿下壽齊年/ 世子邸下壽千秋/ 諸君宗室各安寧/ 干伐寧 息 國泰民安/ 佛日增輝法輪轉/ 施主記/ 懿嬪宮 權氏/ 明嬪宮 金氏/ 孝寧大君/ 光德大夫筵昌尉/ 孺人辛 氏/ 大施主前司直池湧泉兩主李氏小世/ 大施主 李華 兩主 (하략)."

15) 불복장에 관하여 장충식, 「景泰 7년 불상복장품에 대하여」, 『고고미술』 138·139(1978), pp. 48-49 참조. 한편 최소림은 화원 李重善이 景泰 7년(세조 2년, 1456년) 9월 見性庵 약사삼존 발원문에도 나타나는 것에서 같은 장인이 각기 특정 관청 소속으로 여러 불사에 파견되었을 것으로 짐작한 바 있다. 또 승려 性修의 경우에 성종 11년(1480) 원각사의 화주승으로도 등장하고 있는 점을 들어 왕실과 관련 있는 인물로 추정하였다. 최소림, 앞의 논문, p. 87.

16) 복장기 뒷부분 "畵員司直李重善 李興孫/ 付金韓信/ 金朴李松山/ 漆舍牛□莫同/ 刻手黃小奉/ 磨造金弓 同/ 小木梁日峯/ 大化主性哲/ 同願化主性修/ 克仁/ 惠聰."

도 3-35. 〈水鐘寺 金銅釋迦如來坐像〉, 1459(?), 본존 높이 13.8cm, 불교중앙박물관.

불·보살·나한상 등이 발견되었다. 먼저 1957년 수종사 팔각오층탑을 해체, 수리하던 중에 1층 옥개석과 탑신석, 기단부 상대중석의 3곳의 장치공(藏置孔)에서 유물들이 발견되었다.[17] 1970년에 다시 같은 팔각오층탑 2층 옥개석과 3층 옥개석에서 총 12구의 좌상이 발견되었다가 후에 도난을 당했다.[18] 이때 발견된 유물이 있었던 원공(圓孔)의 안쪽 측면에는 '홍치6년(弘治六年)(1493)'의 묵서명이 있었다고 전해지지만 현재로서는 확인할 수 없다.[19] 수종사의 창건연대는 정확히 알려지지 않았으나 1439년(세종21년)에 세워진 정의공주(貞懿公主)의 부도가 존재하는 것으로 보아 그 이전에 창설된 것으로 막연히 추정되고 있다.[20] 성종 대에 집중된 실록의 수종사 관계 기사를 보면 수종사가 정희대비(貞熹大妃)의 비호 아래에 있었음을 알게 해주며, 이는 수종사가 왕실과 매우 밀접한 관계에 있었던 사찰이었을 가능성을 뒷받침 해준다.

수종사 석탑에서 발견된 조성기는 두 가지가 있는데 하나는 초층 탑신석에서 금동불감과 같이 발견된 〈금동석가여래좌상〉(도 3-35)의 복중(腹中)에서 나온 복장기이며, 다른 하나는 기단 중대석에서 발견된 비로자나불 조상기이다.[21] 이들 일군의 불상들

---

17) 당시 발견된 19점의 유물에 관하여 다음의 논문 참조. 尹武炳, 「水鐘寺八角五層石塔內發見遺物」, 『金載元博士回甲紀念論叢』, 藜堂金載元博士回甲紀念事業委員會 編(을유문화사, 1969), pp. 945-972.

18) 도난당한 불상은 여래상 6구, 보살상 4구, 나한상 2구 등이며 이들 가운데 6구가 1977년과 1980년 사이에 입수되어 국립중앙박물관에 소장되어 있었고, 또 1982년에는 금동지장보살좌상과 금동불좌상의 두 구가 수종사 탑 출토품 중 도난당한 것으로 알려진 불상 중 일부로 밝혀졌다. 따라서 아직 나머지 4구 불상의 행방에 대하여는 알려진 바가 없는 실정이다. 이들 유물에 관하여 유마리, 앞의 논문(1982), pp. 38-39. 참조.

19) 鄭永鎬, 「水鐘寺石塔內發見 金銅如來像」, 『考古美術』 106·107(1970), pp. 22-27.

20) 「奉恩寺末志」와 「水鐘寺重修記」에 의하여 세조 때인 1459년에 수종사의 창건이 이뤄졌다고 보는 견해는 유마리, 앞의 논문(1982) 참조.

21) 명문들은 尹武炳, 앞의 논문, pp. 961-964 참조. 毘盧舍那像은 1628년의 연기가 있어서 본고에서는 논외

은 정확한 연대와 출처, 발원자를 알 수 있어서 조선 전기와 후기 조각 연구의 기준이 될 만한 것으로 일찍부터 주목의 대상이 되었다. 그런데 문제는 〈금동석가상〉에서 발견된 은판(銀板)으로 '시주(施主) 명빈 김씨(明嬪 金氏)'라는 음각이 있어서 1493년의 연대가 있는 복장기의 발원자 및 연대와 차이를 보인다는 점이다. 태조의 후궁인 명빈 김씨는 1411년에 명빈에 봉해지고 1479년에는 이미 돌아가셨기 때문에 복장기의 연대인 1493년과 맞지 않는 것이다. 그렇다면 〈흑석사(黑石寺) 목조아미타불좌상(木造阿彌陀佛坐像)〉을 조성한 1458년 전후 어느 때에 명빈이 발원하여 시주했던 것을 1493년에 성종의 후궁인 숙용(淑容) 홍씨, 숙용 정씨, 숙원(淑媛) 김씨 등이 중수하고 복장기를 넣었던 것으로 추정할 수 있을 것이다. 복장기에 따르면 이들은 주상의 성수만세(聖壽萬歲)와 자기들이 낳은 왕자, 공주의 복수(福壽)를 기원하여 고불(古佛)을 중수한 것으로 되어 있다.[22] 기원은 이에 그치지 않고 주상, 즉 성종의 막중한 의와 정을 찬양하고 왕의 덕이 높아서 해와 달이 같이 비추는 듯하다고 칭송한다. 이어 부귀를 비롯하여 소원하는 바가 다 이루어지고 대비들과 세자, 생질들까지 강녕하고 은덕을 입기를 기원하면서 고불을 중수하고 장엄하며 탑묘를 안치한다고 하였다.[23] 이어지는 시주자 명단에는 두 숙용과 숙원만이 아니고 그들 각각의 소생으로 생각되는 옹주와 군의 명칭이 보인다.[24] 어머니로서 직접 이들의 이름을 거론함으로써 그들에게로 조상공덕이 분명하게 쌓이길 바랐던 것이라고 할 수 있겠다. 아미타상은 앞에서 거론한 목조여래상들이 상체비례가 길어진 것과는 달리 단신의 단단한 체구로 만들어졌으며 침잠한 듯한 불안과 옷자락 처리는 약간 형식화의 경향을 보인다. 고려시대 불상의 전통을 이

로 하겠다.

22) "弘治六年癸丑六月初七日 淑容洪氏淑容鄭氏 淑媛金氏等端爲 主上殿下聖壽萬歲 亦爲兒息咸亨福□行 □修 釋迦如來一軀 觀音菩薩一軀 安□□若其功德□意具 □于後." 명문은 尹武炳, 앞의 논문, pp. 961-963 참조.

23) "主上所天 義莫重焉 兒息骨肉 情所篤也 富貴則極 難贖者□ 欲圖延年 常竭愚衷 白思莫伸 惟佛□□法門 雖多 造佛是最 玆肇禮誠 各捨己貲 重修古佛 莊嚴斯飾 虔點□晬 安妥塔廟 能事方周 微願必圓 頌王之德 日月並明 先王之壽 天地同久 兩主大妃 中宮世子 誕膺純□ 咸躋壽域 抑己身 即諸子甥□保康寧 福壽 增崇 在在處處 涵□聖澤 生生世世 恒□主伴."

24) "施主 淑容洪氏 淑容鄭氏 惠淑翁主兩主 安陽君兩主 完原君兩主 鳳安君 □山君兩主 承福□城君 淑媛金氏 福蘭 徽淑翁主兩主 石壽 敬淑翁主." 그러나 이 같은 佛事에도 불구하고 淑容 鄭氏의 소생인 安陽君과 鳳安君은 甲子士禍 때 연산군에 의하여 화를 입는다.

도 3-36. 〈上院寺 木彫文殊菩薩坐像〉, 1466, 높이 98cm, 강원 평창 상원사.

어 머리 위로 정상계주가 뾰족하게 솟아 있고 나발과 육계가 여전히 크고 도드라져 이마가 좁게 표현되었다. 눈을 아래로 내리깔아서 표정은 무뚝뚝해 보이지만 둥그런 얼굴은 여전히 동안이다. 이후 조선시대 후기 불상양식을 예견하게 해주는 불상으로 주목된다.

상원사(上院寺) 문수보살상(文殊菩薩像)에서는 1984년에 조성기를 포함하여 23점의 복장(腹藏) 유물이 발견되어 세조 12년인 1466년에 조성된 것이 확인되었다(도 3-36).25) 현재까지 남아 있는 보살상으로서는 보기 드물게 앞머리를 자연스럽게 내려 이마를 가리고 뒷머리는 두 갈래로 틀어올렸기 때문에 동자의 형상을 취하고 있는 점이 흥미롭다. 얼굴은 수종사 아미타여래좌상을 좀 더 밝게 만들어 천진무구한 어린 동자의 느낌을 주는 것으로서 이러한 얼굴이 조선 전기, 즉 15세기 중엽의 전형적인 모습임을 알 수 있다. 문수보살이면서도 오른손을 들어 엄지와 중지를 맞대고 왼손을 내려서 엄지와 약지를 맞대고 있어서 흡사 아미타구품인(阿彌陀九品印)을 하고 있는 것처럼 보인다. 그러나 정확히 결가부좌를 하고 있는 다른 불상들과 달리 한쪽 다리를 내려놓은 것은 보살상이기 때문인 것으로 보인다. 상원사는 문수동자 친견설화까지 있을 정도로 세조와 깊은 연관이 있는 사찰이므로 단순히 의숙공주의 발원으로 조성됐다고 하기보다는 왕실의 발원으로 간주해도 무방할 것으로 보인다. 자연스럽게 흘러내린 보살상의 유려한 옷자락 처리와 목걸이 및 영락장식의 화려하고 세밀한 묘사, 당당하면서 안정감 있는 체구는 명실 공히 당대 최고의 솜씨가 발현된 것으로 생각된다.

---

25) 文殊像의 조성에 주도적인 역할을 했던 것은 懿淑公主와 河城尉 鄭顯祖 부부이며 세조의 무병장수와 세자의 강녕을 기원하고 있다.

III. 조선 전기의 여성 발원 불화

불교 조각 외에 왕실과 사대부 여성들이 후원한 불화들
도 널리 알려졌다. 이름이 알려지지 않은 진양 강씨와 남
양 홍씨, 두 부인의 발원으로 제작된 〈수월관음도〉는 현
재 일본 후쿠오카현(福岡縣) 매림사(梅林寺) 소장이며 선
덕2년(1427)의 연기가 있다(도 3-37). 현재까지 알려진 조
선의 불화 가운데에서 가장 빠른 시기의 작품으로 주목된
다.[26] 그림은 박락이 심하여 보존이 좋지 않은 상태이지
만 고려시대의 수월관음 형식을 그대로 계승한 것으로 중
앙에 유희좌의 관음보살이 앉아서 선재동자의 배례를 받
는 모습임을 알 수 있다. 주처인 보타락산의 험준함을 상
징하듯 바다 위로 솟은 암좌 위에 앉은 관음의 뒤편에 만
월 같은 원광을 갖춘 전형적인 수월의 형상이다.[27] 관음
의 왼편 아래에는 선재동자가 있고, 오른편 아래로는 3명
의 여성이 보인다. 3명의 여성은 신분의 차이가 분명해서
중심이 되는 인물은 절을 하고 있는 여성으로 머리 장식
과 복식이 화려하고 정교하게 꾸며졌다.

도 3-37. 〈水月觀音圖〉, 1427, 絹本彩色, 123.5
×60.5cm, 梅林寺.

그림 아랫부분에 있는 묵서명에는 선덕2년에 진양(晉
陽) 강씨와 남양(南陽) 홍씨가 시주하였다는 내용이 있다.[28] 이름이 밝혀지지 않았지만
비단 바탕에 다양한 안료를 사용한 호화로운 그림의 질적 수준에 비추어 볼 때, 시주자
인 두 부인의 사회적 지위는 상당했던 것으로 보인다. 또 묵서명은 오직 시주자만을
밝히고 있어서 발원 목적이나 조성 배경은 알 수 없는 형편이다. 단지 수월관음에 대

---

26) 이 그림에 관하여 박은경, 앞의 논문(1995), pp. 391-414 참조.
27) 수월관음의 기원과 그 의미, 사상적 배경에 대하여 강희정, 「高麗 水月觀音 圖像의 淵源에 대한 재검
    토」, 『미술사연구』 8(1994) 참조(同, 『관음과 미륵의 도상학』, 학연문화사, 2006 재수록).
28) "宣德二年丁未七月日 施主 晉陽姜氏 南陽洪氏." 명문은 박은경, 앞의 논문(1995)에서 참조.

도 3-38. 〈觀經16觀變相圖〉, 1434, 絹本彩色, 223.0×
161.0cm, 知恩院.

한 일반적인 신앙 양태를 참고하여 구자기원(求
子祈願)과 가쇄난제소(枷鎖難除消)라는 현세이익
적인 기원을 지닌 것으로 추정되기도 하였다.29)

고려 때부터 지속적으로 그려진 〈관경변상도〉
역시 주목된다. 1434년의 화기가 있는 일본 지온
인 소장의 〈관경16관변상도(觀經16觀變相
圖)〉(도 3-38)는 기존의 〈관경변상도〉와는 달리
도상을 과감하게 축약하여 아미타극락회를 크
게 강조하여 화면 중앙에 배치한 그림이다. 채색
도 흐려졌고 마모된 부분도 있어서 세부 문양을
알 수는 없으나 화려한 색채와 장식적인 꾸밈이
돋보인다. 특히 중앙에 아미타 삼존을 보다 크게
대두시킨 점과 본존을 중심으로 보살과 협시들
이 원형을 이루며 에워싸고 있는 점, 복식과 구
름이나 각종 번(幡)의 꾸밈 등이 뒤에 살펴볼 〈
이맹근필 관경16관변상도〉를 연상시키는 바가 있다. 화기에는 '전□천태종사'(前□天
台宗事)와 '익□군부인□씨'(益□郡夫人□氏)의 발원으로 조성되었다고 하였다. 판독
이 어려운 화기로 인하여 다른 조성 배경에 관한 내용은 알 수 없으며 단지 제작연도와
2인의 발원자만 알 수 있을 뿐이다.30)

역시 일본 지온인 소장인 〈이맹근필 관경16관변상도(李孟根筆 觀經16觀變相圖)〉는
화원으로서 이름이 높았던 이맹근(李孟根)이 그린 것으로 주목할 만하다(도 3-39).31) 화
기에 의하면 세조 11년인 1465년에 효령대군(孝寧大君)을 비롯하여 월산대군(月山大

---

29) 박은경, 앞의 논문(1995), pp. 412-414. 그는 조선 초기 왕실의 혼인 관계를 살펴 이 그림의 발원자인 南
陽 洪氏를 定宗과 淑儀 奇氏 사이의 소생인 元尹君 義生과 혼인한 洪宿의 딸로 추정하였다.
30) 그림에 대한 소개와 화기는 유마리, 앞의 논문(1995), pp. 12-14를 따랐다.
31) 李孟根은 안견과 동시대에 활동했던 15세기 화원으로서 正五品 司直 자리에까지 올랐던 화원이다. 安
輝濬,「朝鮮王朝時代의 畵員」,『韓國文化』9(1988), pp. 147-178(同,『한국 회화사 연구』, 시공사, 2000
재수록).

君), 영응대군부인(永膺大君夫人) 송씨(宋氏) 등의
왕실 인물과 김제군부인(金提郡夫人) 조씨(趙氏),
대구군부인(大邱郡夫人) 진씨(秦氏), 인천(仁川) 허
씨(許氏) 등이 시주하고 사직(司直) 이맹근(李孟根)
이 그린 것으로 되어 있다.[32] 특히 화원 이맹근이
남긴 유일한 그림이라는 점에서 주목되는 것은 물
론 그가 도화서 소속의 궁중화원으로서 불화제작
에 참여하고 있다는 점에 주목하지 않으면 안 된
다. 즉 왕실의 화원으로서 정5품의 지위에까지 오
른 그가 불화를 그린 것은 이 그림의 발원자들이
대군과 그 부인 등을 포함하여 왕실과 직·간접적
으로 관련이 있는 지체 있는 집안 사람들이기 때
문일 것이다. 구체적으로 그 발원자들과 이맹근의
관계 및 그가 그림을 그리게 된 사유는 알 수 없으
나 발원자의 신분에 따라서 불화제작에 참여하는

도 3-39. 〈李孟根筆 觀經16觀變相圖〉, 1465, 絹本彩色,
269×182.1cm, 知恩院.

화원들의 수준과 직위가 달랐으리라는 점은 충분히 짐작할 수 있다. 그림은 고려의 관
경변상도와 달리 아미타 극락회 부분이 강조되어 화면 중앙에 아미타 삼존이 크게 배
치된 것은 앞의 〈관경변상도〉와 마찬가지이다. 관경의 구성이 보다 단순해지고 필선
이 약간 무거워지기는 했지만 당시 왕실 화가인 이맹근이 그렸다는 것은 조선 왕실 회
화의 수준을 엿보게 해주는 것이라고 할 수 있다. 고려의 〈관경변상도〉에 보이던 아미
타삼존의 명칭이 사라지고 1관에서 16관까지의 명문도 사라졌다는 점에서 형식적으
로 고려의 〈관경변상도〉와 차이를 보인다. 금선묘와 문양이 잘 안 보일 정도로 박락이
되었으나 초록색, 푸른색, 붉은색 등을 이용한 원래의 색채는 남아 있어서 매우 화려했
던 그림임을 짐작할 수 있다.[33] 흥미로운 점은 조선시대에 들어 제작된 이들 〈관경변

---

32) "孝寧大君 永膺大君夫人宋氏 月山大君 金提郡夫人趙氏 大邱郡夫人秦氏 仁川許氏 陳氏小非 姜哲丁 比
　　丘 慧心 性訥 施主 司直 李孟根畵." 발원문은 유마리, 앞의 논문(1995), 부록 참조.
33) 그림에 대한 자세한 소개와 양식적 설명은 유마리, 앞의 논문(1995), pp. 14-21 참조. 이 외에도 고려와

상도〉가 모두 아미타극락회 부분이 강조되어 중앙에 아미타삼존이 크게 배치됨으로써 마치 〈아미타삼존도〉처럼 표현된 점이다. 물론 이 두 그림의 조성기에서 확인되는 것은 아니지만 이 그림의 발원자가 왕실 측근이라는 점을 감안할 때, 조선 건국 이후 왕권의 중앙집권화를 강화하려는 다양한 시도를 배경으로 했을 가능성도 배제할 수는 없을 것이다.

다음으로 1545년에 승하한 인종의 영가천도를 빌기 위하여 공의왕대비(恭懿王大妃), 즉 인종의 비인 인성왕후(仁聖王后)가 발원하여 1550년에 제작한 〈도갑사(道岬寺) 관음32응신도(觀音三十二應身圖)〉(도 3-40)는 원래 영암 도갑사에 봉안하였던 것이지만 현재는 일본 지온인 소장으로 되어 있

도 3-40. 〈道岬寺 觀音三十二應身圖〉, 1550, 絹本彩色, 235×135cm, 知恩院.

다.[34] 보통 관음보살이 수월의 형상이나 백의의 형상으로 독존으로 그려졌던 것과 달리 이 그림은 중앙에 편안한 자세로 관음이 보타락산에 앉아 있는 모습을 배치하고 그 주변에 32가지 다른 모습으로 변신한 관음의 응신이 제난에 빠진 중생을 구원하는 것을 묘사하였다. 중생의 근기에 맞게 변화한 몸을 나투어 제난에서 구제해 준다는 것은 기본적으로 『법화경』 「보문품」에 근거한 것으로 생각되지만 관음의 응신은 「보문품」의 화신과 차이가 있을 뿐만 아니라 상세하게 묘사되지도 않았다. 게다가 원래의 발원 목적은 인종의 명복을 비는 망자추선(亡者追善)에 있는데 현세이익적인 제난구제를 주

조선의 관경변상도에 관한 소개와 종합적인 고찰은 그의 일련의 논문이 참고가 된다. 유마리, 「韓國 觀經變相圖와 中國 觀經變相圖의 比較 硏究」, 동국대학교 박사학위논문(1992); 同, 「中國 敦煌 莫高窟 發見의 觀經變相圖와 韓國 觀經變相圖의 比較硏究」, 『講座 美術史』 4(1992), pp. 41-78; 同, 「朝鮮 後期 觀經十六觀變相圖」, 『佛敎美術』 12(1994), pp. 73-140; 同, 「1323年 4月作 觀經十六觀變相圖(일본 隣松寺 藏)」, 『文化財』 28(1995), pp. 33-56.

34) 〈道岬寺 觀音三十二應身圖〉에 관하여 洪潤植, 「觀音三十二應身圖－佛畵와 山水畵가 만나는 鮮初名品」, 『季刊美術』 25(1983); 任英孝, 「道岬寺 觀音三十二應身圖의 硏究」, 영남대학교 석사학위논문(2000) 참조.

제로 한 〈관음응신도(觀音應身圖)〉를 제작한 것이
흥미롭다. 대비의 발원에 의하여 그려진 그림인
만큼 당시 왕실 소속의 화원화가가 참여한 수준 높
은 그림이라고 볼 수 있다.[35] 주목되는 것은 32화
신의 각 장면과 장면 사이를 산수로 구획하여 일반
적인 보타산의 관음상이 바다 위로 솟아오른 바위
위에 앉은 모습으로 그려지는 것과는 구분된다는
점이다. 진녹색과 붉은색을 기조로 한 화려한 채
색으로 인하여 관음을 에워싼 산수 표현은 마치 청
록산수처럼 보이며 준법은 안견파 화법의 영향을
받은 것으로 보인다. 전통적인 수월관음의 형상과
차이를 보이는 관음보살의 자세와 장신구 표현, 안
면 묘사에서 명대불화의 영향을 제시한 견해도 있
다.[36]

도 3-41. 〈香林寺 羅漢圖(第153 德勢威尊者圖)〉, 1562,
絹本彩色, 44.5×28.4cm, L.A. 카운티 미술관.

16세기에 들어서면 불교는 문정왕후의 숭불책
에 힘입어 일시적으로 중흥을 맞이하게 된다.[37] 현
재 남아 있는 조선 전반기 불화 가운데 16세기의 불화가 90점 가량이고, 그 중 궁중의
후원에 의한 것으로 추정되는 것은 약 20점인데 여기에는 문정왕후의 숭불책이 직·
간접적인 영향을 미쳤다고 한다.[38] 문정왕후가 발원한 그림으로서 현재까지 전해지고
있는 그림은 8점이 알려져 있다. 그 가운데 한 점이 현재 L.A. County Museum에 소장
되어 있다. 원래 향림사(香林寺)에 봉안되었던 〈제153 덕세위존자도(第153 德勢威尊者
圖)〉(도 3-41)는 1562년에 제작된 것으로서 화기는 문정왕후가 명종의 무병장수와 자손
번창을 기원하는 목적으로 200점의 나한도를 조성한 것 중의 하나였음을 알려준다.[39]

---

35) 화기에 따르면 畵師는 良工 李自實이라고 되어 있다.
36) 김정희, 앞의 논문(1999), pp. 190-193 참조.
37) 문정왕후가 실시한 각종 불교중흥 정책과 그가 주도한 佛事에 관하여 金廷禧, 앞의 논문(1992), pp. 79-
    118; 同, 앞의 논문(1986), pp. 145-173; 同, 앞의 논문(2001), pp. 5-39 참조.
38) 김정희, 앞의 논문(2001), pp. 9-11.

그림은 덕세위존자가 절파풍으로 묘사된 암좌 위에 앉아 두루마리를 들여다보는 모습으로 금박으로 호화롭게 꾸며진 가사는 마치 고려불화를 보는 듯 하다. 존자의 머리 위로 조선 절파 그림에서 볼 수 있는 것과 같이 구부러진 소나무가 늘어져 보는 이의 시선을 존자에게로 유도하는 역할을 한다. 이러한 그림 상의 특징은 그림을 그린 화가의 이름은 알 수 없지만 이 화사가 적어도 당시 궁정을 중심으로 유행했던 산수화에 대한 지식을 가지고 있었으며 더 나아가 왕실에서 활동한 화원이었을 가능성을 배제할 수 없다. 더욱이 대비의 발원에 의하여 제작된 것이라는 점은 그 가능성을 더욱 높여 준다고 하겠다.

문정왕후의 발원에 의하여 그려진 또 다른 일련의 탱화들은 구성과 양식이 매우 유사하여 화기가 아니더라도 이들이 같은 시기에 같은 사람들의 손으로 제작되었음을 쉽게 간취할 수 있다. 1565년에 제작된 이 그림들은 2점의 석가삼존과 4점의 약사삼존으로 이뤄졌으며 국립중앙박물관을 비롯하여 일본과 미국에 흩어져 있는 실정이다(도 3-42, 43).[40] 당시 성렬인명대왕대비(聖烈仁明大王大妃)로 존호를 부여받았던 문정왕후는 명종의 건강과 세자 탄생을 기원하며 이 탱화를 조성하였다.[41] 현전하는 6점의 그림은 양식적으로 상당한 유사성을 보여주지만 붉은 바탕 비단에 금색으로 윤곽을 그린 금화(金畵)와 약간 검은 빛이 도는 푸른 바탕 비단에 채색을 한 채색화(彩色畵)의 두 종류로 나뉜다. 이는 각 존상(尊像)을 금화 50점, 채화 50점 그렸다는 기록에 부합하는 것이다.[42] 그림은 15세기의 불화 등과는 매우 달라진 양상을 보여준다. 철저하게 정면관을 보여주는 본존은 경직된 자세로 움직임이 거의 없고 필선도 무겁고 둔한 느낌을 준다. 본존의 허리가 상당히 길어져서 상·하반신의 유기적인 연결이 다소 부자연스러워 보이는데 이러한 전체 비례는 조선 전기의 불상조각과 일맥상통하는 바가 있다.

---

39) "第一百五十三德勢威尊者 嘉靖壬戌五月日 聖烈仁明大王大妃尹氏爲 國泰民安亦己身主上殿下 無病萬歲子盛孫興□□□願圓成壽□永□新畵成 □僧二百幀奉安于 三角山香林寺." 명문은 김정희, 앞의 논문(2001), p. 11, 주 26에 의거함.

40) 그림들의 현재 소장처와 현상에 관하여 김정희, 앞의 논문(2001), p. 12, 〈표 1〉 참조. 이 가운데 日本 廣島縣 寶壽院 소장의 〈藥師三尊圖〉에 관한 자세한 논고는 박은경, 앞의 논문(1998) 참조.

41) 문정왕후는 釋迦, 彌勒, 藥師, 阿彌陀를 각각 100점씩 모두 400점의 탱화를 그려 회암사 중수 시에 開眼供養하게 하였다고 한다. 이에 관하여 김정희, 앞의 논문(2001), pp. 8-9.

42) 이 점에 관하여 박은경, 앞의 논문(1998) 참조.

도 3-42. 〈藥師三尊圖〉, 1565, 絹本金泥, 30.8
×58.7cm, 도쿠가와(德川)미술관.

도 3-43. 〈藥師三尊圖〉, 1565, 絹本彩色, 55.2×
32.1cm, 龍乘院.

협시보살은 본존보다 훨씬 아래쪽에 배치되어 본존의 두광을 포함하여 세 개의 두광
이 삼각형을 이룬 구성은 화면 전체에 안정감을 부여한다. 보살들의 복장과 장신구가
뻣뻣하고 무겁게 늘어진 인상을 주는 것도 16세기 불화의 중요한 경향이라고 할 수 있
다. 고려시대의 삼존도에 비하여 중앙에 위치한 본존이 전체 화면에서 차지하는 시각
적 비중이 커진 것은 역시 전제왕권을 중시하는 사회적 분위기에 은연중에 경도된 것
이 아닌가 한다.

　왕실 출신 여성으로 확인되지는 않지만 그와 관련이 깊을 것으로 추정되는 비구니
에 의하여 조성된 〈안락국태자경변상도(安樂國太子經變相圖)〉 역시 주목될 만하다(도
3-44). 혜국(慧國), 혜월(慧月) 두 비구니가 1576년에 왕실의 보조를 받아 선조와 그의 비
인 의인왕후(懿仁王后)를 비롯하여 공의왕대비(恭懿王大妃), 덕빈(德嬪), 혜빈(惠嬪) 등
의 장수를 기원하고 태자의 탄생을 바라는 목적으로 제작한 그림이다. 그림은 마멸이
심하여 원래의 모습을 짐작하기 어렵지만 양쪽의 나무와 건물의 묘사가 상당히 정형

도 3-44. 〈安樂國太子經變相圖〉, 1576, 絹本彩色, 106.5×57.1cm, 日本 青山文庫.

화된 것으로 보인다. 발원자인 비구니의 출신은 단언하기 어려우나 왕실의 재정적 지원을 받아 불화를 조성했다는 점에서 왕실의 비빈 출신으로서 출가하여 비구니가 된 인물로 추정하는 것이 가능하다. 조선 전기에는 왕이 돌아가신 후, 그의 비·빈이 출가하거나 형식적으로 출가하지 않더라도 정업원(淨業院)이나 자수궁(慈壽宮) 등에 모여 선왕의 명복을 빌고 서로 의지하여 신앙에 귀의하는 일이 종종 있었다.[43] 고려시대부터 존재했던 정업원의 주지가 보통 왕실 출신 여성이었다는 점이나 수종사 동종을 조성하는 데 정업원의 주지승과 인수대비(仁粹大妃)가 함께 참여한 점 등으로 미루어 비구니들과 왕실여성의 관계는 충분히 짐작할 수 있다.[44] 더욱이 두 비구니의 조성목적이 대개 선조를 포함하여 그의 비와 왕실 여성들, 특히 인종의 왕비로서 〈도갑사 관음32응신도〉의 발원자인 인성왕후, 즉 공의왕대비의 장수를 기원하는 데 있다는 점은 더욱 이들의 출신이 왕실과 관련 있을 가능성을 높여준다. 흥미로운 점은 일종의 서사적 방식으로 『안락국태자경』의 내용을 전개시키면서 각 장면마다 한글로 설명을 달았다는 점이다. 그림에 글씨가 겹쳐질 정도로 많은 내용을 적어 경전의 내용 전체를 비교적 소상하게 쓰고 있다는 점은 이 그림이 내용전달에 주력하고 있음을 알려준다. 언문으로 멸시받던 한글을 이용하고 있다는 점에서 이 불화가 주로 여성들을 위하여 제작된 것임을 쉽게 알 수 있다.

---

43) 왕비나 후궁, 妃嬪만이 아니고 郡夫人이나 과부가 된 공주 등도 이들 尼寺에 의탁하였다고 하며 억불책에 의하여 폐쇄하고 다시 재건하는 일을 되풀이하다가 1660년에 완전히 없었다고 하며 그것은 이 무렵에는 더 이상 출가하려는 여자들이 없었기 때문이라고 한다. 이는 바꿔 생각하면 1660년대 이전까지는 일찍 혼자된 여성이나 선왕의 후궁들이 출가하는 일이 적지 않아 이들 尼寺가 필요했다는 것을 말해준다. 梁萬雨, 앞의 논문 참조.

44) 玄昌浩, 「淨業院의 存廢와 位置에 對하여」, 『鄕土 서울』 11(1961), pp. 3-33.

IV. 여성발원 불교미술의 역사적 의미

조선 전기의 불상과 불화 가운데 발원문이나 조성기가 복장으로 발견되어 그 후원자와 조성목적을 알려주는 사례는 적지 않게 현전한다. 명문이나 조성기가 전하지 않는 것에는 여러 가지 이유가 있을 수 있겠지만 고려불화 가운데 발원자가 알려진 예가 10여 점에 불과한 것에 비하면 상당한 차이라 할 만하다. 특히 본고에서 주로 살펴본 여성후원자는 대개 문정왕후를 비롯하여 인성왕후(仁聖王后) 등의 대비나 명빈(明嬪), 의빈(懿嬪)과 같은 왕실의 비빈을 포함하여 공주, 옹주에 이르기까지 왕실의 여성들이 대부분이다. 또 이름은 알 수 없으나 품계가 1·2품관에 해당하는 종친부(宗親府)나 충훈부(忠勳府) 소속의 대군과 군의 부인이나 공신의 부인에게 내린 외명부 소속 군부인들이 발원한 작품도 상당수 남아 있다. 결국 수준 높은 조선 전기 불교미술은 신분이 높은 여성의 후원으로 제작되었다고 하여도 과언이 아닌 것이다.[45]

지체 높은 여성들의 후원으로 제작된 불교미술이 조선시대에 특별히 어떤 의미를 지니는가에 관한 의문은 고려 불화의 후원자와 비교하면 보다 명백히 드러난다. 현재까지 알려진 고려 불화의 후원자 가운데 여성은 일본 가가미진쟈(鏡神社) 소장 〈수월관음도〉를 발원한 왕숙비(王叔妃) 한 명 정도에 불과하다.[46] 불교미술을 조성하는 데에 막대한 비용이 소요된다는 것은 주지의 사실이다. 불교가 국교였던 고려시대에는 고비용을 감당할 수 있는 귀족이나 승려는 누구나 뜻을 세워 불상이나 불화를 제작하거나 사찰을 중수하는 일이 가능했지만 강력한 억불책을 실시했던 조선 건국 이후 그것은 쉽지 않은 일이 되었다. 억불정책의 표면적인 입안자인 지배층이 불사를 주관하거나 관장한다는 것은 논리적으로 명분이 서지 않는 일이다. 반면 현재 전해지는 화기를 통해 볼 때, 불교미술의 후원자가 일부 특권 귀족층에 국한되지 않고 일반 서민들까지 폭넓

---

45) 보다 신분이 낮은 계층의 발원에 의한 불화들은 그림의 질적 수준에서의 차이는 물론 비단보다 麻布와 같이 보다 저렴한 바탕을 이용하는 등의 차이가 있었을 것으로 추정된다. 朴銀卿,「麻本佛畵의 出現-日本 周防 國分寺의 〈地藏十王圖〉를 중심으로」,『美術史學研究』199·200(1993) 참조.

46) "······ 願主王叔妃 畵師 內班從事 金祐 文翰畵直待詔 李桂同 林順同 宋連色 員外中郞 崔昴等四人." 왕숙비 발원의 〈수월관음도〉의 명문에 관하여 졸고, 앞의 논문(1994), p. 15. 다른 발원자는 고위 직책에 있는 文·武官이거나 禪師, 大師 등의 승려들이다.

은 후원자층을 형성하였다는 것은 도리어 억불숭유책의 예기치 않은 결과일 것이다.

왕실을 비롯하여 높은 신분의 여성들이 불교미술을 후원할 수 있었던 중요한 이유 중의 하나는 그들이 불상이나 불화의 조성에 소요되는 막대한 비용을 감당할 수 있는 지위에 있었다는 점을 꼽을 수 있다. 특히 왕실의 비빈들이 후원한 불화가 대개 왕실의 사유지와 노비를 관장하고 관리하는 기관이었던 내수사(內需司)의 재원을 전용하였을 것이라는 추정은 시사하는 바가 크다.[47] 왕실의 비빈 출신이었는지는 확인되지 않았지만 〈안락국태자경변상도〉를 발원한 두 비구니도 궁중에서 재물을 얻었다고 하였고, 〈흑석사 목조아미타불좌상〉의 조성 불사에 참여한 효령대군이나 부마 안맹담도 태종의 후궁이었던 의빈과 명빈이 함께 불사를 후원하였기 때문에 실상 궁중에서 재원을 얻었을 가능성이 적지 않다.

그런데 주목할 대목은 이들 왕실 여성들이 단지 불사를 행하는 재원의 조달에만 성공적이었던 것은 아니라는 점이다. 이들은 고비용을 감당할 수 있는 경제력은 물론 억불책의 예봉을 피해갈 수 있는 신분이었을 뿐더러 문정왕후처럼 도리어 권력의 핵심에 있는 경우도 있었다. 더욱이 비빈이나 선왕의 후궁, 혹은 대비라는 신분은 숭유억불책을 주장하는 사대부들이 숭불을 이유로 함부로 탄핵할 수 있었던 지위가 아니었으리라는 점은 짐작하기 어렵지 않다. 오히려 여성이었기 때문에 숭불이 용이했고 그로인한 각종 불사가 가능했다는 점은 기억할 만하다.

여성들이 억불의 탄압을 피해갈 수 있었던 또 다른 이유를 조성기에 나타난 조성목적에서 찾아볼 수 있다. 〈장륙사 건칠관음보살좌상〉의 발원문에는 태조와 신덕왕후, 제 왕실과 백관의 복수를 기원하는 내용이 첫머리에 있으며 〈흑석사 목조아미타불좌상〉은 그 조상공덕으로서 주상과 왕비의 만세, 세자의 수가 천추를 누리기를 기원하고 있다. 〈수종사 석가여래상〉의 복장기는 '주상, 즉 성종이 만세를 누리고 태자가 복수를 향우하기'를 기원하면서 이에 그치지 않고 '왕의 덕에 일월이 같이 비춰고 선왕의 수명이 天地와 같이 길며 모든 왕실이 강녕을 보존하기 바란다'며 왕의 덕을 칭송하기까지 한다. 15세기의 불상의 복장기는 이처럼 대개 왕실의 안녕을 기원하는 내용을 담

---

47) 김정희, 앞의 논문(2001), pp. 25-27. 가령 문정왕후 사후, 大妃의 崇佛로 국고가 탕진되기에 이르렀다는 實錄의 기사가 종종 눈에 띈다.

고 있으며 16세기의 불화는 좀더 다양한 목적으로 조성되었다. 인종의 명복을 빌기 위한 〈도갑사 관음32응신도〉, 명종의 극락왕생을 기원하는 〈용화회도(龍華會圖)〉, 인성왕후의 극락왕생을 기원하는 〈아미타내영도(阿彌陀來迎圖)〉는 왕실의 망자추선을 목적으로 한 것이다. 반면 명종의 건강과 세자 탄생(求子에 해당)을 기원하는 〈석가삼존도〉, 〈약사삼존도(藥師三尊圖)〉, 선조의 만수무강을 기원하는 〈안락국태자경변상도〉는 구체적인 주상의 장수와 태자 탄생을 기원하는 것이다. 이처럼 불사의 공덕이 왕실의 안녕과 번영을 기원하거나 선왕, 비빈의 영가천도를 목적으로 하였음을 밝히고 있는 것은 불사의 명분을 분명하게 해주는 역할을 하였을 것이다. 특히 〈수종사 석가여래상〉의 복장기에서 볼 수 있듯이 왕의 덕을 칭송한 것은 건국 초기에 조선 건국의 정당성과 필연성을 강조하기 위하여 지어진 「용비어천가(龍飛御天歌)」를 연상시키기도 한다.

결국 조선 전기 불교미술의 후원자로 상류 계층의 여성이 대두하는 것은 단순히 그들의 지위가 높았기 때문에 가능했던 것만은 아니며 그들이 조성기에 밝힌 조상공덕이 왕실 종친의 안녕과 번영, 망자의 극락왕생을 기원하는 데 있었기에 불사를 이룰 만한 충분한 명분을 제공했던 것이 주효했던 것으로 판단된다. 왕실의 안녕을 기원한다는 것은 다시 충효를 기반으로 하는 유교적 이데올로기를 충실히 따르는 한 방편이 될 수 있다. 조선 전기 상류 사회 여성들이 불교미술을 후원하면서 조정과 왕실에 대한 기복적인 신앙내역을 조성기에서 분명히 함으로써, 자신들의 후원 행위가 눈에 보이지 않는 추상적인 유교적 '충효'의 이념을 구체적·현실적으로 가시화하는 방법 중의 하나로 불사를 용인하도록 만든 것이라는 추정이 가능하다. 지배층에 비하여 상대적으로 억불정책의 영향을 덜 받았던 서민층이 발원한 불교미술의 조성기에서 충효의 이념이 두드러지지 않는다는 점도 이같은 추정을 뒷받침한다.

V. 맺음말

유교 이데올로기를 전면에 내세웠던 조선시대 전반기 불교미술의 조성은 그 자체로서 역사적으로 검토되기에 충분한 가치를 지니고 있다. 그러나 보다 중요한 것은 이 시기의 불교미술 가운데 미술사적으로 의미 있는 작품들이 왕실을 비롯하여 지체 높은 집안 여성들의 후원에 의하여 제작되었다는 사실일 것이다. 척불에 굴하지 않고 활발하게 불사를 지속했던 왕실을 비롯한 이들 상류층 여성들의 후원에 의하여 불교와 불교미술은 그 명맥을 이어갈 수 있었다. 왕은 곧 나라이고 왕실의 번영은 국가의 번영을 뜻하는 것으로 받아들여졌던 이 시기에, 상류사회 여성들은 불사에 나서면서도 멀리로는 왕과 왕실의 번영을 가까이는 자기 자손의 안녕을 기원함으로써 유교의 충효이념에서 어긋나지 않는 신앙양태를 보였던 셈이다. 철저하게 남성 중심의 유교 사회로 국가 체제가 변화되는 과정 속에서 불교미술의 후원이라는 방식을 통하여 여성들이 자신의 정체성을 종교적 차원에서 성립시켜 나갔다는 사실에 보다 주목할 이유가 있다고 하겠다. 가부장적 유교 이념에 기반한 남성 중심의 조선 사회에서 불교를 통하여 여성들의 정신적 · 정서적 결속은 한층 강화될 수 있었던 것으로 보인다. 특히 다양한 방식으로 불교미술을 후원하는 것은 이 같은 여성들의 종교적 정체성을 확인하고 표출하는 의미 있는 방법 중의 하나였다고 보아도 무방할 것이다.

미술에 있어서 여성성의 논의는 서양미술사에서 중요하게 다뤄지는 것이지만 아직까지 동양미술이나 그 중추의 하나인 불교미술의 영역에서는 진지하게 다뤄지지 않았다. 특히 서양미술사에서 논의되는 의미 있는 주제 중 하나로서 여성이 미술 속에서 재현되는 방식과 그를 통하여 여성성을 시각적으로 규정하는 일은 동양미술의 영역에서는 여전히 다루기 어려운 영역이라고 해도 과언이 아니다. 이러한 측면에서 연구업적이 축적되지 않은 상태로 이미 고정된 남성중심의 봉건사회에서 미술상 여성이 재현되는 방식과 그 방식의 재생산 과정을 고찰하는 것은 시기상조일 수 있다. 동양미술상에 표현된 여성성을 시각적으로 확인하고, 역사적 전개를 검토하기 위해서는 여성들이 형성한 문화의 역사적 실체를 파악하는 원점에서부터 출발해야 할 필요가 있다. 이런 의미에서 조선 건국 이후 불교미술의 주요한 후원자로서 여성이 대두하는 것과 그들의 기원 내용을 통하여 이 시기 여성의 종교적 정체성이 정립되는 과정을 확인하는 작업은 한국 불교미술에 있어서 여성성의 논의에 새로운 시사점을 던져준다고 하겠다.

제4부
서평

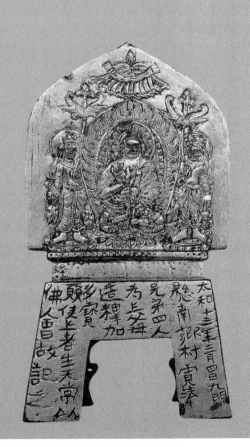

<서평>
殷光明, 『北涼石塔研究』, 新竹: 覺風佛教藝術文化基金會, 2000

殷光明, 『北涼石塔研究』, 新竹: 覺風佛教藝術文化基金會, 2000. 359p. ISBN 9789579843447

I.

북량 지역에서 발견된 5세기 전반의 봉헌탑 가운데 북량석탑으로 불리는 몇 구의 탑이 있다. 이들은 일관된 외형상의 특징을 공유하고 있으며 대개 돈황을 중심으로 한 하서회랑 주위에서 발견되었고 5세기 전반의 기년이 있는 예가 있어서 일찍부터 세인의 주목을 끌었다.[1] 돈황문물연구원 은광명은 1979년에 돈황시박물관에서 북량석탑에 관한 연구를 처음 시작하여 1999년에 같은 주제로 난주대학에서 돈황학 박사학위를 받았다. 이 책은 그의 학위논문을 출간한 것이다.

---

[1] 王毅, 「北涼石塔」, 『文物資料總刊』, 1977-1; 宿白, 「涼州石窟遺蹟和 "涼州模式"」, 『考古學報』, 1986-4; J. Keith Wilson, "Miniature Votive Stupa(Shita) and Stele with Sakyamuni and Maitreya," *Bulletin of the Cleveland Museum of Art* 81-8 (1994); Eugene Y. Wang, "What Do Trigrams Have to Do with Buddhas? –The Northern Liang Stupas as a Hybrid Spatial Model," *RES* 35 (spring 1999) 등을 들 수 있다.

저자가 오랜 기간 동안 북량탑에 관한 연구에 매진한 성과를 모두 담고 있는 이 책은 북량탑 연구의 총결집판이라고 해도 과언이 아니다. 전체 359페이지에 달하는 책의 구성은 모두 11장으로 나뉘어 있으며 각 장마다 4, 5절 정도의 소절을 두었다. 203장의 독립된 도판이 실려 있는 외에 본문 중간에도 필요에 따라 삽도와 실측도면 등이 실려 있다. 각 장은 북량석탑의 출현과 소개, 기년명 탑의 제작연대, 각 석탑의 시기 구분, 조형의 기원과 용도, 발원문, 탑신 조각, 탑에 새겨진 경문, 북량석탑 조각의 특징과 예술, 북량석탑과 하서 조기 석굴의 관계로 이어진다.

II.

먼저 본문의 내용을 간략히 살펴보면서 필자의 입장을 개진해 보고자 한다. 제1장 서언에서는 하서회랑의 역사와 지리, 북량의 불교를 다루면서 개괄적인 북량의 역사와 불법을 숭상한 저거씨 일족에 대하여 자세하게 살펴봄으로써 북량탑의 위상을 역사적으로 파악하는 데 도움을 준다. 특히 지리적인 여건상 양주 지방에 일찍부터 불교가 성행했음을 들어 석탑 조영의 배경을 밝히고 있다. 그리고 르 코크(Le Coq)의 『고창(高昌)』에서 처음 송경탑을 소개함으로써 시작된 북량탑의 연구 성과를 간략하게 고찰하였다.

제2장은 본격적인 석탑의 소개에 해당한다. 총 14기의 석탑 가운데 하서회랑에서 발견된 12기와 투르판에서 발견된 2기를 각각 출토지별로 분류하여 무위지구, 주천지구, 돈황지구, 투르판지구로 나누어 개별적으로 탑의 현상을 기술하고 있다. 북량탑의 연대 추정은 때로 역사서에 언급되지 않은 연호가 있기 때문에 문제가 되곤 하는데 이 부분을 집중적으로 분석한 것은 본문 제3장에 해당한다. 예컨대 마덕혜탑의 승양(承陽), 백쌍탑(百雙塔)과 삭아후탑(索阿後塔)에 새겨진 연화(緣禾), 정단아탑(程段兒塔)의 태연(太緣)이라는 연호는 사서에 기록되지 않은 것이기 때문에 이들 연호가 새겨진 석탑의 절대연대 판정에는 어려움이 있었다. 특히 연호의 문제는 통상적인 미술사학자로서는 쉽사리 접근하기 어려운 것이 사실이다. 미술사 전공자가 중국 사서를 완전히

알기는 곤란하기 때문에 이 같은 문제에 있어서는 문헌학자의 도움을 빌릴 수밖에 없는 실정이다. 그런데 저자는 이 부분에 있어서 앞선 연구에 힘입어 상당히 치밀하게 고찰하여 승양은 혁련창(赫連昌)의 연호인 승광(承光)이며, 연화는 북위의 연호인 연화(延和)임을 밝혔다. 이처럼 연호나 역사 기록과 같은 문제를 다룰 때 중국학자의 특장이 돋보인다.

14기의 석탑을 기년이 있는 것을 중심으로 제작시기를 구분하고 각 시기별 특징을 다룬 부분은 제4장에 해당한다. 그러나 아쉽게도 본서를 읽으면서 가장 의문이 남는 부분 중의 하나도 역시 이 장이다. 우선 시기구분을 통치자의 재위 기간에 맞춰 나눈 것이 눈에 띈다. 즉 매우 짧은 기간 동안 존속했던 북량을 다시 세분하여 저거몽손기(421-433), 저거목건기(433-439), 저거안주기(442-460)로 하고 제작연대 추정이 가능한 탑을 각 시기에 맞춰 넣었다. 미술사적 입장에서 본다면 누구나 의문을 가질 것이다. 과연 왕권의 변화가 얼마나 미술에 영향을 미치는가, 그리고 그 변화에 따라 시기구분을 시도하는 것이 옳은가 하는 문제이다. 애석하게도 저자는 왕조사적 역사 서술의 연장선상에 있는 것처럼 보인다. 그는 이 같은 방식에 대하여 문제의식을 가지고 깊이 생각해 보지 않은 채, 자신의 시대구분을 당연시하고 있다. 문제는 단순히 시기구분에만 그치는 것이 아니고 각 시기별로 분류된 석탑들의 양식이나 형식 등의 외적 특징이 그 어느 쪽도 일관된 성격을 보여주지 않는다는 점이다. 물론 필자 나름대로 공통성을 설명하려는 시도가 보인다. 저거몽손기의 탑을 다시 전, 후 두 단계로 나누고 석탑의 결구가 간략해졌다거나 정교해졌다는 설명을 덧붙였고, 같은 장 맨 뒤에는 자신의 설명을 간단하게 도표화한 것을 삽입하였다. 그러나 그 설명에도 간다라식의 통견과 중국식 쌍령하수식(雙領下垂式) 복식을 특정 시기를 구분하는 중요한 특징으로 삼았지만 이 역시 다른 시기의 탑에서는 적용하기 곤란한 면이 있어 설득력이 떨어진다. 각 시기가 10여 년 전후에 불과한데 그 안에서 다시 전단계와 후단계로 나누어 지나치게 연대를 세분화한 인상을 준다. 겨우 몇 년 사이에 석탑의 구성과 기능, 의미 등이 뚜렷하게 변화를 보였다고 생각할 수도 있지만 이 역시 생각해 볼 여지가 있다고 본다.

제5장에서는 북량석탑의 기원과 용도에 관하여 심도 깊은 논의를 하고 있다. 북량탑의 기원을 설명하기 위하여 탑의 본래 의미와 연원까지 다루고 있는데 본격적인 연

구서로서는 다소 개설적인 내용이 실린 듯하다. 그러나 서술은 곧 깊이를 더하여 초기 경전에 나오는 스투파에 대한 기록을 검토하고 인도에서의 탑당굴로 들어가 바자, 나식, 아잔타 등의 석굴 사원 내부에 있는 탑으로 관심을 돌렸다. 굽타 후기에 불상이 탑을 대체하는 신앙대상으로 변모되는 것과 그 이면에 있는 불교 신앙의 변화를 반영한다고 보았다. 이어서 간다라의 사원 내부에 있는 중앙의 스투파와 주변의 공양소탑을 고찰하여 이미 간다라의 복발탑이 통상의 인도식 탑과 상당히 달라졌음에 주목하였다. 한편으로 중앙아시아의 스투파와 구법승들의 기록을 찾아 간다라에서 서역에 이르는 지역에서 상당히 많은 수의 스투파를 만들었음을 밝히기도 하였다. 저자는 기단부가 정방형이고 탑신에 감실이 있으며 복발형의 탑견이 있는 간다라의 스투파가 북량석탑 조형의 직접적인 기원이 된다고 보았다. 기원 문제에 대해서는 이견이 없으나 간다라탑의 유입 경로를 단순히 동점으로 파악하는 것은 불교 전래 루트를 지나치게 단순화시킨 것으로 생각된다. 이는 보다 총체적인 시각에서 다각도로 검토되어야 할 문제이다.

이어서 제5장 2절과 4절에서는 북량석탑의 명칭과 용도에 대한 논의를 하고 있다. 북량탑은 흔히 생각하는 중국의 다른 탑과는 매우 다른 외형상의 특징을 가지고 있기 때문에 사실 여러 개의 이름을 가지고 있었다. 탑신에 경전 문구가 새겨져 있기 때문에 경당(經幢)으로 불리기도 했고,[2] 단순히 탑주(塔柱)로 불렸는가 하면[3] 관상탑이라고 한 경우도 있었다.[4] 이름들은 대개 북량탑이 지니고 있는 특정한 성격에 좌우된 것으로 경전이 새겨져 있거나, 불상이 안치된 감실이 조각된 점, 혹은 기존에 알려진 중국탑과 다르게 생겼다는 점에 기인해 붙여진 것들이다. 현재는 대개 북량기에 제작된 것으로 보고 북량석탑이라고 한다. 대부분의 초기 불교미술 연구자가 그렇듯이 저자 역시 선관(禪觀) 수행을 중시하는 입장에서 북량석탑의 용도를 추정하였다. 즉 북량불

---

2) 向達,「記敦煌六朝婆羅謎字因緣經經幢殘石」,『向達先生紀念論文集』, 阎文儒 · 陈玉龙 編(烏魯木齊: 新疆人民出版社, 1986).

3) Stanley K. Abe,「關於北涼塔柱與早期莫高窟的年代」,『1994年敦煌學國際研討會文集: 紀念敦煌研究院成立50周年』, 敦煌研究院 編(蘭州: 甘肅民族出版社, 2000).

4) 王毅,「北涼石塔」,『文物資料總刊』, 1988-3.

교의 특색이 선관을 중시하여 선승이 많았다는 점에 착안하여 세속에서 시주하여 만든 북량탑이 사원에 바쳐져 승려들의 관상 수행을 위한 목적으로 사용되었다고 추정한다. 또 선관은 북량탑의 주요 용도였기 때문에 탑의 조형 및 조각 내용에 근본적으로 영향을 주었다고 보았다. 저자는 초기 소승불교 율장인 『마하승지율』, 『근본설일체유부비나야잡사』 등을 통하여 불탑을 예배하는 시간과 방법이 북량석탑과 인도의 탑에 있어서 같았다고 쓰고 있지만 북량탑 자체에 공양법과 시간이 명시된 것은 아니기 때문에 조심스럽게 접근할 필요가 있다. 이는 중국에서 행해졌던 불교 의식이 얼마나 인도의 그것을 그대로 따르고 있었는가와 결부되는 중요한 문제 가운데 하나이다. 여기서 생기는 또 하나의 의문은 중국에 들어온 초기 불교가 대개 소승적인 수행, 즉 참선 수행을 중시했다는 것은 주지의 사실이지만 왜 하필 북량탑만이 선관 수행을 위한 특별한 조형물로 존재하게 되었는가 하는 점이다. 다른 지역에는 어디에도, 어떤 형태로도 선관수행을 위한 미술품으로 명확하게 알려진 것이 남아 있지 않다.[5] 물론 이 부분에 관하여 저자는 아무런 언급을 하지 않았다. 개별적, 독립적 수행이 분명한 선관수행을 하는데 반드시 사방에서 볼 수 있는 환조 스투파가 필요했는지 의문이 든다. 어쩌면 새로운 유물이 등장하면 좀 더 명확하게 밝혀질지 모른다는 기대를 해본다.

북량탑을 선관과 관련짓는 또 다른 근거 중에는 탑견의 7불과 미륵 조각, 탑 배부분에 새겨진 『12인연경』, 기단부의 공양자상이다. 저자는 이들이 선관의 내용 및 수선법과 관련된다고 하지만, 엄밀히 말해서 이들 경전과 조각을 수선과 연결시킬 뚜렷한 이유는 없다. 인도의 소형 봉헌탑도 대개 유사한 형태로 만들어진 것이 있지만 이들을 굳이 선관 수행에 연결시키는지는 의문이다.[6]

중국에서 건립된 목조 누각식 탑에 대해서는 정설이 없는 실정이다. 그렇기 때문에 같은 탑이라고 해도 북량석탑의 미술사상의 위치 역시 쉽게 자리매김하기 어려운 것

---

5) 현재 남아 있는 스투파 가운데 가장 오래된 것으로 추정되는 것은 하남성 등봉현의 숭악사탑으로 523년에 건립된 것으로 추정된다. 그러나 이 탑은 본문의 북량석탑과는 아무런 외적 특징도 공유하고 있지 않다. 주천에서는 독립된 탑이 아니고 석굴이나 사원에 봉안되었던 것으로 보이는 평면 방형의 석조 탑이 있으나 이 역시 목조건물의 가구를 모방한 형태로 만들어졌으며 선관수행과 관련이 있는지는 알려지지 않았다. 그 외에 돈황의 초기굴 가운데 일부를 선관수행을 목적으로 만들어진 것이라고 보는 견해가 있다.

6) 인도의 봉헌탑에 관하여 디트리히 제켈, 『불교미술』, 이주형 옮김 (예경, 2002), pp. 139-167 참조.

도 사실이다. 저자는 서역 실크로드 상의 탑에 북량탑 조형의 근원이 있을 것이라는 설명에 제3절을 할애하였다. 그는 간다라식 복발탑이 서역남도, 즉 실크로드 천산남로를 거쳐 하서회랑 지구에 이르게 되었다고 생각하고 그 증거로서 호탄, 선선의 발굴보고서와 키질에 남아 있는 불탑 그림을 예로 들었다. 간다라의 봉헌탑과 관련이 있으리라는 점은 좋은 지적임이 분명하다. 이는 충분히 개연성이 있는 설명이기는 하지만 현재 남아 있는 서역의 불탑이 별로 없고, 벽화에 그려진 탑만으로 전래 경로를 설명하는 것은 좀 더 신중을 기할 필요가 있다. 북량탑과 간다라 봉헌탑 사이에는 시각적으로도 유사성이 쉽게 발견되지만 키질의 탑 그림은 북량탑과는 차이를 보이고 있기 때문이다.

저자의 연구가 가장 돋보이는 또 다른 부분은 저자가 일일이 확인하고 비교한 제6장의 발원문 연구이다. 앞 장에서 고찰한 연호 문제와 다소 중복되는 부분도 있으나 각종 사서와 『고승전』 등의 경전, 그리고 간지까지 비교하여 각 탑의 명문과 발원 내역을 검토하여 많은 도움을 준다. 그에 따르면 14구 가운데 8구에 완전한 형태의 발원문이 남아 있는데, 명문은 대개 조탑기년(造塔紀年), 조탑주(造塔主), 조탑공덕(造塔功德), 조탑대상(造塔對象), 기원목적(祈願目的)의 순으로 새겨졌다고 한다.

근본적으로 북량이 짧은 기간 동안 존속했던 나라이고, 북량탑의 연대가 반드시 북량의 존속기간과 일치하지는 않는다는 점에서 북량탑이라는 용어는 다소 혼동의 여지가 있다는 점을 지적하고 싶다. 특정한 형태의 탑을 지칭하기에는 북량이라는 이름은 시대나 지역에 대하여 지나치게 협의로 한정되는 느낌이 든다. 실제 이들 탑이 5세기 전반에 제작되었고, 하서회랑 일대에서 발견된다는 점을 생각하면 북량탑이라는 용어는 '탑의 사실'을 보다 좁게 제한하는 것이다.

〈서평〉

石松日奈子, 『北魏佛教造像史の研究』, 東京: Brücke, 2005 & Dorothy Wong, *Chinese Steles: Pre-Buddhist and Buddhist Use of a Symbolic Form,* Honolulu: University of Hawaiʻi Press, 2004

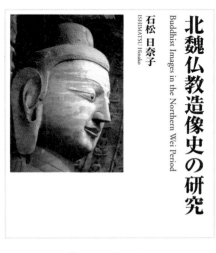

石松日奈子, 『北魏仏教造像史の研究』, 東京: Brücke, 2005. 459p. ISBN 4434056247

Dorothy C. Wong, *Chinese Steles: Pre-Buddhist and Buddhist Use of a Symbolic Form,* Honolulu: University of Hawaiʻi Press, 2004. 226p. ISBN 082482783X

Ⅰ.

근래 들어 중국에서의 활발한 발굴 활동에 힘입어 남북조시대 미술을 새롭게 조망하려는 움직임이 두드러졌다. 특히 묘장미술과 불교미술의 분야에서 이와 같은 경향은 더욱 두드러지며, 중국 내에서의 조사연구가 그다지 자유롭지 못했던 1980년대 이전의 연구가 상당히 제한적으로 이뤄졌던 것과는 대단히 대조적이다. 불교조각사를 전체적으로 완전히 다시 써야 하지 않을까 하는 생각이 들 정도로 격세지감을 느낀다. 그러나 이러한 변화 속에서도 이 시기 불교미술에서 중핵의 역할을 하는 것은 북위의 불교미술이고, 북위 미술의 정화는 아무래도 운강석굴에 있다고 해도 과언이 아닐 것이다. 중원에서 보면 상당한 거리에 있는 대동에 위치한 운강석굴은 1902년 이토 츄타(伊東忠太)가 '근대적으로' 재발견한 이래, 몇몇 학자들에 의해 조명되었다.[1] 그런데 이후 얼마간은 운강을 비롯한 북위 불교미술에 대한 연구는 일시적으로 정체되어 있었던 것으로 생각된다. 오랜 동안의 정체기를 지나 운강석굴과 북위의 조각에 대해 세밀한 연구를 통해 주목할 만한 성과를 낸 연구자가 이시마쓰 히나코(石松日奈子) 박사이며, 그의 연구를 집대성한 것이 이 책이다. 이시마쓰 박사는 북위 불교미술에 대해 무한한 애정과 열정으로 괄목할 만한 연구성과를 낸 중요한 이 시기 불교미술 연구자 가운데 한 사람이다. 박사는 동경예술대학교 예술학과 출신으로 2003년 오카야마(岡山)대학에서 박사 학위를 받았으며 뛰어난 연구업적으로 2004년 제16회 고카상(國華賞)을 수상한 저력 있는 학자이다.

한편 이시마쓰 박사의 저작과 비슷한 시기에 출간된 책으로, 역시 비슷한 시대의 불교미술을 다룬 책이 있다. 미국 버지니아대학의 동양미술 담당 교수인 도로시 왕(Dorothy Wong) 박사의 *Chinese Steles: Pre-Buddhist and Buddhist Use of a Symbolic Form* (Honolulu: University of Hawai'i Press, 2004)이다. 중국의 비상(碑像)을 다룬 이 책은 왕 교수의 박사 학위 논문을 수정, 보완하여 2004년에 출간한 것이다. 도로시 왕 교수 역시 남북조시대 불교미술 연구에 오랜 기간 천착한 연구자로서 유명한 동양미술사학자 로젠필드(John M. Rosenfield) 교수와 시카고 대학의 우홍(Wu Hung) 교수의 지도 아래 하버드 대학에서 박사 학위를 받았다.[2] 왕 교수의 관심사는 주로 중국적인

---

1) 20세기 초에 이뤄진 새로운 발견과 그 이후의 운강 관련 연구와 연구자에 대한 개략적인 설명은 본고에서 되풀이할 필요는 없다고 본다. 샤반느와 세키노 다다시, 미즈노 세이이치 등으로 이어진 조사에 대해서는 石松日奈子, 『北魏佛教造像史の硏究』(東京: Brücke, 2005), pp. 13-15를 참조하기 바란다. 무엇보다 포괄적인 기초서가 되는 것은 1951-1975년에 걸쳐 간행된 교토대학의 『雲岡石窟』 전33권일 것이다.
2) 저자는 비상을 연구하게 된 것이 로젠필드 교수의 제안에 의해 시작되었다고 그 자신의 서문에서 밝히고 있다. Dorothy Wong, *Chinese Steles: Pre-Buddhist and Buddhist Use of a Symbolic Form* (Honolulu:

전통이 불교미술 속에 어떻게 반영되고, 투영되었으며 오늘의 우리는 이를 어떻게 해석할 수 있는가에 놓여 있었다.

이 두 뛰어난 학자에 의해 간행된 두 권의 서로 다른 언어로 쓰인 책은 각기 다른 관점과 시각, 방법론을 가지고 남북조시대의 불교미술을 연구한 책이라는 점에서 함께 살펴볼 필요가 충분하다고 여겨진다. 두 권 모두 남북조시대의 불교미술을 대상으로 했다는 공통점이 있으며 이 시기 불교미술에 대한 무한한 애정과 신뢰를 가지고 있는 학자들에 의해 쓰였다는 점에 공통점이 있다. 이들은 모두 중국적인 성격과 외래 종교로서의 불교가 어떤 시점에서 어떤 방식으로 융합되고 하나가 되었는가에 의문을 품고, 자신들의 관점에서 이를 해결하기 위해 지난한 연구를 해왔다. 그러나 한편으로는 서로 연구대상으로 삼은 조각이 각각 석굴사원의 조상과 비상이라는 점에서 달랐고, 명문을 해석하고, 이해하는 방식에서 약간씩 차이를 보였다. 무엇보다도 같은 동양인으로서 한 사람은 일본인으로 중국의 불교조각을 연구 대상으로 했고, 다른 한 사람은 중국인으로서 미국에서 학위를 했다는 점에서 또한 접근방식이 다르게 된 것으로 보인다. 각자가 연구했던 학문의 풍토가 달랐기 때문에 관점과 시각의 차이가 다를 수밖에 없었을 것이다.

II.

우선 무엇보다 먼저 지적하고 싶은 것은 이시마쓰 박사가 『북위불교조상사의 연구(北魏佛敎造像史の研究)』라고 자신의 책 제목을 썼다는 점이다. 여기서 눈에 띄는 것은 '불교조상'이라는 용어를 쓰고 있다는 점이다. 불교미술에 관한 연구가 시작된 이래, 무엇보다 널리 쓰이고 있는 불상이라는 보편적인 용어 대신, 불교조상이라는 단어를 선택했다는 점에서 그가 가고자 하는 학문의 기본 방향이 암시되어 있음을 알 수 있다. 불교조상이라는 용어에 대해 스스로 왜, 이런 단어를 택했는지를 밝히고 있지는 않

University of Hawai'i Press, 2004), Acknowledgment 참조.

으나 필자는 그가 '불교의 이념이 반영된 모든 조각과 소조상'을 모두 다루겠다는 다소 당파적인 의지가 반영되었다고 생각한다. 전통적인 불교조각사 연구에서 주 대상으로 삼았던 불상 및 보살상과 같은 개별적인 신상(神像)의 성격이 강한 조각에 대한 연구는 기본적으로 양식이라든가, 도상을 중심으로 하는 것이었다. 그러나 책을 읽기에 앞서 '불교조상'을 전면에 내세운 그의 연구는 기본적인 방향에 있어서 기존의 연구와 차별성을 가지리라고 짐작되었다. 실제로 그의 중심적인 문제의식은 이민족인 선비족이 중화의 땅에서 또 다른 이민족 문화인 불교를 받아들여 어떻게 조상활동을 했으며 그들의 문화는 어떤 방식으로 투영되었는가에 있었다. 이 점은 기본적으로 어느 편에 서 있는가가 다르기는 하지만 왕 박사의 책에서도 보인다. 다만 이시마쓰 박사의 연구는 선비족의 입장에 서 있는 것이고, 왕 박사의 연구는 전통 한족의 입장에 서 있다는 것이 다를 뿐이다. 어쩌면 이는 학문 분야를 막론하고 남북조시대를 바라보는 모든 연구자들에게 피할 수 없는 숙명적인 문제인지도 모른다. 결국 이 시기는 호(胡)와 한(漢)이 서로 대립적인 위치에서 정치, 사회적으로 부단한 경쟁과 갈등을 빚었고, 또 한편으로는 끊임없이 중화(中華)로의 통합이 모색되었던 시기가 아닌가?

책의 앞부분에 언급한 저자 자신의 연구 목표와 방법에서 드러내고 있듯이 이시마쓰 박사는 저술의 큰 축을 두 가지로 삼아 스스로 문제를 제시하고 해결하려고 하였다. 그 기본 방향은 호한(胡漢)의 문제와 남북의 문제라고 할 수 있다. 이 두 가지는 기실 일맥상통하는 것이기도 하다. 단순화시켜 말한다면 호는 북(北), 즉 북조(北朝)이고, 한은 남(南), 즉 남조(南朝)로 인식되기 때문이다. 근래의 연구와 발굴성과에 따르면 이는 그렇게 단순한 문제는 아니라고 생각되지만 기존의 연구자들 상당수가 남조와 북조의 관계에 매여 있었던 것도 인정하지 않을 수 없는 것이 사실이다.[3] 이시마쓰 박사는 중국 대륙이 넓기는 하지만 중국민족만으로 그들의 모든 문화가 이뤄진 것이 아님을 지적함으로써 실제로 호한의 관계에 대해 문제를 제기한다.[4] 이는 기존의 남북조

---

3) 남북조시대 미술사 연구가 시작된 이래, 이 문제는 끊임없이 이어져 왔으며 여기서 일일이 거론할 수는 없으나 대표적인 학자로 Alexander C. Soper, *Literary Evidence for Early Buddhist Art in China*, Artibus Asiae Supplementum 19 (Ascona: Artibus Asiae, 1959); 吉村怜, 『中國佛教圖像の硏究』(東京: 東方書店, 1983); 松原三郞, 『中國佛教彫刻史論』(東京: 吉川弘文館, 1995) 등을 들 수 있다. 이들 책이 이러한 입장을 일관되게 주장하는 것은 아니지만 기본적으로 남조우위론을 바탕에 깔고 있는 것을 알 수 있다.

시대 불교미술에 관한 논의가 남조에 방점을 찍은 채로 진행되었던 것과 관계가 깊다. 그는 기본적으로 북위, 선비족의 불교미술에 대해 무한한 애정과 신뢰를 보내고 있기 때문에 선비족의 정체성이 불교미술에 반영되었다고 보는 것이 당연하며 우리는 여기에 동의하지 않을 수 없다.[5]

호한의 문제와는 약간 다르지만 왕 박사는 중국 고유의 전통, 즉 한족의 문화 전통이 불교라는 이민족의 문화 속에서 어떻게 차용되었으며 그 의미가 어떻게 다르게 전화(轉化)되었거나 확대되었는가에 관심을 두었다. 그런 의미에서 본다면 '호'의 문제는 이시마쓰 박사가 다루는 것보다 훨씬 덜 첨예하게 여겨진다. 이때의 호는 한과 대립적인 입장에서 중국 대륙을 놓고 패권을 겨루던 호가 아니라 종교의 측면에서 사상과 문화만이 따로 떨어져 전래된 불교를 지칭하는 셈이기 때문이다. 따라서 왕 박사의 연구는 기존에 형성되어 있었던 중국의 전통적인 사회 구성체 내지는 마을 공동체 단위의 조직이 불교를 수용하고 불교조각을 조성할 때, 기존의 조형물을 어떻게 이용했는가에 초점이 맞춰져 있다. 그러므로 엄밀한 의미에서 호한의 문제를 중요하게 다룬 부분은 그의 저술에서는 보이지 않는다. 그의 책은 비라고 하는 매우 특징적인 '한'의 전통이 불교문화 속에서 다시 이용되고, 일정한 역할을 하게 되는 과정을 주로 추적하고 그 배경이 된 구체적인 사람들의 후원을 중시한 것이다. 두 권의 책은 그런 의미에서 북위와 동·서위, 북제·북주라는 비슷한 시기의 불교 조상을 다뤘지만 각기 서 있는 자리가 다르기에 더욱 비교될 만한 책이다.

---

4) 1990년대 들어 소장학자들을 중심으로 일방적인 남조우위론에 대한 문제제기가 계속되어 왔으며 본격적인 문제제기가 아니더라도 북조 미술의 고유성이나 특유의 정체성을 찾으려는 시도가 이어졌다.
5) 그는 질적으로나 양적으로나 엄청난 북위의 불교조상을 도외시한 채, 지극히 적은 남조의 조상자료만을 기준으로 삼아, 불교조상이 남조에서 주도되었다는 입장을 보이는 학자들에게 반대하고 있다. 남조를 우선시하는 학자들은 북위 불상을 남조의 모방이라고 보는 경향이 있으며, 이시마쓰 박사는 저서 여러 곳에서 이에 강한 반대를 표명하고 있다.

III.

　이시마쓰 박사는 북위를 건국한 선비족의 고유한 문화를 가려내는 작업에서부터 저술을 시작했다. 선비족 문화의 특징을 알아내야 북조 문화의 정체성을 확인할 수 있고 이 작업이야말로 남조문화 우위론의 허구성을 가려낼 수 있는 첫 단추가 될 것이기 때문이다. 그는 먼저 장례풍속에 주목했다. 묘장(墓葬)이야말로 각 민족이 그들의 고유한 특징을 선명하게 표현하는 대표적인 풍습이자 문화라고 정리한다. 따라서 책의 전반부 상당 부분은 선비족의 발달과 그들의 풍속, 제사를 규명하는 데 할애했다. 제1장에서는 선비족 탁발부(拓跋部)의 발전과 건국을 다루기 위해 그들의 발상지로 여겨지는 대흥안령 알선동(嘎仙洞)에서 발견된 선비족들의 제사유구인 동굴까지 직접 답사하였다. 이어서 흉노에게 쫓겨서 몽골 초원에서 시라무렌에 이르는 광활한 지역을 이리저리 이동했던 선비족들의 행적을 파헤친다. 그리고 단석괴(檀石槐)가 선비족을 통합한 2세기부터 탁발규(拓跋珪)가 대(代)를 재건하고 스스로 위왕(魏王)을 칭하면서 북위의 기초를 세우기까지 약 2세기 동안의 선비족의 발전 과정을 면밀히 추적한다.

　한편으로 북위 불교조상에 대한 부당한 평가를 불식시키기 위해 종래 연구에서 중시되지 않았던 선비족의 풍속과 제사에 주목하여 건국 이전으로 거슬러 올라가는 선비의 특질을 검증하고자 하였다. 이로써 자신이 서문에서 밝혔듯이 호족풍 기풍의 발로와 억제가 기본적으로 북위 불교조상의 큰 흐름을 형성했다는 점을 명확하게 하려는 시도임을 알 수 있다. 제2장에서는 문헌을 주 근거로 하여 선비족들의 풍속 가운데 용맹한 부족장에서 추대되는 대인(大人)을 섬기는 풍조와 모권 사회의 전통이 강하게 남아 있어서 이뤄졌다고 본 성모자(聖母子) 숭배, 북방 유목민들 사이에서 지속되었던 수계혼(收繼婚)에 주목하였다. 다음으로는 귀신이나 자연현상에 대한 소박한 믿음을 가지고 있던 선비족들이 가축을 희생양으로 바치는 제사를 지냈던 것을 지적하였다. 선비족의 제사는 북위 건국 이후 황통(皇統)의 정당성을 추구하면서 점차 상제(上帝)와 조선신(祖先神)에게도 지내게 되고 희생동물도 더 다양해졌는데 이것이 선비족의 대인 숭배에서 황제 숭배로 발전하는 단초로 설명되기도 한다. 이 부분은 뒤에서 운강의 담요5굴(曇耀5窟)에 대한 설명과도 연결된다. 제4장에서 북위 평성시대의 불교조상에 대한 연구를 개진하면서 황제의 굴로 추정되는 담요5굴과 5급대사(及大寺)에 태조 이하 5인의 황제를 위해 석가상을 주조했다는 기록 역시 같은 맥락에서 해석된다. 여기서 또 한 가지 놓칠 수 없는 것은 『위서(魏書)』「황후열전」을 통해 북방계 소수민족에서 있었던 금인(金人)을 주조하는 주복(鑄卜)의 풍속이 북위에도 있었고, 이 금인은 황제나 황태자를 의식한 것으로 특정한 모습을 연상시킬 만한 것이었다고 추측한 점이다. 이 역시 황제를 위하여 불상을 제작하는 것이 가능했던 이유로 설명되었다. 대인숭배가 황제 숭배로 발전되고, 황제와 같은 크기의 불상을 조성한 것은 충분히 납득할 만한 해석이다. 그러나 주복의 풍습도 이와 연결시키기는 어려운 점이 있다. 주복으로 인한 어떤 조각의 실례도 남아 있지 않고, 그 진행 과정, 즉 조각의 구상과 조형화 작업에 대한 아무런 실마리도 없기 때문이다. 초상성을 염두에 둔 것인지 모르겠으나 더군다나 주복으로 만든 금인이 특정한 인물을 연상시켰으리라고 추정하는 것은 그야말로 여러 가지 가능한 추정 중 하나에 불과한 것이 아닌가 하는 생각이 든다.

아마도 선비족의 행로를 가능한 한 직접 답사했을 것으로 믿어지는 그의 수고로움은 한편으로는 문헌을 정밀하게 검토하는 것에 의해 계속 이어졌다. 제1장에서 거의 제3장 앞부분에 이르기까지 곳곳에서 우리는 『후한서(後漢書)』와 『위서』를 샅샅이 뒤졌을 그의 노고의 대가를 누릴 수 있다. 그 덕분에 우리는 선비족의 초기 역사를 명확하게 이해할 수 있다. 다만 쉽게 옮겨 다니고 이합집산을 자주 할 수밖에 없는 유목생활의 특성상, 선비족들의 정체성이 명확하지 않아서 『후한서』에서조차 오환(烏桓)과 언어, 습속이 같다고 했던 정도인데 그들을 하나로 묶어주는 고유의 풍속을 찾는 것이 과연 가능한지, 얼마나 이것이 의미가 있을지 의문이 든다. 아울러 아쉬운 점은 저서 여러 곳에서 이시마쓰 박사가 인용한 문헌과 인용한 대목들이 겹친다는 것이다. 이는 전문학술서로 쓰인 것이기는 하지만 처음부터 책을 주욱 읽음으로써 북위 불교조상의 진면목을 훑어보려는 독자들에게 다소 지루한 감을 줄 수 있다.

5호16국시대의 불교조상을 다룬 제3장에서는 대국(代國) 시기에는 불교를 알지 못했던 것으로 추정되는 북위가 점차 불교를 접하게 됨으로써 단기간에 강력한 불교국가로 일신하게 된 과정을 추적하였다. 이 장에서는 『위략(魏略)』, 『위서』「석로지」, 『삼국지(三國志)』 등의 중요 문헌을 섭렵하고, 후조(後趙), 전진(前秦)은 물론 북량(北涼)에 이르기까지 주로 5호16국기 북방의 불교조각을 중심으로 북위 이전의 조상 전통을 고찰하고 있다. 이시마쓰 박사의 성실하고 근면한 리서치가 돋보이는 부분이기도 하다. 이 시기의 역사적 상황과 불교의 수용 양태 및 그 발전을 비롯하여 낙산 마호애묘와 혼병 등 불교 수용 단계의 불교적 성격의 조형물과 병령사 제169굴, 북량석탑, 돈황 막고굴 제272·275굴 등 이른 시기 불교조상까지 총망라되어 있어서 최근 학계의 논란까지 일목요연하게 정리된 느낌을 준다. 역사적으로나 미술사적으로나 충분히 의미 있게 잘 정리되어 교과서로 쓸 수 있을 정도라고 생각되지만 다만 이 장에서 다룬 것들이 북위의 불교조상과 어떤 관계가 있는 것인지에 관한 제시는 미흡한 인상을 준다. 소결에서 제시하였듯이 각 지방마다 지리적인 특성상, 각기 다른 방향으로 불상조각을 발전시켰고, 그 중 하북과 양주의 영향이 북위 초기 조상에 나타난다는 정도이다. 후대의 불교 조각에 비해 숫적으로 훨씬 적은 양의 조각이 유존하는 만큼 이들을 두루 살펴보기는 보다 쉽지만 이들을 각각 그 시기, 그 지역의 대표작으로 판단하고 지역양식의 이름을 붙이거나 지역의 일반적인 미술의, 혹은 양식의 특징으로 파악하는 것은 조금 위험할 수 있다. 유존례가 적다는 것은 연구자에게 득이 되는 점과 실이 되는 점을 모두 줄 수 있을 만한 조건이기에 더욱 조심스럽다. 한편, 돈황 막고굴 제268·272·275굴의 조성 연대와 관련하여 일반적으로 돈황 문물연구소의 판단에 의거하여 북량기(421-439)의 굴이라는데 암묵적으로 동의하는 것에 대하여 문제를 제기하기도 하였다. 여기에는 쑤바이(宿白) 교수와 구와야마 쇼신(桑山正進) 교수의 선행연구가 기반이 되었던 것으로 보인다.[6] 대부분의 연구자가 찬성하고 있는 기존의 연구에 반대 의사를 표명하기란 쉬운 일이 아니다. 특히 점점 더 많은 연구자들이 중국 학자들의 편년에 의존하는 경향이 늘어나고 있는 실정에서는 더욱 그러하다. 필자도 이시마쓰 박사의 견해에 동의하는데, 막고굴 초기굴의 조성연대에 관한 문제에 있어서는 더욱 그의 연구가 보다 객관적인 고민의 흔적으로 보인다. 초기 조각 가운데 비슷한 견해 차이를 보이는 것으로 하버드대학 새클러미술관(舊 포그미술관) 소장의 유명한 금동불을 들 수 있다.[7]

---

6) 이들을 뒤이어 조각 자체의 양식에 주안점을 둔 것은 아니지만 장식문양을 포함하여 이들 석굴이 운강 제2기 석굴의 조각에 가깝다고 주장한 것으로 八木春生, 『雲岡石窟文樣論』(東京: 法藏館, 2004)을 참고할 수 있다.

중앙아시아풍이라는 점을 지적하고 있을 뿐, 그 조성 연대에 대해서는 다른 견해를 표명하지 않고 있어 이시마쓰 박사의 의견이 궁금하다.

본격적인 북위의 불교조상을 살펴본 제4장에서는 북위 조상을 실질적으로 담당했을 각 지역의 대규모 사민(徙民)에 주목하였다. 그는 북위가 빠른 속도로 불교국가가 된 배경으로 사민 정책에 따른 문화 이식을 지목했고, 북위의 불교를 '사민불교(徙民佛敎)'라고 정의내렸다. 특히 이시마쓰 박사가 중시한 것은 398년의 하북 사민과 439년의 양주 사민이었다. 전자는 불교문화의 기반이 없었던 북위에 하북의 불교미술이 전해짐으로 해서 불사를 촉진시키는 계기가 되었을 것으로 보았다. 사민정책은 이미 선행 연구자들이 주목한 것이었으나 구체적인 하북의 조각을 대조시키면서 북위 초기의 불상을 이해하려한 시도는 전적으로 이시마쓰 박사의 몫이었다. 문제는 폐불이 한 원인이었을 가능성도 있지만 어떤 이유에서든 5세기 중엽 이전으로 거슬러 올라가는 평성 일대의 불상을 찾아보기 어렵다는 점이다. 이는 하북의 사민이 북위 불교미술의 기반이 되었을 것이라는 점을 뒷받침해주는 증거가 되지 못하여 추측에 그치게 하는 아쉬움을 남긴다. 양주 및 서부지역의 석굴 조상을 다룬 부분에서도 정치(精緻)한 연구가 돋보이지만 양주식 편단우견과 미륵상의 문제, 본생담, 불전도 등은 종합적인 정리가 잘 된 것으로 생각된다. 그런데 양주계 조각에 보이는 나발(螺髮)이 5세기에 굽타양식이 도달했음을 보여준다고 한 것은 나발만으로 판단할 문제는 아니며, 다른 양식적 고찰이 병행되어야 한다. 굽타시대 인도에서 중요한 불교조각의 중심지로 거론되는 지역이 몇 군데 있으며, 이 시기 중앙아시아 일대에서도 불교조상이 활발하게 제작되었던 것을 생각하면 굽타양식이라는 통칭이 좀 막연하게 들리는 불편한 점이 없는 것은 아니나 이 부분에 관한 언급은 인도 조각의 영향이라는 측면에서 적합한 문제제기가 될 수 있다.[8]

---

7) 기존 학자들의 견해와 가장 다른 의견을 개진한 것은 마릴린 리이며, 그는 쿠샨에서 불상이 제작된 지 얼마 지나지 않아 중국으로 불상이 전해졌고, 중국에서도 곧 불상을 조성하게 되었다는 다소 급진적인 주장을 폈고, 이에 반대하는 견해도 표명되었다. Marylin M. Rhie, *Early Buddhist Art of China and Central Asia*, 2 vols. (Leiden: E.J. Brill, 1999-2002) 참조.

8) 굽타 조각으로는 이른 시기의 마투라 조각과 약간 늦게 발달한 사르나트 조각을 위시하여 서인도의 석굴 조각 일부도 있으며 이들이 양식적으로 다른 성격을 보여준다는 것은 재론할 필요가 없을 것이다. 굽타

다음 장에서는 본격적인 북위 조상인 운강석굴의 개착 배경과 황제 숭배, 운강석굴의 시대구분에 관한 제설(諸說)을 검토하고, 담요5굴과 5제(帝), 그리고 불타의 존명(尊名)을 연결시키는 문제를 풀어 이시마쓰 박사의 설을 제시하였다. 사실상 이 부분은 운강석굴 연구 가운데 가장 어려운 문제 중의 하나이다. 어느 것 하나도 쉽게 확정하기 어려운 가운데 각기 5개의 미지수가 있는 3개의 연립방정식을 풀어야 하기 때문이다. 연구자들마다 설(說)이 분분한데도 선뜻 어느 설이 옳다고 판단하기 어려운 것은 워낙 복잡한 수수께끼이기 때문이다. 학문의 '내공'이 여간 깊지 않으면, 즉 심도 깊은 연구와 오랜 고민이 없으면 섣불리 덤벼들기 어려운 문제인 것이다. 심지어 필자의 경우에는 정말 이렇게 복잡하게 어떤 프로그램에 따라 담요5굴이 건설된 것이 맞는지 의아하게 생각되기도 하였다. 이시마쓰 박사의 설은 약간 절충적으로 보이는 부분도 있지만 기존의 견해들을 모두 아우르는 합리적인 것으로 여겨진다. 특히 대의에 무수한 화불(化佛)이 표현되어 있어 노사나(盧舍那)로 인식되어온 제18굴 본존에 대한 의문은 적절한 것으로 필자도 이에 동의하는 바이다.[9]

박사의 논지를 잘 보여주는 부분은 제5장 4절일 것으로 생각된다. 제4절에서는 북위의 한화와 불상의 중국화라는 제목 아래 운강 중기 후반의 조상을 다루었다. 이 부분에서는 선비족 북위가 '호'의 정체성을 버리고 어떤 과정을 거쳐 '한화' 되었고, 불교 조상에서 어떻게 드러나는지를 고찰했다. 저서 전체에서 일관되게 나타나듯이 한화를 위한 효문제의 개혁을 고찰한 대목에서도 역시 제사와 복제 개혁을 중시하였다. 기실 한화의 문제는 남북조시대 불교미술에서 핵심적인 문제의 하나로 생각되는 바, 좀 더 상세하게 다뤄져도 좋았을 것 같은 아쉬움이 남는다. 이시마쓰 박사의 정치한 연구라면 분명 더 좋은 결과가 나올 수 있었으리라고 확신하기 때문이다. 아울러 보편

조각에 대해서는 Joanna Williams, *The Art of Gupta India, Empire and Province* (Princeton: Princeton University Press, 1982) 참조. 굽타 미술 자체가 주제는 아니지만 최근 서울대학교 문화유산연구소에서 주관한 〈인도 불교유적과 구법승〉 프로젝트의 결과물도 참고할 만하다. 김혜원, 「마투라와 동아시아의 구법승」, 『미술사와 시각문화』 3(2004), pp. 236-267; 강희정, 「사르나트와 동아시아 구법승」, 『미술사와 시각문화』 3(2004), pp. 268-299.

9) 노사나가 과연 이 시기에 가능한지는 불교사를 공부해보면 누구나 의문을 품을 만한 것이다. 5세기 중엽에 법신이건 진신이건 노사나의 개념이 얼마나 형성되어 있었을지 알 수 없다. 이를 노사나 혹은 우주적인 불타라고 규정한 것은 요시무라 레이, 안젤라 하워드 등이다.

적으로 쓰였던 '한화' 라는 용어 대신 근자에 점점 용례가 늘어나는 '화화(華化)' 라는 용어를 검토해 써보면 좀 덜 당파적으로 보이지 않을까 하는 생각도 든다.

이 절에서는 이어서 운강 중기 후반 굴에 보이는 중국식 복제의 불상을 집중적으로 살피고, 복제의 남조영향론에 대해서도 남조의 수도였던 건강에 유존하는 불상이 거의 없고 오히려 건강에서 먼 거리에 있는 사천의 조각이 비교 대상이 된 점을 들어 의문시하고 있다. 그의 문제 제기는 비교 대상이 적거나 거의 없는데도 불구하고 어떤 선입견으로 인해 남조우위론을 주장하는 막연한 견해에 대한 합리적인 의문으로 생각된다. 그러나 운강의 조상이 변화하는 것을 담요의 실각 이후부터라고 추정하고, 황제굴에서 민간굴로 바뀌게 된다고 파악한 것은 물론 가능한 일이기는 하지만 지나치게 담요라는 한 개인의 능력에 의지해서 바라본 견해라고 하지 않을 수 없다. 때로는 자신의 주장을 강조하기 위해 여러 역사적 사실을 담요의 실각에 맞춰 해석하는 경향을 보이기도 하였다. 황제굴과 대중굴, 혹은 민간굴의 성격도 모호하며, 이러한 분류를 후대, 동·서위와 북제·북주에 건립된 다른 석굴 사원에서도 적용할 수 있을지 모르겠다. 다른 석굴에서 적용이 안 된다면 황제굴과 민간굴이라는 구분은 운강 북위굴에서만 나눌 수 있는 '역사적' 이며, 다소 '편의적' 인 개념이라고 할 수 있지 않을까?

운강석굴의 후속이라고 할 수 있는 용문 고양동의 조상은 제6장에서 다뤄졌다. 천도 이후, 낙양이 불교의 중심지가 되는 과정을 기록을 통해 접근했다. 낙양으로 옮긴 선비족이 점차 호족성을 상실하고 왕의 영웅적 이미지가 없어지게 되었다고 보았다. 이는 선비복의 대인 숭배가 황제 숭배로, 그리고 다시 '황제즉당금여래(皇帝卽當今如來)' 로 이어진다는 논리로 저술해온 이시마쓰 박사의 견해로 보면 예상 가능한 전개이다. 그의 견해를 따르면 효문제의 낙양 천도는 성공적이었던 것처럼 생각되지만 실상은 썩 성공적이지 못했다고 한다. 평성을 비롯하여 북부에 근거를 둔 많은 귀족과 장군들이 반발을 했고, 황제는 그들의 청을 받아들여 1년 중 한때를 낙양과 평성을 오가며 생활할 수 있도록 허가를 했다. 심지어 한족 복식을 착용하는 일도 그다지 성공적이지 못했다고 한다.[10] 그러므로 몇 가지 역사적 사실로 미루어 호족의 정체성을 잃어

---

10) 남북조시대사 연구자들의 견해이다.

버렸다고 보는 것은 쉽게 결론 내리기 어렵다.

　이미 기존에 발표되었던 이시마쓰 박사의 논문에서도 알 수 있었지만 고양동의 크고 작은 감들과 명문에 대한 세심한 연구는 사실 다른 누구도 따라갈 수 없을 만한 것이었다. 이 장의 제2절에서는 고양동의 조상을 상세하게 고찰했고, 제3절에서는 빈양동을 연구 대상으로 삼았다. 그 다음으로는 용문양식의 영향을 고찰하기 위하여 낙양 주변의 북위 석굴과 맥적산석굴을 살펴보았다. 그런데 낙양 주변에 위치한 홍경사석굴과 수천석굴의 조각들은 용문의 영향을 보여준다고 하기에는 조각의 질적, 양식적 측면에서 미흡한 부분이 적지 않다. 불교 조상에 있어서 낙양 지역의 선도적 역할을 강조하기 위하여 군이 이들을 모두 포함시킬 필요가 있었을까 하는 의문이 든다. 북위 사회를 호와 한의 이중 구조로 파악한 것은 불교미술의 범주에서도 마땅한 것이지만 낙양시대에 이르러 중앙은 호족의 정체성을 상실하여 귀족화하고, 지방에서는 토속적인 방향으로 독자성을 키웠다고 판단한 부분에서 독자들은 다소 혼란스러울 수 있다. 호와 한의 대립적인 개념 외에 중앙과 지방, 혹은 귀족과 민간이라는 서로 끊임없이 길항 작용을 하는 또 다른 개념을 염두에 두지 않을 수 없기 때문이다. 북위 불교조상을 보는 스펙트럼에는 여러 가지가 있을 수 있지만 이를 원용하여 많은 것들을 설명하려 한다면 조각에 대한 선입견으로 작용할 위험이 있다고 생각한다.

　지방과 민간의 조상이라는 다소 마이너로 인식되는 부분은 제7장에서 다루었다. 불교의 대중화에 따라 조상 지역과 발원자층이 확대되고 그에 따라 보다 다양하고 지방색이 드러나는 조상도 증가하게 되었다고 보았다. 민간 조상은 읍의나 법의 조직에 의해 주도되었음을 명문을 통해 밝히고 있다. 특히 조상의 발원 목적은 황실의 번영과 함께 조상과 자손의 평안을 비는 것이 주된 것임을 지적하였다. 그러나 오히려 황실 번영을 비는 것은 북위의 특징적인 것으로 생각되지만 망자추선이나 일가, 자손을 위한 조상 내역은 인도의 조각에서도 종종 발견되는 것이며 이후 동위, 북제의 조각에도 이어지는 것이기 때문에 북위 민간 조상의 성격으로 간주할 만한 특징적인 것으로 보기는 어려울 것이다. 한편 이에 이어지는 부분은 불교의 대중화에 필연적으로 수반되는 토속화, 세속화에 따라 도교와 신선사상 등이 혼입된 구체적 예들을 제시하고 이를 불교 조상의 중국화라는 측면에서 해석함으로써 박사 자신이 제시한 큰 틀을 다시 한 번 확인시켜준 장이기도 하다.

IV.

　이시마쓰 박사도 부분적으로 다룬 읍의 조상의 실체를 보다 구체적으로 들여다 볼
수 있는 것은 도로시 왕 박사의 저술이다. 읍의의 실체가 무엇보다 명확하게 드러나는
것은 아무래도 비상이기 때문이다. 왕 박사의 책은 중국의 전통적인 비를 꼼꼼히 훑어
보는 것에서 시작한다. '비'라는 석조기념물의 기본 형태를 중국 고유의 것으로 판단
했기 때문이다. 그러므로 왕 박사는 불교 전래 이전부터 세워진 석비를 먼저 고찰한
다. 전통적인 중국의 비와 그 불교에서의 수용을 다룬 첫 부분에서는 중국 비의 기원
을 검토하고, 현전하는 가장 오래된 비를 산출한 한대 비의 연원과 발전을 살펴보았다.
그의 연구에 따르면 비는 마을 공동체 읍사(邑社)나 리사(里社)의 공동 제사나 특정한
일을 기념하기 위한 석조물로 건립되거나, 혹은 마을의 경계를 알려주는 역할을 하였
다. 한편으로는 장례 절차와 의식을 행하는 데 필요한 것으로 장례가 끝난 이후에는
묘역의 경계를 나타내는 지표 기능을 하기도 했다. 우홍 교수의 책에서 전재한 묘역에
세워진 궐(闕)과 벽사의 석조물, 비가 하나의 세트로 결합되었음을 보여주는 표는 비의
중국 전통을 확인시키기에 적합한 예이다.[11] 비를 세우는 일과 신분질서가 관련되면
서 점차 망자의 신분이나 지위에 따라 세울 수 있는 비의 모양과 종류가 다르게 규정되
었다는 점은 흥미롭다. 이것은 후대의 불교 비상에서는 나타나지 않는 것으로 한대 비
의 여러 가지 성격 가운데 어떤 부분들이 불교 비상에 반영되었는지 하는 문제를 환기
시키기에 충분하다. 불교 비상이 북위에서 시작되었다고 본 왕 박사는 불비상(佛碑像)
의 연원을 찾기 위해 북위에서의 불교의 발전과 석굴 사원을 비롯한 불교미술의 구체
적 사례들을 살폈다.
　책의 두 번째 부분에서는 불비상의 활발한 조성을 주제로 삼았다. 제4장에서 먼저

---

11) 왕 박사의 책 p. 27의 fig. 2.2는 Wu Hung, *Monumentality in Early Chinese Art and Architecture*
　　(Stanford: Stanford University Press, 1995), pp. 190-191, fig. 4.1에서 옮겨왔음을 밝혔다.

불비상의 일반적 성격을 논함으로써 기존의 비와 다른 불비상 고유의 성격을 부각시키려 하였다. 지방마다 구하기 쉬운 석재의 종류가 다른 까닭에 감숙, 영하 지방은 붉은 색을 띤 사암이, 하남과 산서 등지에서는 석회암이 비상의 재료로 사용되었다고 하였다. 비상은 기본적으로 상부, 몸체, 기단부의 세 부분으로 형성되었고, 상부는 지붕의 형태로 제작되거나 용 모양으로 조각된 것이 대부분이다. 흥미로운 점은 중국의 전통 비에 표현되었던 용이 불교 비상에서는 인도의 나가를 채용한 것으로 해석될 수 있다고 한 점이다. 박사의 이러한 견해는 뒤에도 반복되는데 산스크리트 '나가'를 '용'으로 한역한 것은 맞지만, 나가가 인도에서 코브라라는 실재하는 동물을 의미하는 것인데 반해 중국어로 번역된 용은 실제 존재하지 않는 상상 속의 동물이기 때문에 나가가 용의 조형으로 만들어졌다고 보기는 어렵다고 생각된다. 조형의 모델이 전해졌다면 보다 인도식으로 조각되었어야 하고, 무엇보다 전통적인 비에 이미 용이 조각되어 있었기 때문에 새로운 아이디어의 전래로 보기도 어렵다. 그러므로 '비'라는 형태를 차용할 때, 용의 모티프를 그대로 가져왔다고 보는 편이 자연스럽지 않을까? '나가'를 의식하면서 불비상을 조상했다면 용이 있는 상부에 대해 거부감을 갖지 않는 정도에 불과하지 않았을까?

다음으로 불비상이 산서 지방에서 발전하기 시작했다고 보고, 이를 산서 양식의 불비상으로 규정하였다. 북위의 정치적, 문화적 중심지였던 산서 지방에 전해지는 불비상을 천불비, 사면상비, 복합 기념용비, 장례용 불비로 나누어 각각 실례를 들어 설명하였다. 이들 분류는 단지 외적 형태만을 기준으로 한 것은 아니고, 명문을 통한 봉헌 내역의 검토도 병행되었다. 불비는 주로 한족이 많이 살았던 남쪽 지방에 집중되었다고 지적하면서 보수적인 한 문화의 전통이 비를 세우는 풍습의 원인이 되었을 것으로 추정하였다.

왕 박사의 산서 불비상 연구는 하남의 것으로 이어진다. 제6장에서 왕 박사는 미륵 신앙과 하남의 비상을 설명하면서 중국의 초기 미륵 신앙과 미륵상에 관하여 설명한다. 한편으로는 타당한 것처럼 보이는 이 부분은 한편으로는 비상을 이해하는 데 있어 미륵에 관한 연구에 이 정도를 할애할 필요가 있을까 하는 의구심을 주기도 한다. 다른 지역에서도 미륵비상이 적지 않았을 텐데, 하남의 비상을 설명하는 장에서 굳이 미륵신앙을 상세하게 다룬 것은 미륵신앙에 기반을 둔 비상을 조성하는 것이 하남지역에서만 나타나는 특징으로 오해를 살 여지가 있다.

제7장에서는 섬서의 비상을 다루면서 불교적인 요소와 도교적인 요소가 섞여 있는 것에 주목하였다. 섬서에는 100여 개 이상의 비가 발견되어 명실공히 비상의 주 생산지라고 해도 과언이 아닐 정도라고 한다. 특히 요현박물관 소장품을 중심으로 도교를 강하게 밑바탕에 깔고 있는 불비상 도상의 불교적, 도교적 성격에 주목하였다. 그런데 왕 박사가 초기의 비 중 하나로 지목한 위문랑조상비(魏文朗造像碑)는 이시마쓰 히나코 박사가 이미 명문의 위조 가능성을 제시하여 그 실 제작연대를 거의 한 세기 가량 낮춘 바 있어 주의를 요한다.[12] 또 이 장 뒷부분에서 후원자의 이름이 한족과 유목민족과의 공존을 가리키는 것으로 불교나 도교가 이끌어낸 민족 융합의 진전을 말해준다고 한 점은 시사하는 바가 있다. 호한의 관계를 규명하는 데도 필요한 논의점이지만 그렇기 때문에 더더욱 피상적인 추측보다 구체적인 고찰이 필요한 대목이다.

다음 장에서는 감숙과 영하 회족 자치구의 불비상을 다루면서 역시 맥적산석굴의 조상부터 살펴보았다. 천불비로 조상된 맥적산의 비상에서 석비의 불대좌가 계단형으로 조각된 것을 수미산의 상징이라고 한 부분은 다른 곳에서도 여러 번 반복되어 나타나지만, 특별히 다른 증거가 있는지 혹은 필자의 추측인지 궁금증을 자아낸다. 인도와의 관련 문제라든가, 호한의 관계라든가, 중국적 기질 등과 같은 몇 가지 점에서 일관된 문제의식을 가지고 왕 박사는 비상을 통해 해결하거나 설명하려는 시도를 하고 있다. 하지만 이들 문제는 꼭 비상으로만 해결되는 것들은 아니기 때문에 비상만이 가질 수 있는 독특한 그 무엇을 더 부각시켰으면 좋았을 것이라는 아쉬움이 남는다. 왕 박사는 6세기 2/4분기에 이르러 불비상이 완전한 성숙단계에 이른다고 보았으며 기념비적인 성격의 복합비는 이를 잘 보여주는 것으로 보았다. 그 예로 산서에서 전래된 보스턴 미술관의 비와 소림사비, 불교사원의 역사를 기념하는 불교 기념비를 예로 들었다. 이 시기 들어 점차 조상의 비중이 줄어들고 명문의 내용이 많아지는 것에 대해 비의 내용을 명문에 의존해 전달하는 것으로 이해하고, 불교가 중국의 전통에 완전히 통

---

12) 石松日奈子, 「陝西省耀縣藥王山博物館所藏〈魏文朗造像碑〉の年代について」, 『佛教藝術』 240(1998).

합된 것으로 파악하였다. 이어서 제10장에서는 사천성 성도 출토의 비상을 검토하여 정토상의 기원으로 간주하였다. 그러나 사천의 비상들은 도로시 왕 박사가 앞에서 거론한 중국적 전통의 불비상과는 전혀 다르게 조각된 것들이기 때문에 이들을 불비상의 범주에서 다루려면 특별히 비상에 대한 정의를 그 자신이 어떻게 내리고 있는가를 설명했어야 한다. 비상의 기본적인 개념과 그 범주를 확실하게 하지 않으면 책의 앞부분에서 다뤘던 비상들과 기본적인 형태에 있어 공통점이 없기 때문에 사천의 비상을 본서에 포함시키는 것은 어려운 점이 있다.

　왕 박사의 저서는 부분적으로만 다뤄졌던 중국의 불비상에 관한 종합적인 연구서로 의미 있는 저술이다. 그런데 때때로 불비상에 조각된 몇몇 모티프들에 관한 설명은 그가 인도와의 관련성 여부에 지나친 강박관념을 갖고 있다는 생각이 들게 한다. 예컨대 471년의 명문이 있는 교각미륵상의 발을 받치고 있는 존재를 힌두교의 락쉬미라고 한 것이나, 소림사의 동홍달조상비(董洪達造像碑)의 감 중앙에 있는 것을 원숭이 마스크로 힌두교 신인 하누만이라고 본 것이 좋은 예이다. 이 원숭이 마스크는 중국에서 포수라고 보기도 하지만 무엇보다도 이 시기까지 락쉬미나 하누만의 실례가 인도에서 어떤 도상으로 제작되었으며 예배상으로서 얼마나 제작되었는지를 알 수 있는 증거가 많지 않기 때문에 다소 무리한 해석이라고 생각한다. 또 불비상의 변화 발전과정에 대하여 상당히 많은 부분을 대승불교의 시각적 발전이라고 설명하고 있어서 대승의 발전이란 측면에 지나치게 매어 있지 않은가 하는 생각이 들기도 한다. 책 전체를 통하여 비상의 조형적 전개과정을 대승으로의 발전과 중국화라는 두 가지 측면에서 규명하려고 하였으나 엄청난 양의 중국 비상을 이 두 가지로 설명하는 것이 가능한 일인지 의문이 든다. 이 점은 부분적으로 왕 박사의 비상에 대한 해석이 단순히 전파론이나 역사발전론에 기반을 두었다는 인식을 주는 요인이 된다.

　V.

　이시마쓰 박사의 저서는 기본적으로 북위의 고유한 문화에 대한 애정에서 시작된 것으로 읽힌다. 그 자신이 '북위미술의 풍부한 내용에 압도' 된 것으로 보이며, '치졸한 작품에도 북위의 서민적 불교신앙이 그 형태를 남긴 것'으로 이해한 점에서 충분히 짐작할 수 있다. 그가 중점을 둔 것은 북위의 선비족이 한문화를 배움과 동시에 불교문화도 흡수하여 호한불(胡漢佛)의 문화를 취사선택한 점이고, 그것이 조형적으로 발현된 양상을 보여주려는 것이었다. 이를 위하여 중국 전역의 불교사와 불교조각들을 모두 다룸으로써 이시마쓰 박사의 성실한 연구자세는 다른 연구자의 귀감이 되기에 충분하다. 한편으로는 거의 중국 전역의 초기 불교조상을 총망라하였다는 점이 오히려 문제의 초점을 흐린 것이 아닌가 하는 생각이 들기도 한다. 이것이 혹시 북위의 선비족이 그들 나름대로 불교문화를 취사선택하여 발전시켰다고 판단했다고 서문에서 밝힌 것과 배치되는 것은 아닌지 모르겠다. 대부분의 초기 조상을 모두 고찰함으로 인해 특별히 어떤 부분이 북위적 요소인지가 명확하게 보이지 않는 면도 있다. 이 시기 북중국은 물론 오의 영역에서의 불교조각까지 살핀 결과, 어떤 부분들을 선비족들이 선택했다고 볼 수 있는지, 혹은 한족적인 특징이라 할 수 있는지가 박사 자신의 문제의식에 비해 분명하게 드러나지 않는 것 같아 안타깝다. 또 문헌을 고찰한 부분과 선비족의 풍습을 다른 내용은 충분히 그 중요성을 공감하지만 몇몇 곳에서 설명이 반복되고 있어서 논문이 아니라 책을 읽는 입장에서 보면 독자에 대한 불신처럼 보일 수 있다.

도로시 왕 박사의 저술은 비상을 중국적 전통과 불교 문화의 시각적 융합이라는 문제에 대한 일종의 케이스 스터디로 생각된다. 아울러 읍의와 같은 신앙 조직에 대한 연구도 겸한 글이다. 그런데 비상을 설명하는 데 있어서는 양식적인 측면이나 시각적 재현을 설명하는 데 주안점을 두었다는 면에서 비교적 보수적인 시각에서 접근한 글이라 할 수 있다. 왕 박사의 글 역시 화두는 중국화와 대승불교이다. 비상 자체가 중국적 전통에 입각한 조형물이라는 점을 생각하면 불교 비상에서의 중국적 전통은 '명문' 이외의 다른 시각적 요소에서 찾았어야 하지 않았을까? 불비상에 표현된 다양한 상징적 요소들을 외형적으로 비슷하다고 해서 힌두 신상 이미지를 차용한 것으로 해석한 점도 같은 시기 인도 조각과의 비교를 통해 확인할 필요가 있다. 인도에서의 힌두상 조형이 확인되지 않은 상황에서 무리하게 단정할 필요는 없다고 본다. 왕 박사가 고찰한 비상들은 황실이나 신분이 높은 개인이 발원한 것이라기보다 대개 신앙조직이 봉헌했다는 점에서 민간 조상의 구체적인 예라고 할 수 있다. 구체적인 발원자의 신분과 직위, 봉헌목적을 밝힘으로써 아베 교수가 다룬 *Ordinary Image*의 또 다른 예로 볼 수 있어서 두 책은 상호 보완적인 연구서가 될 것으로 생각된다.[13)]

남북조시대 불교조각 연구에 없어서는 안 될 이들 두 연구서는 불교미술을 통해 한과 호의 문제에 정면으로 마주선 책이다. 인도에서의 불교, 불교미술의 발전과 전적으로 궤를 달리 하는 중국의 초기 불교미술의 궤적과 시각적 전개를 다뤘다는 점에서 이 시기 불교미술 연구자들에게는 필독할 만한 충분한 가치가 있다. 필자 자신도 전적으로 동의하는 이들의 명료한 문제의식은 한편으로 이념적인, 또는 해석적인 측면을 강조함으로써 그 자체로 하나의 강박이 될 수 있어 주의를 요한다. 분명한 것은 광활한 지역에 분포한 엄청난 양의 불교 조상을 한두 가지 척도로 재단하거나 설명하기는 무리라는 것이다. 한역 경전의 영향력이나, 외래 조형의 영향이 기존의 중국적 관념 및 미술 전통과 혼돈의 상태로 뒤섞여 있는 남북조시대는 더욱 그러하다. 차근차근 쌓아 나간다면 이 시기 불교미술의 실상이 일목요연하게 들여다보일지도 모른다. 그런 의미에서 각기 다른 소재를 각기 다른 방식으로 접근한 이 두 연구서가 갖는 의미는 각별하다. 비단 학문적 접근 방식과 진지한 문제의식만이 아니라 근면하고 성실하게 문제를 해결하려 했다는 점에서도 두 책의 가치는 아무리 높이 평가해도 지나치지 않다. 이들을 통해 우리는 남북조시대 불교조각의 진실에 한 걸음 다가서게 될 것이다.

---

13) Stanley Abe, *Ordinary Image* (Chicago: University of Chicago Press, 2002). 이 책에 대한 서평은 김혜원, 「서평: Stanley Abe, Ordinary Image」, 『미술사와 시각문화』 2(2003), pp. 216-229 참조.

참고문헌

* 각 부의 참고문헌을 원전, 사전·도록·보고서, 논저의 순으로 분류하고 논저는 국문, 일문, 중
  문, 서양어문 순으로 정렬하였다. 앞선 목록에 기재된 서지는 중복을 피하기 위해 생략하였다.

제1부 한국과 중국의 불교미술론 검토

중국 불교조각 연구의 쟁점과 과제

〈원전〉

『續高僧傳』, T2060.

『魏書』, 中華書局本.

『後漢書』, 中華書局本.

『圖畫見聞誌』(박은화 옮김, 『圖畫見聞誌』, 시공아트, 2007).

〈도록·보고서〉

敦煌文物研究所 編, 『中國石窟: 敦煌莫高窟』, 全5卷, 北京: 文物出版社, 1989.

水野清一(미즈노 세이이치)·長廣敏雄(나가히로 도시오), 『雲岡石窟: 西曆五世紀における中國北
　　部佛教窟院の考古學的調查報告』, 全33卷, 京都: 京都大學人文科學研究所雲岡刊行會,
　　1951-1975.

海老根聰郎(에비네 도시오)·西岡康宏(니시오카 야스히로) 責任編集, 『世界美術大全集 東洋篇』
　　7, 東京: 小學館, 1999.

〈국문〉

姜熺靜, 「보드가야의 불교유적과 구법승」, 『미술사와 시각문화』 4, 2005.

金理那, 「印度佛像의 中國傳來考-菩提樹下 金剛座眞容像을 中心으로」, 『韓㳓劤博士停年退任史
　　學論叢』, 韓㳓劤博士停年紀念史學論叢刊行準備委員會 編, 지식산업사, 1981(同, 『韓國古
　　代佛教彫刻史研究』, 一潮閣, 1989에 재수록).

다카기 히로시(高木博志), 「일본미술사와 조선미술사의 성립」, 『국사의 신화를 넘어서』, 임지현·
　　이성시 편, 휴머니스트, 2004.

롼룽춘(阮榮春), 「中國 北方 石窟 佛像에 나타난 南方의 요소」, 『美術史論壇』 4, 1996.

_____, 「初期 佛像傳來의 南方 루트에 대한 研究-최근 중국 南方 출토의 불교유물을 통하여」,

『미술사연구』10, 1996.

오카다 켄(岡田建), 「중국불교조각사 연구의 회고와 전망−일본·한국에 있어 중국 불교조각사 연구의 의미」, 『美術史論壇』10, 2000.

정예경, 『중국 북제·북주 불상 연구』, 혜안, 1998.

鄭恩雨, 「遼代 佛像彫刻의 研究(1)」, 『미술사연구』13, 1999.

_____, 「遼代 佛像彫刻의 研究(2)」, 『미술사연구』14, 2000.

_____, 「杭州 飛來峰의 佛敎彫刻」, 『미술사연구』8, 1994.

崔聖銀, 「唐末五代 佛敎彫刻의 傾向」, 『美術史學』6, 1992.

_____, 「唐末五代와 遼代의 圓筒形 高冠菩薩像에 대한 一考察−高麗初期 高冠形 菩薩像과 관련 하여」, 『강좌미술사』9, 1997.

_____, 「杭州 煙霞洞 石窟 十六羅漢像에 관한 研究」, 『美術史學研究』190·191, 1991.

하정민, 「中國 法界像에 관한 研究」, 『美術史學研究』238·239, 2003.

후지와라 사다오(藤原貞郎), 「동양미술사의 형성과정에서 역사관·문화적 가치관−분석방법을 둘 러싼 일본과 구미의 경합에 대해서」, 『美術史論壇』20, 2005.

〈일문〉(한글 독음順)

岡田建, 「北齊樣式の成立とその特質」, 『佛敎藝術』159, 1985.

宮治昭(미야지 아키라), 「宇宙主としての釈迦仏−インドから中央アジア·中國へ」, 『曼茶羅と輪 廻: その思想と美術』, 立川武蔵 編, 東京: 佼成出版社, 1993.

吉村怜(요시무라 레이), 「盧舍那法界人中像の研究」, 『美術研究』203, 1959.

_____, 「成都萬佛寺址出土佛像と建康佛敎−梁中大通元年銘のインド式佛像について」, 『佛敎藝 術』240, 1998.

_____, 「雲岡石窟編年論−宿白, 長廣學說批判」, 『國華』1140, 1990.

大村西崖(오무라 세이가이), 『支那美術史彫塑篇』, 全3卷, 東京: 佛書刊行會圖像部, 1915; 同, 『中国美術史彫塑篇』, 全2卷, 東京: 国書刊行会, 1980.

山名伸生(야마나 신세이), 「土谷渾と成都の佛像」, 『佛敎藝術』218, 1995.

常磐大定(도키와 다이조)·關野貞(세키노 다다시), 『支那文化史蹟』, 全24卷, 京都: 法藏館, 1939-41; 同, 『中国文化史蹟』, 全12卷, 京都: 法藏館, 1975-1976; 同, 『中國文化史蹟 解說編』, 全2卷, 京都: 法藏館, 1975.

石松日奈子(이시마쓰 히나코), 『北魏佛敎造像史の研究』, 東京: Brücke, 2005.

_____, 「龍門古陽洞初期造像における中國化の問題」, 『佛敎藝術』184, 1989.

小南一郎(고미나미 이치로), 「神亭壺と東吳の文化」, 『東方學報』65, 1993.

小森陽子(고미리 요코), 「雲岡石窟曇曜五窟論−第十八窟本尊定光佛說の提起」, 『佛敎藝術』263, 2003.

小杉一雄(고스키 가즈오),「南北佛像樣式試論」,『美術史硏究』1, 1962.
松本榮一(마쓰모토 에이이치),『敦煌畵の硏究』, 全2卷, 東京: 東方文化學院東京硏究所, 1937.
松原三郎(마쓰바라 사브로),「中國佛像樣式の南北-再考」,『美術硏究』296, 1975.
田邊三郎助(다나베 사부로스케),「元および明・靑の彫刻」,『世界美術大全集 東洋篇』7, 海老根
　　　　聰郎・西岡康宏 責任編集, 東京: 小學館, 1999.
曾布川寬(소후가와 히로시),「響堂山石窟考」,『東方學報』62, 1990.
塚本善隆(쓰카모토 젠류),「雲岡石窟の佛敎」,『印度學佛敎學硏究』2-2, 1954.
八木春生(야기 하루오),『雲岡石窟文樣論』, 京都: 法藏館, 2000.

〈중문〉(한글 독음順)
古正美,『從天王傳統到佛王傳統』, 臺北: 商周出版, 2003.
成都市文物考古硏究所,「成都市西安路南朝石刻造像發掘簡報」,『佛敎藝術』252, 2000.
宿白,「莫高窟現存早期洞窟的年代問題」,『中國文化硏究所學報』20, 1989.
____,「涼州石窟遺蹟和“涼州模式”」,『考古學報』, 1986-4.
____,「雲岡石窟分期試論」,『考古學報』, 1978-1.
閻文儒,「孔望山佛敎造像的題材」,『文物』, 1981-7.
劉志遠・劉廷壁 編,『成都萬佛寺石刻藝術』, 北京: 中國古典藝術出版社, 1958.
李文生,「響堂山石窟造像的特徵」,『中原文物』, 1984-1.
李純 編,『雙林寺』, 石家庄: 河北美術出版社, 2002.
李玉珉,「法界人中像」,『古宮文物月刊』121, 1993.
李巳生,「成都萬佛寺梁代造像藝術特色的形成」,『敦煌硏究』, 1992-3.
馮賀軍,『曲陽白石造像硏究』, 北京: 紫禁城出版社, 2005.

〈영문〉

Bartholomew, Terese Tse, "Thangkas for the Qianlong Emperor's Seventieth Birthday," in *Cultural Intersections in Later Chinese Buddhism*, ed. Marsha Weidner, Honolulu: University of Hawai'i Press, 2001.

Foulk, T. Griffith, "Religious Functions of Buddhist Art in China," in *Cultural Intersections in Later Chinese Buddhism*, ed. Marsha Weidner, Honolulu: University of Hawai'i Press, 2001.

Howard, Angela Falco, "Buddhist Sculptures of the Liao Dynasty -A Reassessment of Osvald Sirén's Study," *Bulletin of The Museum of Far Eastern Antiquities* 56, 1984.

_____, "Liang Patronage of Buddhist Art in the Gansu Corridor during the Fourth Century and the Transformation of a Central Asian Style," in *Between Han and Tang: Religious Art and Archeology in a Transformative Period*, ed. Wu Hung, Beijing: Cultural Relics Publishing

House, 2000.

_____, "The Dhāraṇi Pillar of Kunmming, Yunnan: A Legacy of Esoteric Buddhism and Burial Rites of the Bai People in the Kingdom of Dali(937-1253)," *Artibus Asiae* 62-1/2, 1957.

_____, *The Imagery of the Cosmological Buddha*, Leiden: E. J. Brill, 1986.

Lawton, Thomas, "Book Review: Marylin Martin Rhie, Early Buddhist Art of China and Central Asia, Volume One, Later Han, Three Kingdoms and Western China in China and Bactria to Shan-shan in Central Asia," *Artibus Asiae* 59-1/2, 1999.

Rhie, Marylin M., *Early Buddhist Art of China and Central Asia*, 2 vols., Leiden: E. J. Brill, 1999.

Sirén, Osvald, "Chinese Sculptures of the Sung, Liao, Chin Dynasty," *Bulletin of The Museum of Far Eastern Antiquities*, Stockholm 14, 1942.

Soper, Alexander C., "Imperial Cave Chapels of the Northen Dynasties: Donors, Beneficiaries, Dates," *Artibus Asiae* 28-4, 1966.

_____, "South Chinese Influence on the Buddhist Art of the Six Dynasties Period," *The Bulletin of the Museum of Far Eastern Antiquities* 32, 1960.

Weidner, Marsha, ed., *Latter Days of the Law: Images of Chinese Buddhism 850-1850*, Lawrence, KS: Spencer Museum of Art, 1994.

Wu, Hung, "Buddhist Elements in Early Chinese Art(2nd and 3rd Centuries A.D.)," *Artibus Asiae* 47-3/4, 1986.

한국 불교미술 연구의 새로운 모색–이미지: 도상과 기능의 소통을 위하여

〈원전〉
『高僧傳』, T2059.
『南海寄歸內法傳』, T2125.
『多羅尼雜集』, T1336.
『大唐西域求法高僧傳』, T2066.
『佛說多羅尼集經』, T901.
『禮念彌陀道場懺法』, K1511.
『盂蘭盆經』, T685.
『請觀世音菩薩消伏毒害陀羅尼呪經』, T1043.

『高麗史』
『三國遺事』

『觀世音應驗記』(孫昌武 點校, 『觀世音應驗記(三種)』, 北京: 中華書局, 1994).

『東國李相國集』(민족문화추진회 옮김, 『국역 동국이상국집』, 고전국역총서 166-172, 민족문화추
       진회, 1982).

『釋門儀範』(정섭・경섭 編, 『釋門儀範講解: 예불・축원・염롱편』, 불교통신교육원, 2009).

『宣和奉使高麗圖經』(민족문화추진회 옮김, 『고려도경』, 서해문집, 2005).

『念佛作法』(朴世敏 編, 『韓國佛敎儀禮資料叢書』 2, 三聖庵, 1993).

『五種梵音集』(朴世敏 編, 『韓國佛敎儀禮資料叢書』 2, 三聖庵, 1993).

『作法龜鑑』(東國大學校佛典刊行委員會 編, 『韓國佛敎全書』 10, 東國大學校出版部, 1979).

〈도록・보고서〉

곽동석, 『금동불』, 예경, 2000.

국립문화재연구소 미술공예연구실 편, 『日本所在 韓國佛畵圖錄: 京都・奈良』, 國立文化財硏究所,
       1996.

국립중앙박물관 미술부 편, 『법당 밖으로 나온 큰 불화: 국보302호 청곡사 괘불』, 국립중앙박물관,
       2006.

국립중앙박물관 편, 『영혼의 여정』, 국립중앙박물관, 2003.

국립춘천박물관 편, 『구도와 깨달음의 성자: 나한』, 국립춘천박물관, 2003.

鈴木嘉吉(스즈키 가키치) 編, 『飛鳥・白鳳の美術: 法隆寺と斑鳩の寺』 日本美術全集 2, 東京: 學習
       研究社, 1999.

文化財廳 編, 『無爲寺極樂殿實測調査: 本文』, 文化財廳, 2004.

黃壽永 編, 『金銅佛 磨崖佛』 國寶 2, 藝耕, 1984.

〈국문〉

강삼혜, 「羅末麗初 僧塔 塔身 神將像 硏究」, 『美術史學硏究』 252, 2006.

姜熺靜, 「백제 楊柳觀音像考-호림박물관 소장 楊柳觀音像 二軀를 中心으로」, 『美術資料』 70・71,
       2004(同, 『관음과 미륵의 도상학』, 학연문화사, 2006 재수록).

_____, 「中國 古代 楊柳觀音 圖像의 成立과 展開」, 『美術史學硏究』 232, 2001(同, 『관음과 미륵의
       도상학』, 학연문화사, 2006에 재수록).

고종희, 「그리스도교 이콘의 기원과 변천: 콘스탄티노플 이콘 중심으로」, 『美術史學』 15, 2001.

국립문화재연구소 편, 『영산재』, 국립문화재연구소, 2003.

金理那, 「中國의 降魔觸地印佛坐像」, 『韓國佛敎美術史論』, 黃壽永 編, 民族社, 1987(同, 『韓國古代
       佛敎彫刻史硏究』, 一潮閣, 1990에 재수록).

_____, 「한국 불교조각 연구 어떻게 할 것인가」, 『미술사학연구』 241, 2004.

김봉렬, 「朝鮮時代 寺刹 建築의 殿閣構成과 配置形式 硏究」, 서울대학교 박사학위논문, 1989.

김승희, 「영혼의 시선」, 『영혼의 여정』, 국립중앙박물관 편, 국립중앙박물관, 2003.

金廷恩, 「朝鮮時代 三藏菩薩圖 硏究」, 동국대학교 석사학위논문, 2002.

김정희, 「大興寺 法身中圍會三十七尊圖考」, 『미술사학연구』 238 · 239, 2003.

_____, 「마곡사 괘불-도상 및 조성 배경을 중심으로」, 『미술사의 정립과 확산』 2, 항산안휘준교
　　　수정년퇴임기념논문집간행위원회 편, 사회평론, 2006.

_____, 「松林寺 冥府殿 三藏菩薩像과 十王像 硏究」, 『강좌 미술사』 27, 2006.

_____, 『신장상』, 대원사, 1989.

김종민, 「朝鮮時代 寫經硏究」, 대구가톨릭대학교 박사학위논문, 2003.

金昶均, 「朝鮮朝 仁祖-肅宗代 佛畵 硏究」, 동국대학교 박사학위논문, 2005.

김홍주, 「18세기 사찰 佛殿의 건축적 특성」, 연세대학교 박사학위논문, 2000.

나가오카 류사쿠(長岡龍作), 「悔過와 불상」, 『美術史論壇』 23, 2006.

魯明信, 「朝鮮後期 四天王像에 대한 考察」, 『美術史學硏究』 202, 1994.

문명대, 「한국미술사연구의 과제와 방법론」, 『미술사학연구』 241, 2004.

문현순, 「송광사 소장 高峰國師廚子의 관음지장병립상과 삼신불에 대하여」, 『미술사의 정립과 확
　　　산』 2, 항산안휘준교수정년퇴임기념논문집간행위원회 편, 사회평론, 2006.

박은경, 「조선 전기 불화의 서사적 표현, 佛敎說話圖」, 『美術史論壇』 21, 2005.

배병선, 「다포계 맞배집에 관한 연구」, 서울대학교 박사학위논문, 1993.

서지민, 「통일신라시대 비로자나불상의 도상 연구-광배와 대좌에 보이는 중기밀교 요소를 중심
　　　으로」, 『미술사학연구』 252, 2006.

손신영, 「興天寺와 華溪寺의 건축장인과 후원자」, 『강좌 미술사』 26, 2006.

송은석, 「17세기 朝鮮王朝의 彫刻僧과 佛像」, 서울대학교 박사학위논문, 2007.

辛恩美, 「조선후기 十六羅漢圖 연구」, 『강좌 미술사』 27, 2006.

신준형, 「한스 벨팅의 종교미술 연구-도상에서 기능으로」, 『미술사와 시각문화』 6, 2007.

安貴淑, 「조선후기 佛畵僧의 系譜와 義謙比丘에 관한 연구(상)」, 『미술사연구』 8, 1994.

_____, 「조선후기 佛畵僧의 系譜와 義謙比丘에 관한 연구(하)」, 『미술사연구』 9, 1995.

연제영, 「儀禮的 觀點에서 甘露幀畵와 水陸畵의 내용비교」, 『불교학연구』 16, 2007.

윤열수, 『괘불』, 대원사, 1990.

이강근, 「17세기 佛殿의 莊嚴에 관한 연구」, 동국대학교 박사학위논문, 1994.

_____, 「朝鮮後期 佛敎寺院建築의 傳統과 新潮流-佛殿 內部空間의 莊嚴을 中心으로」, 『美術史學
　　　硏究』 202, 1994.

李芬熙, 「조선 전반기 阿彌陀佛像의 연구」, 『강좌 미술사』 27, 2006.

이승희, 「1628년 七長寺 〈五佛會掛佛圖〉 硏究」, 『美術史論壇』 23, 2006.

이영숙, 「朝鮮時代 掛佛幀 硏究」, 東國大學校 박사학위논문, 2003.

이용윤, 「朝鮮後期 三藏菩薩圖와 水陸齋儀式集」, 『美術資料』 72·73, 2005.

이주형, 「탄생불상과 灌佛의식」, 『미술사의 정립과 확산』 2, 항산안휘준교수정년퇴임기념논문집 간행위원회 편, 사회평론, 2006.

＿＿＿, 「한국 고대 불교미술의 '像'에 대한 意識과 경험」, 『미술사와 시각문화』 1, 2002.

임영애, 「순천 송광사 사천왕상의 방위 문제와 조성시기」, 『송광사 사천왕상 발굴자료의 종합적 연구』, 강순애 외, 아시아문화사, 2006.

정명희, 「儀式集과 掛佛의 圖像的 변용」, 『불교미술사학』 2, 2004.

＿＿＿, 「朝鮮 後期 掛佛幀의 硏究」, 『미술사학연구』 242·243, 2004.

정우택, 「나투신 隱者의 모습-나한도」, 『구도와 깨달음의 성자 나한』, 국립춘천박물관 편, 국립춘천박물관, 2003.

＿＿＿, 「佛敎美術 서술의 用語 문제」, 『美術史學』 17, 2003.

정은우, 「敬天寺址 10層石塔과 三世佛會考」, 『미술사연구』 19, 2005.

＿＿＿, 「高麗後期 普明寺 金銅菩薩坐像과 倭寇와의 관계」, 『美術史學』 19, 2005.

정헌이, 「그리드를 넘어서: 모더니즘 이후의 '아이콘(icon)'」, 『美術史學』 15, 2001.

조인수, 「도교 신선화의 도상적 기능」, 『美術史學』 15, 2001.

진휘연, 「「그리드를 넘어서: 모더니즘 이후의 아이콘」에 대한 질의」, 『美術史學』 15, 2001.

최선일, 「朝鮮 後期 彫刻僧의 活動과 佛像硏究」, 홍익대학교 박사학위논문, 2006.

崔聖銀, 「고려 초기 석조반가좌보살상에 대한 소고」, 『미술사의 정립과 확산』 2, 항산안휘준교수정년퇴임기념논문집간행위원회 편, 사회평론, 2006.

＿＿＿, 「우리나라의 나한조각」, 『구도와 깨달음의 성자 나한』, 국립춘천박물관 편, 국립춘천박물관, 2003.

韓載沅, 「統一新羅 石塔浮彫 八部衆 圖像과 配置 硏究」, 『미술사연구』 20, 2006.

허상호, 「朝鮮時代 佛卓莊嚴 硏究」, 동국대학교 석사학위논문, 2002.

＿＿＿, 「朝鮮 後期 佛卓 硏究」, 『美術史學硏究』 244, 2004.

허형욱, 「崑崙奴 도상에 관한 연구」, 『불교미술사학』 4, 2006.

＿＿＿, 「統一新羅 梵天·帝釋天像 硏究」, 『美術史學硏究』 246·247, 2005.

홍기용, 「中國 元·明代 水陸法會圖에 관한 考察」, 『美術史學硏究』 219, 1998.

홍윤식, 『영산재』, 대원사, 1991.

＿＿＿, 「韓國佛敎儀式의 三壇分壇法」, 『文化財』 3, 1975.

＿＿＿, 『韓國 佛畵의 硏究』, 원광대학교 출판부, 1980.

〈일문〉(한글 독음順)

人見春雄(히토미 하루오) 外編, 『文化財の見方』, 東京: 山川出版社, 1984.

崔聖銀, 「高麗初期の石造菩薩像について」, 『佛敎藝術』 288, 2006.

萩原哉(하기와라 하지메),「玄奘發願「十俱胝像」考-「善業泥」塼佛をめぐって」,『佛教藝術』261, 2002.

〈영 · 독문〉

Baxandall, Michael, *Painting and Experience in Fifteenth Century Italy*, 2nd ed., Oxford: Oxford University Press, 1988.

Ecke, Diana L., *Darsan: Seeing the Divine Image in India*, Chambersburg: Anima Books, 1985.

Os, Henk van, "Book review: H. Belting, Das Bild und sein Publikum im Mittelalter: Form und Funktion früher Bildtafeln der Passion, (Berlin, 1981)," *Simiolus* 14-3/4, 1984.

Panofsky, Erwin, "Imago Pietatis," in *Festschrift für M. J. Friedländer zum 60. Geburtstag*, Max J. Friedlaänder et al., Leipzig: E.A. Seemann, 1927.

Wu, Hung, "What is Bianxiang?: On the Relationship between Dunhuang Literature and Dunhuang Art," *Harvard Asiatic Studies* 52-1, 1992.

제2부 불교미술과 내세에 대한 관념

남북조시대 '생천' 원망 금동불에 보이는 '천'의 개념

〈원전〉

『經律異相』, T2121.

『過去現在因果經』, T189.

『大智度論』, T1509.

『妙法蓮華經』, T262.

『法苑珠林』, T2122.

『佛說觀彌勒菩薩上生兜率天經』, T452.

『佛說彌勒大成佛經』, T456.

『佛說彌勒下生經』, T453.

『佛說彌勒下生成佛經』, T455.

『佛說未曾有經』, T688.

『佛所行讚』, T192.

『維摩詰所說經』, T475.

『集古今佛道論衡』, T2104.

『史記』(朴一峰 編譯, 『史記』, 育文社, 1995).

『山海經』(鄭在書 譯註, 『山海經』, 민음사, 1996).

『列子』(임동석 옮김, 『列子』, 동서문화사, 2009).

『淮南子』(이석명 옮김, 『회남자: 한대 지식의 집대성』, 사계절, 2004).

〈사전・도록〉

大和文華館 編, 『特別展 中國の金銅佛』, 奈良: 大和文華館, 1992.

諸橋轍次(모로하시 데쓰지), 『大漢和辭典』, 全13卷, 東京: 大修館書店, 1955-60.

中村元(나카무라 하지메), 『佛敎語大辭典』, 東京: 東京書籍, 1975.

曽布川寬・岡田健 責任編集, 『世界美術大全集 東洋編』3, 東京: 小學館, 2000.

〈국문〉

강희정, 「南北朝時代의 在銘蓮華手觀音像考」, 『美術資料』 68, 2002(同, 『관음과 미륵의 도상학』, 학연문화사, 2006 재수록).

_____, 「中國 南北朝時代의 半跏思惟像과 彌勒信仰」, 『百濟硏究』 33, 2001(전면 개고 후 同, 『관음과 미륵의 도상학』, 학연문화사, 2006 재수록).

닛타 마사아키(新田雅章), 「中國에 있어서의 『法華經』 硏究」, 『法華思想』, 平川彰(히라카와 아키라) 外編, 慧學 옮김, 經書院, 1997.

마이클 로이(Michael Loewe), 『古代 中國人의 生死觀』, 이성규 옮김, 지식산업사, 1989.

朴景垠, 「博山香爐에 보이는 文樣의 始原과 展開」, 홍익대학교 석사학위논문, 1998.

후지타 고타쓰(藤田宏達), 「印度의 淨土思想」, 『中國佛敎의 思想』 講座 東洋思想 6, 玉城康四郎(다마키 고시로) 外, 정순일 옮김, 民族社, 1989.

〈일문〉(한글 독음順)

久野美樹(구노 미키), 「造像背景としての託生西方願望」, 『佛敎藝術』 187, 1989.

大西修也(오니시 슈야), 「阿彌陀・彌勒信仰の實態と圖像」, 『論叢佛敎美術史』, 町田甲一先生古稀記念会 編, 東京: 吉川弘文館, 1986.

小南一郎, 「神亭壺と東吳の文化」, 『東方學報』 65, 1993.

松原三郎, 『中國佛敎彫刻史硏究』, 增訂版, 東京: 吉川弘文館, 1966.

水野淸一, 『中國の佛敎美術』, 東京: 平凡社, 1968; 復刊版, 平凡社, 1990.

楊伯達, 『埋もれた中國石佛の硏究』, 東京: 東京美術, 1985.

佐藤智水(사토 지스이), 「北朝造像銘考」, 『史學雜誌』 86-10, 1977.

塚本善隆, 「龍門石窟に現れたる北魏佛敎」, 『龍門石窟の硏究: 河南洛陽』 東方文化硏究所硏究報告 16, 水野淸一・長廣敏雄, 東京: 座右寶刊行會, 1941; 全3卷, 京都: 同朋舍, 1980.

〈중문〉

金申,『中國歷代紀年佛像圖典』, 北京: 文物出版社, 1994.

＿＿ 編,『海外及港台藏历代佛像: 珍品纪年图鉴』, 太原: 山西人民出版社, 2007.

〈영문〉

Abe, Stanley K., *Ordinary Images*, Chicago: University of Chicago Press, 2002.

Lee, Yu-min, *The Maitreya Cult and Its Art in Early China*, Columbus: The Ohio State University, 1983.

Ning, Qiang, "Art, Religion, and Politics Dunhuang Cave 220," Ph.D. dissertation, Harvard University, 1997.

Wu, Hung, "Buddhist Elements in Early Chinese Art (2nd and 3rd Centuries A.D.)," *Artibus Asiae* 47-3/4, 1986.

고구려 화생상의 기원과 의미-금동불 광배를 중심으로

〈원전〉

『大方廣佛華嚴經』, T278.

『無量壽經優波提舍願生偈』, T1524.

『佛說無量壽經』, T360.

『攝大乘論』, T1592.

『十住毘婆沙論』, T1521.

『十地經論』, T1522.

『阿毘達磨俱舍論』, T1558.

『阿毘達磨大毘婆沙論』, T1545.

『增一阿含經』, T125.

『海東高僧傳』, T2065.

『三國史記』(李丙燾 譯註,『三國史記』, 乙酉文化社, 1977).

〈사전·도록〉

문화재청 편,『韓國의 國寶: 회화/조각』, 문화재청 동산문화재과, 2007.

삼성미술관 편,『삼성미술관 소장품 선집: 고미술』, 삼성미술관 Leeum, 2004.

雲岡石窟文物保管所 編,『雲岡石窟』 2, 東京: 平凡社, 1990.

鄭承碩 編, 『佛典解說事典』, 民族社, 1989.

平川彰 外編, 『新·佛典解題事典』, 東京: 春秋社, 1977.

塚本善隆 編, 『望月佛敎大辭典』, 東京: 世界聖典刊行協會, 1974.

河南省文物研究所 編, 『中國石窟: 鞏縣石窟寺』, 東京: 平凡社, 1991.

〈국문〉

가와카쓰 요시오(川勝義雄), 『중국의 역사-위진남북조』, 임대희 옮김, 혜안, 2004.

강달송, 「北魏 鞏縣 石窟寺 四壁下部와 中心柱 基壇의 浮彫像」, 서울대학교 석사학위논문, 1996.

姜友邦, 「金銅日月飾三山冠思惟像考-東魏樣式系列의 6世紀 高句麗·百濟·古新羅의 佛像彫刻
　　　　樣式과 日本 止利樣式의 新解釋 上」, 『美術資料』 30, 1982(同, 『圓融과 調和』, 悅話堂, 1990
　　　　재수록).

_____, 「金銅日月飾三山冠思惟像考-東魏樣式系列의 6世紀 高句麗·百濟·古新羅의 佛像彫刻
　　　　樣式과 日本 止利樣式의 新解釋 下」, 『美術資料』 31, 1982(同, 『圓融과 調和』, 悅話堂, 1990
　　　　재수록).

강희정, 『중국 관음보살상의 연구』, 일지사, 2004.

郭東錫, 「金銅製一光三尊佛의 系譜-韓國과 中國 山東地方을 中心으로」, 『美術資料』 51, 1993.

_____, 「製作技法을 통해본 三國時代 小金銅佛의 類型과 系譜」, 『佛敎美術』 11, 1992.

權寧弼, 「高句麗 繪畵에 나타난 對外交涉-中國·西域 관계를 中心으로」, 『高句麗美術의 對外交
　　　　涉』, 한국미술사학회 편, 예경, 1996.

金理那, 「高句麗 佛敎彫刻 樣式의 전개와 中國의 영향」, 『高句麗美術의 對外交涉』, 한국미술사학
　　　　회 편, 예경, 1996(同, 『韓國古代佛敎彫刻比較硏究』, 文藝出版社, 2003 재수록).

金煐泰, 「三國時代 佛敎金石文 考證」, 『佛敎學報』 26, 1989.

金昌鎬, 「甲寅年銘釋迦像光背銘文의 諸問題-6세기 佛像造像記의 검토와 함께」, 『美術資料』 53,
　　　　1994.

도도 교순(藤堂恭俊)·시오이리 료도(塩入良道), 『중국불교사』, 차차석 옮김, 대원정사, 1992.

文明大, 「高句麗彫刻의 樣式變遷試論」, 『全海宗博士華甲記念史學論叢』, 全海宗博士華甲紀念史
　　　　學論叢編輯委員會 編, 一潮閣, 1979(同, 『관불과 고졸미』 한국의 불상조각 1, 예경, 2003
　　　　재수록).

_____, 『韓國彫刻史』, 悅話堂, 1980.

손영종, 「금석문에 보이는 삼국시대 몇 개 년호에 대하여」, 『력사과학』, 1966-4.

이시다 미즈마로(石田瑞磨), 「중국의 정토사상」, 『中國佛敎의 思想』 講座 東洋思想 6, 玉城康四郎
　　　　外, 鄭舜日 옮김, 民族社, 1989.

趙容重, 「動物의 입에서 비롯되는 化生 圖像 考察」, 『美術資料』 58, 1997.

_____, 「蓮華化生에 등장하는 裝飾文樣 考察」, 『美術資料』 56, 1995.

_____,「益山 蓮洞里 石造如來坐像 光背의 圖像研究-文樣을 통하여 본 백제불상광배의 特性」, 『美術資料』50, 1992.

黃壽永,「百濟의 佛像彫刻」,『考古美術』150, 1981.

〈일문〉(한글 독음順)

鎌田茂雄(가마타 시게오),『南北朝の佛教』中國佛教史 3-4, 東京: 東京大學出版會, 1984-90.

關野貞,『朝鮮美術史』, 京城: 朝鮮史學會, 1940; 同,『朝鮮美術史』, 沈雨晟 옮김, 東文選, 2003.

吉村怜,『中國佛教圖像の研究』, 東京: 東方書店, 1983.

_____,「法隆寺獻納御物王延孫造光背考」,『佛教藝術』190, 1990.

杜在忠・韓崗,「山東省諸城出土の石佛像について(1)」, 康培仁 譯,『古美術』99, 1991.

_____,「山東省諸城出土の石佛像について(2)」, 康培仁 譯,『古美術』101, 1992.

_____,「山東省諸城出土の石佛像について(3)」, 康培仁・單亦平 譯,『古美術』102, 1992.

_____,「山東省諸城出土の石佛像について(4) ― 建築遺物と石仏造像の概観」, 康培仁・康鋭 譯, 『古美術』103, 1992.

藤田宏達,「四沙門果の成立について」,『印度學佛教學研究』3-1, 1954.

小川晴暘(오가와 세이요),『大同雲崗の石窟』, 東京: 日光書院, 1944.

松原三郎,「山東省出土の佛像」,『古美術』99, 1991.

_____,「山東地方の北朝石像の一考察」,『古美術』101, 1992.

_____,「諸城派石彫考」,『古美術』103, 1992.

_____,『中國佛教彫刻史論』, 東京: 吉川弘文館, 1995.

勝木言一郎(가쓰키 겐이치로),「小南海石窟中窟の三佛造像と九品往生圖浮彫に關する」,『美術 史』139, 1996.

中吉功(나카기리 이사오),『新羅・高麗の佛像』, 東京: 二玄社, 1971.

曾布川寬,「響堂山石窟考」,『東方學報』62, 1990.

村上眞完(무라카미 신칸),『西域の佛教: ベゼクリク誓願画考』, 東京: 第三文明社, 1984.

黑板勝美(구로이타 가쓰미),「朝鮮三國時代に於ける唯一の金銅佛」,『考古學雜誌』15-6, 1925.

〈중문〉(한글 독음順)

吉村怜,「敦煌石窟中的天人誕生圖-西方系天人像與南朝系 天人像」,『敦煌石窟研究國際討論會文 集: 石窟藝術編』, 敦煌石窟研究國際討論會 編, 審陽: 遼寧美術出版社, 1987.

金申,『佛教美術叢考』, 北京: 科學出版社, 2004.

杜在忠・韓崗,「山東諸城佛教石造像」,『考古學報』, 1994-2.

丁明夷,「鞏縣天龍響堂安養數處石窟寺」,『中國美術全集 彫塑編』13, 中國美術全集編輯委員會 編, 北京: 文物出版社, 1989.

韓崗,「山東省諸城出土北朝銅造像」,『考古』, 1987-11.

〈영문〉

Howard, Angela Falco, "Buddhist Cave Sculpture of the Northern Qi Dynasty: Shaping a New Style, Formulating New Iconographies," *Archives of Asian Art* 49, 1996.

발해 후기의 불교조각과 신앙

〈원전〉

『金剛頂經瑜伽觀自在王如來修行法』, T932.

『大阿彌陀經』, T364.

『無量壽如來觀行供養儀軌』, T930.

『不空羂索神變眞言經』, T1092.

『佛說觀無量壽經』, T365.

『佛頂尊勝陀羅尼經』, T968.

『佛頂尊勝陀羅尼經跡義記』, T1803.

『別尊雜記』(大村西崖 編,『別尊雜記圖像』佛教圖像集古 7, 東京: 東洋文庫, 1918).

〈사전 · 도록 · 보고서〉

高句麗研究會 · 러시아科學院시베리아分所考古民族學研究所 編,『러시아 연해주 발해 절터』, 학연문화사, 1998.

奈良國立博物館 編,『特別展 古密教: 日本密教の胎動』, 奈良: 奈良国立博物館, 2005.

図書編集部 編,『國寶 · 重要文化財大全』4, 東京: 每日新聞社, 1999.

東亞考古學會 編,『東京城-渤海國上京龍泉府の發掘調査』東方考古學叢刊 5, 東京: 東亞考古學會, 1939.

서울대학교박물관 편,『해동성국 발해』, 통천문화사, 2003.

龍門文物保管所 · 北京大學考古系 編,『龍門石窟』2, 東京: 平凡社, 1991.

齊藤優,『牛拉城と他の史蹟』, 발행처 불명: 牛拉城址刊行會, 1978.

조선유적유물도감편찬위원회 편,『북한의 문화재와 문화유적』2, 서울대학교 출판부, 2000.

中國美術全集編輯委員會 編,『中國美術全集』雕塑編 5, 北京: 人民美術出版社, 1988.

Paul Demiéville et al., comps., *Répertoire du canon bouddhique sino-japonais, édition de Taishō*,

Tokyo: Maison franco-japonaise, 1978.

〈국문〉

강희정, 「新羅 下代의 石造毘盧遮那如來坐像에 대하여」, 서울대학교 석사학위논문, 1990.

김리나, 「통일신라시대 미술의 국제적 성격」, 『統一新羅 美術의 對外交涉』, 한국미술사학회 편, 예경, 2001(同, 『韓國古代佛教彫刻 比較研究』, 문예출판사, 2003 재수록).

김선경, 「당대 아미타삼존불의 도상과 장안 광택사 칠보대 아미타삼존불」, 서울대학교 석사학위논문, 1995.

동북아역사재단 편, 『발해의 역사와 문화』, 동북아역사재단, 2007.

문명대, 「渤海 佛像彫刻의 流派와 樣式 研究」, 『講座 美術史』 14, 1999(同, 『원음과 적조미』 한국의 불상조각 3, 예경, 2003 재수록).

_____, 「통일신라 불상 조각과 당불상 조각과의 관계」, 『統一新羅 美術의 對外交涉』, 한국미술사학회 편, 예경, 2001(同, 『원음과 고전미』 한국의 불상조각 2, 예경, 2003 재수록).

박룡연, 「고고학 방면으로부터 본 발해의 불교 문화」, 『발해사연구』 4, 1994.

방학봉, 『발해불교와 그 유적 · 유물』, 신성, 2006.

_____, 『渤海의 佛教遺蹟과 遺物』, 景書文化社, 1998.

裵珍達, 「7世紀 後半 唐의 佛教 彫刻과 信仰-皇室과 士族 發願의 造像을 중심으로」, 홍익대학교 박사학위논문, 2002.

宋基豪, 「渤海 佛教의 展開 過程과 몇 가지 特徵」, 『韓國佛教文化思想史』, 伽山李智冠스님華甲紀念論叢刊行委員會編, 伽山佛教文化振興研究院, 1992.

_____, 『渤海 政治史 研究』, 一潮閣, 1995.

宋基豪 · 全虎兒, 「咸和 4年銘 渤海 碑像 檢討」, 『韓國史學論叢』, 西巖趙恒來教授華甲紀念論叢刊行委員會 編, 亞細亞文化社, 1992.

연변대학발해사연구실 편, 『발해국의 서울 상경성의 문화유적에 대하여』 발해사연구 3, 방학봉 옮김, 서울대학교 출판부, 1993.

王承禮, 『발해의 역사』, 송기호 옮김, 한림대학교 박물관, 1987.

이병건, 「渤海時代 寺刹建築研究」, 건국대학교 석사학위논문, 1992.

林碩奎, 「東京大 所藏 渤海 佛像의 現狀과 性格」, 『발해건국 1300주년』 高句麗研究 6, 高句麗研究會 編, 학연문화사, 1998.

_____, 「渤海 半拉城 出土 二佛並坐像의 研究」, 『佛教美術研究』 2, 1996.

_____, 「크라스키노 사원지의 佛像」, 『講座 美術史』 14, 1999.

鄭永鎬, 「渤海의 佛教와 佛像」, 『발해건국 1300주년』 高句麗研究 6, 高句麗研究會 編, 학연문화사, 1998.

주경미, 『중국 고대 불사리 장엄 연구』, 일지사, 2003.

秦弘燮, 『韓國의 佛像』, 일지사, 1981.

車玉信, 「渤海 佛像에 관한 硏究」, 이화여자대학교 석사학위논문, 1991.

최성은, 「渤海(698-926)의 菩薩像 樣式에 대한 考察」, 『講座 美術史』 14, 1999.

〈일문〉(한글 독음順)

賴富本宏(요리토미 모토히로), 『曼茶羅の鑑賞基礎知識』, 東京: 至文堂, 1991.

井上一稔(이노우에 가즈토시), 「螺髮寶冠阿彌陀如來像について」, 『美術硏究』 343, 1992.

佐和隆硏(사와 류켄) 編, 『佛像圖典』, 東京: 吉川弘文館, 1962.

〈중문〉(한글 독음順)

馬自樹 主編, 『中国边疆民族地区文物集萃』, 上海: 上海辭書出版社, 1999.

常靑, 「龍門石窟 "北市綵帛行淨土堂"」, 『文物』, 1991-8.

孫元吉・樊萬象, 「渤海故都上京龍泉府發現金佛」, 『北方文物』, 1991-4.

吳立民・韓金科, 『法門寺地宮唐密曼茶羅之研究』, 香港: 中國佛敎文化出版有限公司, 1998.

〈영문〉

Saunders, E. Dale, Mudra -A Study of Symbolic Gestures in Japanese Buddhist Sculpture, New York: Bollingen Foundation, 1960.

제3부 불교미술 속의 여성 이미지

당대 여성 이미지의 재현-남북조시대 미술 속 여성상과의 비교를 중심으로

〈원전〉

『佛說寶雨經』, T660.

〈도록〉

敦煌文物研究所 編, 『中國石窟 敦煌莫高窟』 1, 東京: 平凡社, 1980.

_____, 『中國石窟 敦煌莫高窟』 2, 東京: 平凡社, 1984.

_____, 『中國石窟 敦煌莫高窟』 3, 東京: 平凡社, 1987.

百橋明穗(도노하시 아키오)・中野徹(나가노 도루) 責任編集, 『世界美術大全集 東洋編』 4, 東京: 小學館, 1997.

陝西省文物局・上海博物館 編, 『周秦漢唐文明特集』 3, 上海書畫出版社, 2004.

王朝聞·鄧福星 編,『中國美術史』4, 濟南: 齊魯書社·明天出版社, 2000.

遼寧省博物館 編,『遼寧省博物館』中國の博物館 3, 東京: 講談社, 1982.

曽布川寛·出川哲朗(데가와 데쓰로) 監修,『中國☆美の十字路展』, 大阪: 大広, 2005.

Watt, James C.Y. et al., *China: Dawn of a Golden Age, 200-750 AD*, New York: Metropolitan Museum of Art, 2004.

〈국문〉

葛路,『中國繪畫理論史』, 姜寬植 옮김, 미진사, 1989.

강희정,「唐代 菩薩像의 여성적 이미지와 그 정체성」,『美術史學』20, 2006.

김혜원,「돈황 막고굴 제321굴 〈보우경변(寶雨經變)〉에 보이는 산악 표현의 정치적 의미와 작용」, 『미술사와 시각문화』1, 2002.

도나미 마모루(砺波護) 외,『수당오대사』, 임대희 옮김, 서경, 2005.

마샤 와이드너(Marsha Weidner),「九蓮菩薩像과 명 萬曆帝 황후」,『中國史研究』35, 2005.

마쓰창(馬世長) 외,『중국 불교석굴』, 양은경 옮김, 다홀미디어, 2006.

박은화 편,『중국회화감상』, 예경, 2001.

아서 라이트(Arthur F. Wright)·데니스 트위체트(Denis Twitchett) 편,『唐代史의 조명』, 위진수당 사학회 옮김, 아르케, 1999.

양정무,「이탈리아 르네상스 시각세계의 구성요소-試論」,『미술사와 시각문화』1, 2002.

이시다 미키노스케(石田幹之助),『장안의 봄』, 이동철·박은희 옮김, 이산, 2004.

任大熙,「則川皇帝 통치시기의 정치와 인물」,『東아시아의 人間像』, 黃元九教授定年紀念論叢刊行 委員會 編, 혜안, 1995.

조향진,「동진 명제와 〈낙신부도〉-〈낙신부도〉의 출현 배경에 대한 일고찰」,『미술사의 정립과 확 산』1, 항산안휘준교수정년퇴임기념논문집간행위원회 편, 사회평론, 2006.

_____,「明帝의 〈洛紳賦圖〉를 통해 재조명한 顧愷之」,『중국사연구』39, 2005.

주디스 버틀러(Judith Butler),「도대체, 누가 여성일까」,『越鏡하는 지식의 모험자들』, 강봉균 외, 한길사, 2003.

쥴리아 앤드류스(Julia F. Andrews),「1920년대 상해의 미술과 국제적 문화: 劉海粟과 누드모델 논 쟁」,『中國史研究』35, 2005.

지노 카오리(千野香織),「일본의 障壁畵에 나타난 젠더의 구조-전근대의 중국문화권에서」, 김혜 신 옮김,『미술사논단』4, 1996.

현택수,「현대의 성 정체성」,『경제와 사회』35, 1997.

〈중문〉

沈奈文·王孖,『中國服飾史』, 西安: 陝西 師範大學出版社, 2004.

華梅,『中國服裝史』, 天津: 天津人民美術出版社, 1989.

〈영문〉

Chen, Jinhua, "Śarīra and Scepter: Empress Wu's Political Use of Buddhist Relics," *Journal of the International Association of Buddhist Studies* 25-1/2, 2002.

Chen, Pao-chen, "The Goddess of the Lo River: A Study of Early Chinese Narrative Handscroll," Ph.D. dissertation, Princeton University, 1987.

Fong, Mary, "Tang Tomb Murals Reviewed in the Light of Tang Texts on Painting," *Artibus Asiae* 45-1, 1984.

Jay, Jennifer W., "Vignettes of Chinese Women in Tang Xi'an 唐西安(618-906): Individualism in Wu Zetian, Yang Guifei, Yu Xuanji and Li Wa 巫則天, 楊貴妃, 魚玄機, 李娃," *Chinese Culture* 31-1, 1990.

Karetzky, Patricia E., *Early Buddhist Narrative Art -Illustrations of the Life of the Buddha from Central Asia to China, Korea and Japan*, Lanham, New York and Oxford: University Press of America, 2000.

McNair, Amy, "On the Patronage by Tang Dynasty Nuns at Wanfo Grotto, Longmen," *Artibus Asiae*, 59-3/4, 2000.

Thorp, Robert L., and Richard Ellis Vinograd, *Chinese Art and Culture*, New York: Harry N. Abrams, INC., 2001.

당대 보살상의 여성적 이미지와 그 정체성

〈원전〉

『大乘寶雲經』, T659.

『彌沙塞部和醯五分律』, T1421.

『辯正論』, T2110.

『寶星陀羅尼經』, T402.

『寶雲經』, T658.

『佛說廣博嚴淨不退轉法輪經』, T268.

『佛說首楞嚴三昧經』, T642.

『佛說長阿含經』, T1.

『寺塔記』, T2093.

『釋氏要覽』, T2127.

『六度集經』, T152.

『中阿含經』, T26.

『增壹阿含經』, T125.

『破邪論』, T2109.

『賢愚經』, T202.

『舊唐書』, 中華書局本.

『唐書』, 中華書局本.

『安祿山事迹』(姚汝能 纂, 『安祿山事迹』, 上海: 掃葉山房, 1931).

『册府元龜』, 中華書局本.

〈도록〉

柳沢孝, 『法隆寺 金堂壁畵』奈良の寺 8, 東京: 岩波書店, 1974.

中华世纪坛艺术馆・青州市博物馆 編, 『青州北朝佛教造像』, 北京: 北京出版社, 2002.

後藤四郎(고토 시로) 編, 『天平の美術: 正倉院』日本美術全集 5, 東京: 學習研究社, 1999.

Priest, Alan, *Chinese Sculpture in the Metropolitan Museum of Art*, New York: Metropolitan
       Museum of Art, 1944.

〈국문〉

구노 미키(久野美樹), 『중국의 불교미술-후한시대에서 원시대까지』, 최성은 옮김, 시공사, 2001.

김성규 옮김, 『妙法蓮華經』, 이사금, 1991.

디트리히 제켈(Dietrich Seckel), 『불교미술』, 이주형 옮김, 예경, 2002.

마이클 설리반(Michael Sullivan), 『중국미술사』, 한정희・최성은 옮김, 예경, 1999.

목정배 편, 『불교교리사-대승불교의 사상・신앙・실천』, 지양사, 1987.

배진달, 『중국의 불상』, 일지사, 2005.

수잔 휫필드(Susan Whitfield), 『실크로드이야기』, 김석희 옮김, 이산, 2001.

아키야마 데루카즈(秋山光和), 『일본회화사』, 이성미 옮김, 예경, 1992.

이성미, 「朝鮮時代 女流畵家硏究」, 『美術資料』 51, 1993.

정예경, 「唐菩薩像의 女性性에 대하여」, 『東國歷史敎育』 7・8, 1999.

주경미, 「날란다의 불교유적과 구법승」, 『미술사와 시각문화』 4, 2005.

케네쓰 첸(Kenneth K.S. Ch'en), 『중국불교』, 전2권, 박해당 옮김, 민족사, 1991.

〈일문〉

スイス美術研究所 編, 『リートベルク美術館 チューリヒ』, チューリヒ: スイス美術研究所, 2002.

田賀龍彦(다가 류겐), 「法華論における授記の研究−女人授記作佛について」, 『法華經の中國的展開: 法華經研究』, 坂本幸男(사카모토 유키오) 編, 京都: 平樂寺書店, 1972.

〈영문〉

Sickman, Laurence, and Alexander Soper, *The Art and Architecture of China*, 3rd ed., New York: Penguin Books, 1981.

Willette, William, *Foundations of Chinese Art*, London: Thames and Hudson, 1965.

Yi, Sŏng-mi, *Fragrance, Elegance, and Virtue −Korean Women in Traditional Arts and Humanities*, Seoul: Amorepacific, 2002.

조선 전기 불교미술의 여성 후원자

〈원전〉

『朝鮮王朝實錄』

〈도록〉

경기도박물관 편, 『檜巖寺』, 열린아트, 2003.

국립중앙박물관 편, 『한국 박물관 개관 100주년 기념 특별전: 여민해락』, 국립중앙박물관, 2009.

菊竹淳一(기쿠타케 준이치)·吉田宏志(요시다 히로시) 責任編集, 『世界美術大全集 東洋編』 11, 東京: 小学館, 1999.

불교문화재연구소 편, 『乾漆佛』, 문화재청, 2008.

호암미술관 편, 『朝鮮前期國寶展』, 三星文化財團, 1996.

〈국문〉

강희정, 「高麗 水月觀音 圖像의 淵源에 대한 재검토」, 『미술사연구』 8, 1994(同, 『관음과 미륵의 도상학』, 학연문화사, 2006 재수록).

金廷禧, 「文定王后의 中興佛事와 16세기의 王室發願 佛畵」, 『미술사학연구』 231, 2001.

_____, 『불화, 찬란한 불교 미술의 세계』 테마한국문화사 7, 돌베개, 2009.

_____, 「朝鮮前期 佛畵의 傳統性과 自生性」, 『韓國美術의 自生性』, 한국미술의 자생성 간행위원회 편, 한길아트, 1999.

_____, 「朝鮮前期의 地藏菩薩圖」, 『강좌 미술사』 4, 1992.

_____, 「朝鮮朝 明宗代의 佛畵硏究」, 『역사학보』 111, 1986.

문명대, 『세종시대의 미술』, 세종대왕기념사업회, 1986.

_____, 「朝鮮 前期 彫刻樣式의 硏究 (1)」, 『梨花史學硏究』 13 · 14, 1983(同, 『삼매와 평담미』 한국의 불상조각 4, 예경, 2003 재수록).

_____, 「한국의 중 · 근대(고려 · 조선) 조각의 미의식」, 『韓國美術의 美意識』, 韓國精神文化硏究院 編, 한국정신문화연구원, 1984(同, 『삼매와 평담미』 한국의 불상조각 4, 예경, 2003 재수록).

문현순, 「조선 전기의 새로운 불교 도상–천은사 舊藏 금동불감의 동판부조와 불좌상을 중심으로」, 『미술사연구』 15, 2001.

박은경, 「麻本佛畵의 出現–日本 周防 國分寺의 〈地藏十王圖〉를 중심으로」, 『美術史學硏究』 199 · 200, 1993.

_____, 「日本 梅林寺 소장의 朝鮮初期 〈水月觀音菩薩圖〉」, 『미술사논단』 2, 1995.

_____, 『조선 전기 불화 연구』, 시공사, 2008.

_____, 「朝鮮前期의 기념비적인 四方四佛畵」, 『미술사논단』 8, 1998.

박은경 · 정은우, 『西日本 지역 한국의 불상과 불화』, 민족문화, 2008.

安啓賢, 「佛敎抑制策과 佛敎界의 動向」, 『韓國史』 11, 국사편찬위원회 편, 국사편찬위원회, 1981.

安輝濬, 「朝鮮王朝時代의 畵員」, 『韓國文化』 9, 1988(同, 『한국 회화사 연구』, 시공사, 2000 재수록).

楊萬雨, 「李朝妃嬪崇佛小考」, 『全州敎育大學論文集』 2, 1967.

유마리, 「麗末鮮初 觀經十六觀變相圖」, 『미술사학연구』 208, 1995.

_____, 「水鍾寺 金銅佛龕 佛畵의 考察」, 『美術資料』 30, 1982.

_____, 「朝鮮時代 彫刻」, 『한국미술사』, 大韓民國藝術院 編, 대한민국 예술원, 1984.

_____, 「朝鮮 後期 觀經十六觀變相圖」, 『佛敎美術』 12, 1994.

_____, 「中國 敦煌 莫高窟 發見의 觀經變相圖와 韓國 觀經變相圖의 比較硏究」, 『講座 美術史』 4, 1992.

_____, 「1323年 4月作 觀經十六觀變相圖(일본 隣松寺藏)」, 『文化財』 28, 1995.

_____, 「韓國 觀經變相圖와 中國 觀經變相圖의 比較 硏究」, 동국대학교 박사학위논문, 1992.

尹武炳, 「水鍾寺八角五層石塔內發見遺物」, 『金載元博士回甲紀念論叢』, 蔡堂金載元博士回甲紀念事業委員會 編, 을유문화사, 1969.

李東洲, 「麗末, 鮮初 佛畵의 特性–晝夜神圖의 제작연대에 대하여」, 『季刊美術』 6, 1980.

李銀洙, 「朝鮮初期 金銅佛像에 나타나는 明代 라마불상양식의 영향」, 『강좌 미술사』 15, 2000.

任英孝, 「道岬寺 觀音三十二應身圖의 硏究」, 영남대학교 석사학위논문, 2000.

장충식, 「景泰 7년 불상복장품에 대하여」, 『考古美術』 138 · 139, 1978.

鄭永鎬, 「水鍾寺石塔內發見 金銅如來像」, 『考古美術』 106 · 107, 1970.

＿＿＿＿，「莊陸寺菩薩坐像과 그 腹藏發願文」,『考古美術』128, 1975.

崔素林,「黑石寺 木造阿彌陀佛坐像-15世紀 佛像形式의 一理解」,『강좌미술사』15, 2000.

玄昌浩,「淨業院의 存廢와 位置에 對하여」,『鄕土 서울』11, 1961.

洪潤植,「觀音三十二應身圖-佛畵와 山水畵가 만나는 鮮初名品」,『季刊美術』25, 1983.

〈일문〉

坪井俊映(쓰보이 슌에이)・浅田次郎(아사다 지로),『知恩院』古寺巡礼京都 16, 新版, 京都: 淡交
　　　社, 2007.

제4부 서평

殷光明,『北涼石塔研究』, 新竹: 覺風佛教藝術文化基金會, 2000

宿白,「涼州石窟遺蹟和"涼州模式"」,『考古學報』, 1986-4.

Stanley K. Abe,「關於北涼塔柱與早期莫高窟的年代」,『1994年敦煌學國際研討會文集:「念敦煌研
　　　究院成立50周年」, 敦煌研究院 編, 蘭州: 甘肅民族出版社, 2000.

王毅,「北涼石塔」,『文物資料總刊』, 1977-1.

＿＿＿,「北涼石塔」,『文物資料總刊』, 1988-3.

殷光明,『北涼石塔研究』, 新竹: 覺風佛教藝術文化基金會, 2000.

向達,「記敦煌六朝婆羅謎字因緣經經幢殘石」,『向達先生紀念論文集』, 阎文儒・陈玉龙 編, 烏魯木
　　　齊: 新疆人民出版社, 1986.

Wang, Eugene Y., "What Do Trigrams Have to Do with Buddhas? –The Northern Liang Stupas as a
　　　Hybrid Spatial Model," RES 35, spring 1999.

Wilson, Keith, J., "Miniature Votive Stupa(Shita) and Stele with Sakyamuni and Maitreya," Bulletin of
　　　the Cleveland Museum of Art 81-8, 1994.

石松日奈子,『北魏佛教造像史の研究』, 東京: Brücke, 2005 & Dorothy Wong, Chinese Steles: Pre-Buddhist and Buddhist Use of a Symbolic Form, Honolulu: University of Hawai'i Press, 2004

강희정,「사르나트와 동아시아 구법승」,『미술사와 시각문화』3, 2004.

김혜원, 「마투라와 동아시아의 구법승」, 『미술사와 시각문화』 3, 2004.

_____, 「서평: Stanley Abe, Ordinary Image」, 『미술사와 시각문화』 2, 2003.

石松日奈子, 「陝西省耀縣藥王山博物館所藏〈魏文朗造像碑〉の年代について」, 『佛教藝術』 240, 1998.

Soper, Alexander C., *Literary Evidence for Early Buddhist Art in China*, Artibus Asiae Supplementum 19, Ascona: Artibus Asiae, 1959.

Williams, Joanna, *The Art of Gupta India, Empire and Province*, Princeton: Princeton University Press, 1982.

Wong, Dorothy C., *Chinese Steles: Pre-Buddhist and Buddhist Use of a Symbolic Form*, Honolulu: University of Hawai'i Press, 2004.

Wu, Hung, *Monumentality in Early Chinese Art and Architecture*, Stanford: Stanford University Press, 1995.

도판목록

* 필요한 경우 문맥을 벗어나지 않는 범위 내에서 출간된 논문의 도판 및 도판 출처를 교체하였다.

제1부 한국과 중국의 불교미술론 검토

도 1-1. 〈불교의식 장면〉
도 1-2. 〈일제시대 괘불을 이운하는 모습〉
도 1-3. 〈감로탱〉, 1649, 삼베 위에 채색, 220.0×235.0cm, 국립중앙박물관.
도 1-4. 〈불전 내부〉, 경남 양산 신흥사.
도 1-5. 〈불탁 측면〉, 전남 강진 무위사.
도 1-6. 〈종교적 체험을 고양시키기 위한 나비춤〉
도 1-7. 〈소조사천왕상(동방 지국천)〉, 1649, 높이 487cm, 전북 완주 송광사
도 1-8. 〈석조나한상〉, 15~16세기, 높이 56.3cm, 강원 영월 蒼寧寺址 출토, 국립춘천박물관.
도 1-9. 〈이운한 괘불을 걸고 의식을 진행하는 모습〉
도 1-10. 〈호류지(法隆寺) 사천왕상(다문천)〉, 높이 143.3cm.
도 1-11. 徐九方, 〈水月觀音圖〉, 1323, 絹本彩色, 165.5×101.5cm, 泉屋博古館.
도 1-12. 〈마애불〉, 조선, 높이 17.4m, 경기 파주 용미리.
도 1-13. 〈善業泥銘 塼佛〉, 8세기.
도 1-14. 〈상단 권공 중 다게 작법〉
도 1-15. 〈현대 새로 제작된 능인선원의 괘불〉

제2부 불교미술과 내세에 대한 관념

도 2-1. 〈皇興5년명 금동불입상〉, 471, 높이 25.8cm, 일본 개인소장.
도 2-2. 〈皇興5년명 금동불입상 뒷면의 반가사유상〉
도 2-3. 〈太和22년명 미륵입상〉, 498, 높이 39.9cm, 泉屋博古館.
도 2-4. 〈皇興5년명 관음입상〉, 471, 높이 25.8cm, 대영박물관.
도 2-5. 〈皇興5년명 관음입상 뒷면의 이불병좌상〉
도 2-6. 〈太和4년명 이불병좌상〉, 480, 높이 19.5cm, 일본 개인소장.
도 2-7. 〈太和4년명 이불병좌상 뒷면의 여래삼존상〉
도 2-8. 〈太和13년명 이불병좌상〉, 489, 높이 23.5cm, 根津美術館.

도 2-9. 〈太和13년명 이불병좌상 뒷면〉

도 2-10. 〈太和원년명 금동여래좌상〉, 477, 높이 40.3cm, 닛타(神田)그룹 舊藏, 臺北 고궁박물원.

도 2-11. 〈太和원년명 금동여래좌상 뒷면 부조〉

도 2-12. 〈永安3년명 古越磁 혼병〉, 260, 높이 46.3cm, 절강성 紹興市 출토, 北京 고궁박물원.

도 2-13. 〈운강석굴 제10굴 화생상〉, 前室 東壁 第2層 北側.

도 2-14. 〈공현석굴 제4굴 화생상〉, 南壁 西側 禮佛圖 下層 部分.

도 2-15. 〈공현석굴 제1굴 화생상〉, 天井 東北隅.

도 2-16. 〈元嘉28年銘 금동불좌상〉, 451, 높이 29cm, 프리어 갤러리.

도 2-17. 〈太安元年銘 석불좌상〉, 455, 높이 35.5cm, 후지이유린칸(藤井有鄰館).

도 2-18. 〈금동삼존불입상〉, 높이 17.0cm, 山東省 諸城市 出土, 諸城市博物館.

도 2-19. 〈금동보살삼존불입상〉, 높이 18.0cm, 山東省 諸城市 出土, 諸城縣博物館.

도 2-20. 〈建興5年銘 금동석가삼존불광배〉, 높이 12.4cm, 국립청주박물관.

도 2-21. 〈건흥5년명광배와 산동성제성금동불광배 화생상 비교〉

도 2-22. 〈金銅辛卯銘삼존불〉, 높이 15.5cm, 삼성미술관 Leeum 소장.

도 2-23. 〈三陽洞 금동관음보살입상 頭部〉, 높이 20.7cm, 국립중앙박물관.

도 2-24. 〈塑造阿彌陀佛坐像〉, 9세기, 상경성 출토, 서울대학교박물관.

도 2-25. 〈아미타만다라〉, 9세기, 木造板彫, 縱 13.6cm, 開法寺.

도 2-26. 〈阿彌陀佛坐像〉, 북송 嘉祐年間(1056-1063), 석조, 높이 38cm, 절강성 金華 万佛塔 출토, 절강성박물관.

도 2-27. 〈阿彌陀如來坐像〉, 9세기, 석조, 높이 1.13cm, 경북 영주 비로사.

도 2-28. 〈化生童子像〉, 발해, 9세기.

도 2-29. 〈남자 토르소 파편〉, 발해, 9세기, 높이 12.4cm, 연해주 보리소프카 출토.

도 2-30. 〈남자 토르소 실측도〉

도 2-31. 〈阿彌陀佛碑像〉, 7세기 후반, 석회암, 높이 33.5cm, 하마마쓰시(浜松市)미술관.

도 2-32. 〈阿彌陀佛碑像〉 부분.

도 2-33. 〈北市綵帛行淨土堂洞 입구 부조〉, 용문석굴 北市綵帛行淨土堂洞 窟門 東側.

도 2-34. 〈佛立像〉, 발해, 9세기, 像 높이 5cm, 상경용천부 내성 서쪽 출토.

도 2-35. 〈六臂菩薩像 실측도〉, 발해, 9세기, 상경용천부 출토, 渤海鎭 발해문물전시관.

도 2-36. 〈十一面六臂觀音像〉, 당, 9세기, 석회암, 높이 18.5cm, 양주 출토, 揚州博物館.

도 2-37. 〈十一面六臂觀音像〉, 당, 9세기, 석조, 높이 171.0cm, 하남 大海寺址 출토, 하남박물원.

제3부 불교미술 속의 여성 이미지

도 3-1. 〈황제예불도〉, 6세기 1/4, 鞏縣石窟 제1굴 남벽 동측

도 3-2. 〈황후예불도〉, 6세기 1/4, 鞏縣石窟 제1굴 남벽 서측.

도 3-3. 〈황제예불도〉 부분.

도 3-4. 〈공양인행렬도〉, 西魏 大統4년(538), 돈황 막고굴 제285굴 북벽.

도 3-5. 〈여성공양자들〉, 초당, 돈황 막고굴 제375굴 西龕外.

도 3-6. 傳 고개지, 〈女史箴圖〉 부분, 東晋, 絹本彩色, 24.8×348.2cm, 대영박물관.

도 3-7. 傳 고개지, 〈洛神賦圖〉 부분, 東晋, 絹本彩色, 27.1×572.8cm, 북경 고궁박물원.

도 3-8. 〈侍女圖〉, 706년경, 176×196cm, 陝西省 乾縣 永泰公主墓 前室 東壁 南側, 陝西歷史博物館.

도 3-9. 傳 周昉, 〈雙六圖〉, 絹本彩色, 30.7×69.4cm, 프리어 갤러리.

도 3-10. 傳 張萱, 〈虢國夫人遊春圖〉 부분, 絹本彩色, 52.0×148.7cm, 요녕성박물관.

도 3-11. 〈남장여인〉, 서안 南里王村 출토 石刻 도면.

도 3-12. 〈騎馬女俑〉, 7세기 말, 높이 39cm, 신장 위구르자치구 투르판 아스타나 187호분 출토, 新疆維吾爾自治區博物館.

도 3-13. 〈唐三彩女俑〉, 723, 높이 45.5cm 섬서성 서안 鮮于庭誨墓 출토, 중국국가박물관.

도 3-14. 〈보살입상〉, 성당, 돈황 막고굴 제45굴 西龕內 北側.

도 3-15. 〈쌍보살상〉, 700년 전후, 대리석, 높이 164cm, 메트로폴리탄 미술관.

도 3-16. 〈당삼채 여용〉, 당, 7세기 말, 높이 43.7cm, 동경국립박물관.

도 3-17. 〈당삼채 여용〉, 당, 8세기 후반, 높이 49.2cm, 동경국립박물관.

도 3-18. 〈女侍圖〉 부분, 당 神龍2年(706), 懿德太子墓 前室 西壁 南側, 陝西歷史博物館.

도 3-19. 〈광택사 칠보대 십일면관음상〉, 8세기 초, 보스턴 미술관.

도 3-20. 〈女侍圖〉, 唐 景雲1年(710), 節愍太子墓 第2過洞東壁, 섬서성고고연구소.

도 3-21. 〈광택사 칠보대 십일면관음상 頭部〉, 8세기 초, 보스턴 미술관.

도 3-22. 〈보살상〉, 당, 675년경, 높이 13.25m, 용문석굴 봉선사동.

도 3-23. 〈보살상〉, 당, 사암, 높이 98cm, 천룡산 전래로 추정, 리트베르크 미술관.

도 3-24. 〈보살상〉, 7세기 초, 날란다 제3사당지.

도 3-25. 〈석조보살입상〉, 北齊, 높이 110cm, 산동성 청주 용흥사지 출토, 靑州市博物館.

도 3-26. 〈호선녀〉, 당, 돈황 막고굴 제112굴 남벽 동측.

도 3-27. 〈樹下美人圖(鳥毛立女屛風 畵面 第4扇)〉, 天平時代, 754년경, 128.0×53.5cm, 正倉院 北倉.

도 3-28. 〈수하미인도〉, 8세기 후반, 韋家墓 墓室西壁, 섬서역사박물관.

도 3-29. 〈아미타정토도〉, 7세기 말~8세기 초, 土壁彩色, 313×267cm, 法隆寺 금당 6호벽.

도 3-30. 〈관음보살도〉, 法隆寺 금당 아미타정토도 부분.

도 3-31. 〈수하미인도(鳥毛立女屛風)〉 부분.

도 3-32. 傳 장훤, 〈虢國夫人遊春圖〉, 8세기작 모사본, 요녕성박물관.

도 3-33. 〈莊陸寺 乾漆菩薩坐像〉, 1395, 높이 76.8cm, 경북 영덕 장륙사.

도 3-34. 〈黑石寺 木造阿彌陀佛坐像〉, 1458, 높이 72cm, 경북 영주 흑석사.

도 3-35. 〈水鐘寺 金銅釋迦如來坐像〉, 1459(?), 본존 높이 13.8cm, 불교중앙박물관.

도 3-36. 〈上院寺 木彫文殊菩薩坐像〉, 1466, 높이 98cm, 강원 평창 상원사.

도 3-37. 〈水月觀音圖〉, 1427, 絹本彩色, 123.5×60.5cm, 梅林寺.

도 3-38. 〈觀經16觀變相圖〉, 1434, 絹本彩色, 223.0×161.0cm, 知恩院.

도 3-39. 〈李孟根筆 觀經16觀變相圖〉, 1465, 絹本彩色, 269×182.1cm, 知恩院.

도 3-40. 〈道岬寺 觀音三十二應身圖〉, 1550, 絹本彩色, 235×135cm, 知恩院.

도 3-41. 〈香林寺 羅漢圖(第153 德勢威尊者圖)〉, 1562, 絹本彩色, 44.5×28.4cm, LA 카운티 미술관.

도 3-42. 〈藥師三尊圖〉, 1565, 絹本金泥, 30.8×58.7cm, 도쿠가와(德川)미술관.

도 3-43. 〈藥師三尊圖〉, 1565, 絹本彩色, 55.2×32.1cm, 日本 龍乘院.

도 3-44. 〈安樂國太子經變相圖〉, 1576, 絹本彩色, 106.5×57.1cm, 日本 靑山文庫.

수록된 글의 출전

제1부 한국과 중국의 불교미술론 검토

「중국 불교조각 연구의 쟁점과 과제」, 『불상, 지혜와 자비의 몸』, 서울대학교박물관·대만 국립역사박물관 편, 서울대학교박물관, 2007, pp. 134-141.
「한국 불교미술 연구의 새로운 모색—이미지: 도상과 기능의 소통을 위하여」, 『미술사와 시각문화』 6, 2007, pp. 134-169.

제2부 불교미술과 내세에 대한 관념

「남북조시대 '생천(生天)' 원망(願望) 금동불에 보이는 '천(天)'의 개념」, 『미술사와 시각문화』 2, 2003, pp. 84-107.
「고구려 화생상(化生像)의 기원과 의미—금동불 광배를 중심으로」, 『미술사의 정립과 확산』 2, 항산 안휘준교수정년퇴임기념논문집간행위원회 편, 사회평론, 2006, pp. 10-33.
「발해 후기의 불교조각과 신앙」, 『東岳美術史學』 4, 2003, pp. 23-38.

제3부 불교미술 속의 여성 이미지

「당대여성 이미지의 재현(再現)—남북조시대 미술 속 여성상과의 비교를 중심으로」, 『中國史研究』 47, 2007, pp. 77-103.
「당대 보살상의 여성적 이미지와 그 정체성」, 『美術史學』 20, 2006, pp. 7-34.
「조선 전기 불교의 여성 후원자」, 『아시아여성연구』 41, 2002, pp. 269-297.

제4부 서평

「殷光明, 『北凉石塔研究』, 新竹: 覺風佛教藝術文化基金會, 2000」, 『中國史研究』 31, 2004, pp. 411-420; 「北凉石塔涼究的綜合版殷光明《北凉石塔究》」, 『敦煌学辑刊』, 2008-1, pp. 175-180.
「石松日奈子, 『北魏佛教造像史の研究』, 東京: Brücke, 2005 & Dorothy Wong, *Chinese Steles: Pre-Buddhist and Buddhist Use of a Symbolic Form*, Honolulu: University of Hawai'i Press, 2004)」, 『中

國史硏究』 46, 2007, pp. 337-353.

찾아보기